NEW CHINA

70

YEARS

EXCELLENT LITERARY
WORKS LIBRARY

1949–2019

新中国70年
优秀文学作品文库

诗歌卷
POEMS

李少君 / 主编

第一卷
No.1

中国言实出版社

图书在版编目（CIP）数据

新中国70年优秀文学作品文库．诗歌卷 / 李少君主编．
-- 北京：中国言实出版社，2019.3
ISBN 978-7-5171-3114-4

Ⅰ．①新… Ⅱ．①李… Ⅲ．①中国文学－当代文学－作品综合集②诗集－中国－当代 Ⅳ．① I217.1

中国版本图书馆 CIP 数据核字（2019）第 061541 号

出 版 人：王昕朋
策 划 人：王昕朋
总 监 制：朱艳华
责任编辑：肖 彭
张 朕
文字编辑：赵 歌
出版统筹：冯素丽
责任印制：佟贵兆
封面设计：柒拾叁号

出版发行 中国言实出版社
地 址：北京市朝阳区北苑路 180 号加利大厦 5 号楼 105 室
邮 编：100101
编辑部：北京市海淀区北太平庄路甲 1 号
邮 编：100088
电 话：64924853（总编室） 64924716（发行部）
网 址：www.zgyscbs.cn
E-mail：zgyscbs@263.net

经 销 新华书店
印 刷 北京中科印刷有限公司
版 次 2019 年 6 月第 1 版 2019 年 6 月第 1 次印刷
规 格 710 毫米 ×1000 毫米 1/16 80.5 印张
字 数 1541 千字
定 价 698.00 元（全三卷） ISBN 978-7-5171-3114-4

序

诗之焰火，照耀新中国七十年

李少君

自 1949 年开始，诗无疑是熊熊的火焰，照亮了中国的大地山河，显现了新的面貌和新的气象。

这火焰最初的名字就是政治抒情诗。抒情一定是有一个主体的，被民族救亡激发起来的主体，在五四运动中诞生的主体，从长征浴血斗争中锻炼出来的主体，在抗日战争中站立起来的主体，在延安风云变幻中成长起来的主体，最后，终于走到了新中国，他们当然要大声歌唱。所以，政治抒情诗一直是一道亮丽的诗歌风景，其浪漫主义和革命理想主义色彩，与新中国成立之初普遍洋溢的乐观主义和昂扬积极的社会氛围是一致的，艾青、何其芳、胡风、郭小川、贺敬之是其中的旗手。

改革开放到处闪亮诗的火焰，但这火焰更多的是个人启蒙之火，当然也有国家求富强求进步之火焰，个人觉醒与国家进步本来是同时发生的，个人价值实现与改革开放的拼搏奋斗本来是目标一致的，但遭遇了席卷全球的解构主义，倒也呈现了多样色彩多元格局。归来者诗歌、朦胧诗、第三代、70 后、80 后、90 后，这是按年龄划分的；叙事、口语、学院派，这是按诗歌风格划分的；草根、女性，这是按社会身份划分的；还有按地域划分的，按流派划分的……惜乎个人觉醒的主体未能融入民族复兴的主体，自信不够导致主体性面目不清晰，中国当代诗歌的面貌始终有些模糊，辨识度不够，好在很快迎来了新时代。

新时代有新诗歌，也有新一代。新时代有新风貌，也有新精神。新时代正好在新诗诞生百年之际，新时代诗歌因此占尽天时地利，从根基上，既有民族主体性，又能兼容中西方；从视野上，全球化网络化占尽先机；从背景条件上，中华复兴中国崛起增强了文化自信，诗人们开始有了自己的诗歌主见与诗歌标准，不再唯西方是从，食洋不化，也不盲目厚古薄今，画地为牢。新时代诗歌有着自己的生命，也有着充足的激情和明确的理想方向。

诗是一种激情，是激情的火焰，是本能的冲动，是力量的象征；诗是自由的源泉，是创造的动力，是命运共同体的纽带。中国又到了需要抒情的时代。在中华民族伟大复兴的征程中，我们需要星辰大海，我们需要蔚蓝天空，我们需要扬帆远航，我们需要高速高铁，我们需要宇宙飞船……整个的中国，都在呼唤一种新的激情，一种自由奔放的梦想，一种旺盛持久的创造力，而这，只有诗歌的焰火可以将之点燃。

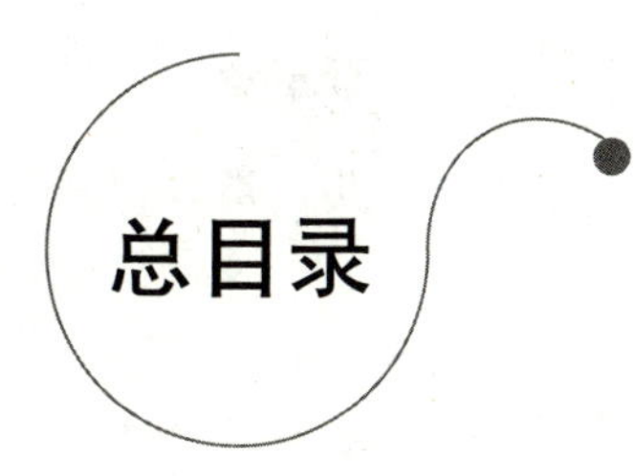

总目录

第一卷

第二卷

第三卷

无边落木
——杜甫

本卷目录

第一卷

郭沫若

新华颂

一

人民中国，屹立亚东。
光芒万道，辐射寰空。
艰难缔造庆成功，
五星红旗遍地红。
生者众，物产丰。
工农长作主人翁。
使我光荣祖国，
稳步走向大同。

二

人民品质，勤劳英勇。
巩固国防，革新传统。

坚强领导由中共，
无产阶级急先锋。
工业化，气如虹，
耕者有田天下公。
使我光荣祖国，
稳步走向大同。

三

人民专政，民主集中。
光明磊落，领袖雍容。
江河洋海流新颂，
昆仑长耸最高峰。
多民族，如弟兄，
四面八方自由风。
使我光荣祖国，
稳步走向大同。

何其芳

我们最伟大的节日

1949年9月21日，中国人民政治协商会议第一届全体会议在北京开幕。毛泽东主席在开幕词中说：“我们团结起来，以人民解放战争和人民大革命打倒了内外压迫者，宣布中华人民共和国成立了。”他讲话以后，一阵短促的暴风雨突然来临，我们坐在会场里也听到了由远而近的雷声。

9月30日，中国人民政治协商会议第一届全体会议选出了以毛泽东主席为首的中央人民政府委员会，胜利闭幕。10月1日，北京人民30万人在天安门广场庆祝中华人民共和国中央人民政府的成立。新的国旗在广场中徐徐上升。毛泽东主席宣读中央人民政府公告。公告宣读毕，阅兵式开始，最后群众队伍从广场绕到主席台下，热烈地欢呼“中华人民共和国万岁！”“毛主席万岁！”毛泽东主席在扩音机前大声地回答“同志们万岁！”

一

中华人民共和国
在隆隆的雷声里诞生。
是如此巨大的国家的诞生，
是经过了如此长期的苦痛
而又如此欢乐的诞生，
就不能不像暴风雨一样打击着敌人，
像雷一样发出震动着世界的声音……

二

多少年代，多少中国人民
在长长的黑暗的夜晚一样的苦难里
梦想着你，
在涂满了血的荆棘的路上
寻找着你，
在监狱中或者在战场上
为你献出他们的生命的时候
呼喊着你，
多少年代，多少内外的敌人
用最恶毒的女巫的话语
诅咒着你，
用最顽强的岩石一样的力量
压制着你，
在你开始成形的时候
又用各种各样的阴谋诡计

来企图虐杀你，
你新的中国，人民的中国呵，
你终于在旧中国的母体内
生长，壮大，成熟，
你这个东方的巨人终于诞生了。

三

终于过去了
中国人民的哭泣的日子，
中国人民的低垂着头的日子；
终于过去了
日本侵略者使我们肥沃的土地上长着荒草，
使我们肚子里塞着树叶的日子；
终于过去了
美国的吉普车把我们像狗一样在街上压死，
美国的大兵在广场上强奸我们的妇女的日子；
终于过去了
中国最后一个黑暗王朝的统治！

四

蒋介石，帝国主义和封建主义杂交而生的蒋介石，
现代中国人民的灾难的代名词，
他用血来吓唬我们，
他把中国人民的血染遍了中国的土地。
但中国人民并没有被征服。

前年十月，
毛泽东指挥我们开始大进军，
并颁布了一连十五个“打倒蒋介石”的口号。
那是中国人民在心中郁结了许多年的仇恨。
那是最能鼓舞我们前进的动员令。
我们打过了黄河，打过了长江，
蒋介石匪帮
就像兔子一样逃跑，惊慌。
毛泽东，我们的领导者，我们的先知！
他叫我们喊出打倒日本帝国主义，
日本帝国主义就被我们打倒了！
他叫我们喊出打倒蒋介石，
蒋介石就被我们打倒了！
他叫我们驱逐美帝国主义出中国，
美帝国主义就被我们驱逐出去了！

都打倒了，都滚蛋了，都崩溃了，
所有那些驶行在我们内河里的外国的军舰，
所有那些捆绑着我们的条约，法律，
所有那些臭虫，所有那些鹰犬！
虽说他们现在还窃据着几小块土地
像打破了船以后抓着几片木板。
很快就要被人民战争的波涛所吞没了！
毛泽东呵，
你的名字就是中国人民的力量和智慧！

你的名字就是中国人民的信心和胜利！

五

毛泽东向世界宣布：
中华人民共和国诞生了。

毛泽东向世界宣布：
我们已经站起来了，
我们再也不是一个被人侮辱的民族了。

欢呼呵！歌唱呵！跳舞呵！
到街上来，
到广场上来，
到新中国的阳光下来，
庆祝我们这个最伟大的节日！

六

北京和延安一样充满了歌声。
五星红旗在这绿色的城市中上升。

密集的群众的海洋：
无数的旗帜在掌声里飘动
就像在微风里颤动的波浪。
在毛泽东主席的面前
我们的海军走过，

我们的步兵走过，
我们的炮兵走过，
我们的战车走过，
我们的骑兵走过，
我们的空军在天空中飞行，
群众的队伍从广场上绕到
毛泽东主席的面前来喊着：
“毛主席万岁！”
毛泽东主席回答着：
“同志们万岁！”

这是何等动人的欢呼！
这是何等动人的领袖与群众的关系！

跳跃着喊！
舞动着两个手臂喊！
站在主席台下望着毛泽东主席不愿离开地喊！
把这个古老的城市喊得变成年轻！
把旧社会留给我们身上的创伤和污秽
喊掉得干干净净！

举着红灯的游行的队伍河一样流到街上。
天空的月亮失去了光辉，星星也都躲藏。

呵，我们多么愿意站在这里欢呼一个晚上！

我们多么愿意在毛泽东的照耀下
把我们的一生献给我们自己的国家！

七

让我们更英勇地开始我们的新的长征！
我们已经走完了如此艰辛的第一步，
还有什么能够拦阻
毛泽东率领的队伍的浩浩荡荡的前进！

回答

一

从什么地方吹来的奇异的风，
吹得我的船帆不停地颤动：
我的心就是这样被鼓动着，
它感到甜蜜，又有一些惊恐。
轻一点吹呵，让我在我的河流里
勇敢的航行，借着你的帮助，
不要猛烈得把我的桅杆吹断，
吹得我在波涛中迷失了道路。

二

有一个字火一样灼热，
我让它在我的唇边变为沉默。

有一种感情海水一样深，
但它又那样狭窄，那样苛刻。
如果我的杯子里不是满满地
盛着纯粹的酒，我怎么能够
用它的名字来献给你呵，
我怎么能够把一滴说为一斗？

三

不，不要期待着酒一样的沉醉！
我的感情只能是另一种类。
它像天空一样广阔，柔和，
没有忌妒，也没有痛苦的眼泪。
唯有共同的美梦，共同的劳动
才能够把人们亲密地联合在一起，
创造出的幸福不只是属于个人，
而是属于巨大的劳动者全体。

四

一个人劳动的时间并没有多少，
鬓间的白发警告着我四十岁的来到。
我身边落下了树叶一样多的日子，
为什么我结出的果实这样稀少？
难道我是一棵不结果实的树？
难道生长在祖国的肥沃的土地上，
我不也是除了风霜的吹打，
还接受过许多雨露，许多阳光？

五

你愿我永远留在人间，不要让
灰暗的老年和死神降临到我的身上。
你说你痴心地倾听着我的歌声，
彻夜失眠，又从它得到力量。
人怎样能够超出自然的限制？
我又用什么来回答你的爱好，
你的鼓励？呵，人是平凡的，
但人又可以升得很高很高！

六

我伟大的祖国，伟大的时代，
多少英雄花一样在春天盛开；
应该有不朽的诗篇来讴歌他们，
让他们的名字流传到千年万载。
我们现在的歌声却那么微茫！
哪里有古代传说中的歌者，
唱完以后，她的歌声的余音
还在梁间缭绕，三日不绝？

七

呵，在我祖国的北方原野上，
我爱那些藏在树林里的小村庄，
收获季节的手车的轮子的转动声，
农民家里的风箱的低声歌唱！
我也爱和树林一样密的工厂，
红色的钢铁像水一样疾奔，

从那震耳欲聋的马达的轰鸣里
我听见了我的祖国的前进！

八

我祖国的疆域是多么广大：
北京飞着雪，广州还开着红花。
我愿意走遍全国，不管我的头
将要枕着哪一块土地睡下。
“那么你为什么这样沉默？
难道为了我们年轻的共和国，
你不应该像鸟一样飞翔，歌唱，
一直到完全唱出你胸脯里的血？”

九

我的翅膀是这样沉重，
像是尘土，又像有什么悲恸，
压得我只能在地上行走，
我也要努力飞腾上天空。
你闪着柔和的光辉的眼睛
望着我，说着无尽的话，
又像殷切地从我期待着什么——
请接受吧，这就是我的回答。

胡　风

时间开始了（节选）

第一乐章

欢乐颂

1949 年 9 月，在中国共产党主席毛泽东主持下，
中国人民政治协商会议隆重开幕。

时间开始了——

毛泽东
他站到了主席台正中间
他站在地球面上
中国地形正前面
他

屹立着像一尊塑像……
掌声和呼声静下来了

这会场
静下来了
好像是风浪停息了的海
只有微波在动荡而过
只有微风在吹拂而过
一刹那通到永远——
时间
奔腾在肃穆的呼吸里面

跨过了这肃穆的一刹那
时间！时间！
你一跃地站了起来！
毛泽东，他向世界发出了声音
毛泽东，他向时间发出了命令
“进军！！！”

掌声爆发了起来
乐声奔涌了出来
灯光放射了开来
礼炮像大交响乐的鼓声
“咚！咚！咚！”地轰响了进来
一瞬间

这会场
化成了一片沸腾的海
一片声浪的海
一片光带的海
一片声浪和光带交错着的
欢跃的生命的海

海
沸腾着
它涌着一个最高峰
毛泽东
他屹然地站在那最高峰上
好像他微微俯着身躯
好像他右手握紧着拳头
放在前面
好像他双脚踩着一个
巨大的无形的舵盘
好像他在凝视着流到了这里的
各种各样的大小河流

毛泽东
他屹然地站在那最高峰上
好像他在向着自己
也就是向着全世界宣布：
让从地层最深处冲出来的

流到这里来

让从连山最高处飞泄下来的

流到这里来

让从嵯峨峥嵘的岩石中搏斗过的

流到这里来

让沾着树木花草香气的

流到这里来

让映着日光月色星影云彩的

流到这里来

让千千万万的清流含笑地载歌载舞地

流到这里来

同时

也让带着泥沙的

流到这里来

让浮着血污的

流到这里来

让沾着尸臭的

流到这里来

让百百千千的浊流迟迟疑疑地

流到这里来

我是海

我要大

大到能够

环抱世界

大到能够
流贯永远
我是海
要容纳应该容纳的一切
能澄清应该澄清的一切
我这晶莹无际的碧蓝
永远地
永远地
要用它纯洁的幸福光波
映照在这个大宇宙中间

海，在沸腾
毛泽东
他屹然地站在那最高峰上
那不是挥动巨掌
击落着无数飞箭
而奔驰前进的
火焰似的列宁的姿势
那不是斩掉了一切毒瘤以后
凝聚着重量和力量
稳如泰山的
钢柱似的斯大林的姿势
毛泽东
列宁、斯大林的这个伟大的学生
他微微俯着身躯

好像正要迈开大步的
神话里的巨人
在紧张地估计着
前面的方向
握得紧紧的右手的拳头
抓住了无数的中国河流
他劝告它们跟着他——前进！
他命令它们跟着他——前进！

诗人但丁
当年在地狱门上
写下了一句金言：
“到这里来的，
一切希望都要放弃！”
今天
中国人民的诗人毛泽东
在中国新生的时间大门上
写下了
但丁没有幸运写下的
使人感到幸福
而不是感到痛苦的句子：
“一切愿意新生的
到这里来吧
最美好最纯洁的希望
在等待着你！”

祖国
伟大的祖国呵
在你承担着苦难的怀抱里
在你忍受着痛楚的怀抱里
我所分得的微小的屈辱
和微小的悲痛
也是永世难忘的
但终于到了今天这个日子
今天
为了你的新生
我奉上这欢喜的泪
为了你的母爱
我奉上这感激的泪

祖国啊
我的祖国
今天
在你新生的这神圣的时间
全地球都在向你敬礼
全宇宙都在向你祝贺

雷声响起了
轰轰轰地在你头上滚动
雨点打来了

花花花地在你头上飘舞
祖国
我的祖国呵
为了你
全地球都在欢呼
全宇宙都在欢唱
这大自然的交响乐
那么雄伟又那么慈和
漂流在这一片生命的海上
我感到了你巨大的心房
鼓动着在激烈地轰响

梦幻的我的眼睛
朝向了右边一瞥
看见了一个老人的侧脸
他的头发像一蓬秋草
他的胡子钢一样翘着
激动得张开着的嘴巴
忘记了动作——
我感到了
他的额头上在冒着热汗
我感到了
在我看不到的他的眼睛里面
在燃烧着火焰

我的战友
我的同志
我的兄弟
我看见了你!
你在臭湿的工房里冻饿过
你在臭湿的牢狱里垂死过
你和穷苦的农民一道喂过虱子
你和勇敢的战友一道喝过雪水
你受过了千锤百炼
你征服了痛苦和死亡
这中间
多少年多少年了
但你的希望活到了今天这个日子
但你的意志活到了今天这个日子

今天
在激动着你的此刻
也许你忘记了过去的一切
但过去的一切
使你纯真得像一个婴儿
仿佛躺在温暖的摇篮里面
洁白的心房充溢着新生的恩惠

我的战友
我的同志

我的兄弟！
这奔腾着雷雨的大交响
抚慰着我
也抚慰着你
它抚慰着了一切
是催生歌？
是摇篮曲？……
我梦幻的心
荡漾着一片醉意
越过你的侧脸
飘忽地回到了七月一日的狂风暴雨里面

好猛烈的狂风暴雨
好甜蜜的狂风暴雨
夹着雷声
飞着电火
倾天覆地而来了
被你吹着淋着的
是三万个战斗的生命
是三万粒战斗的原子
我们
用歌声迎接你
用欢笑迎接你
用舞蹈迎接你
只有你这响彻天地的大合奏

只有你这湿透发肤的大洗礼
才能够满足这神圣的生日所怀抱的大欢喜

圆形的大会场
像一个浮在太空中的地球本身
整列在那边缘上的
湿透了的无数红旗
飘舞得更响更欢
好像在歌唱
飘舞得更红更鲜
好像是跳跃着的火焰
被它们照临着的
三万颗战斗的心
被暴雨洗过
被狂风吹着
也歌唱得更响更欢
也跳跃得更红更鲜

突然
那个克服了艰险的历程
走到了胜利的战列前行的党人
中断了他的发言
用着只有那么镇定
才能表现他所感到的光荣的声音宣布：
——咱们的毛主席来到！

三万个激动的声音
欢呼了起来
好像是从地面飞起的暴雨一片
三万个激动的面孔
朝向了一边
好像是被大旋风卷向着一点
三万个激动的心
拥抱着融合着
汇成了掀播着的不能分割的海面
圆形海面的边缘
整列着
湿透了的无数红旗
飘舞得更响更欢
好像在歌唱
飘舞得更红更鲜
好像是跳跃着的火焰
它们歌唱着
朝向一点
它们跳跃着
朝向一点
三万个战斗的生命
每一个都在心里告诉自己：
——毛主席，毛主席，他在这里！
——毛主席，毛主席，他和我们在一起！

他在这里
在他正对着的那一边
矗立着四幅巨像
——马克思
　恩格斯
　列宁
　斯大林
劳动人类的四颗伟大的心脏
人类解放的四面神圣的旗子

四幅巨像
前面放射着明净的灯光
正对着他们天才的学生毛泽东
和三万个战斗的生命
所汇成的欢乐的海面

四幅巨像
背后是无际的天空
黑沉沉的远方
雷声还在隐隐地滚动
电火还在一闪一闪地飞现

四幅巨像
被这大自然的交响乐伴奏着

使我们和大宇宙年青的生命融合在一起
使我们和全地球未完的战斗连结在一起
一刹那通到无际……

一刹那通到无际——
今天
毛泽东
他站在这里
头上
轰轰的雷声在滚动
花花的雨声在歌唱
掀播着这声浪和光带交错着的
又一个生命的海

海
掀播着
涌着一个最高峰
毛泽东
他屹然地站在那里
他背后的地球面上
照临着碧蓝的天空

梦幻的我的眼睛
又看见了
那四幅巨像

矗立着
若隐若现
在那碧蓝的亮光中间
好像飞来了雷声的隐隐滚动
好像射来了电火的一闪一闪
毛泽东！毛泽东！
由于你
我们的祖国
我们的人民
感到了大宇宙的永生的呼吸
受到了全地球的战斗的召唤

毛泽东！毛泽东！
你屹然地站在最高峰上
你感到了那个呼吸
你听到了那个召唤
你微微俯着身躯
你坚定地望着前面

前面
是那个唯一的方向
前面
是无数河流汇合之点
你两脚踩着无形的巨大的舵盘
你坚定地望着望着

那上面闪现过了什么呢？

闪现过了一个面影：
赤裸着身子
被绑着送向刑场
在英勇地喊着口号吗？

闪现过了一个面影：
被装在麻袋里面
抛到了河里
传来了一声水响吗？

闪现过了一个面影：
双脚被捆了起来
由烈马倒拖着
奔驰而过吗？

闪现过了一个面影：
在草地里陷了下去
青年的脑袋沉没了
双手还在抓扑吗？

闪现过了一个面影：
在雪山边坐了下来
即刻僵冻住了

定在那里永远不动吗？

闪现过了一个面影：
为了不让敌人把同伴们发现
用母亲的战栗的手扣住幼儿的咽喉
望着他僵冷下去了吗？

闪现过了一个面影：
紧抱着炸药包
冲到碉堡底下
让身体和它同时粉碎了吗？

一颗挂在电线柱子上的头颅
闪现过了吗？
一具倒毙在暗牢角落的尸体
闪现过了吗？
一个埋进土里的小半截身子
闪现过了吗？

终于
闪现过了一个面影：
把飞舞的红旗插上了敌人阵地
身里的热血同时喷了出来
在旗杆旁边倒下去又站了起来吗？
…… ……

他们
你的战友
你的兄弟
你的同志
忍苦的时候想到你！
遇险的时候想到你！
受刑的时候想到你！
献命的时候想到你！……

想到了你
也正是想到了
今天这样的日子
今天
在祖国新生的温暖的怀抱里
他们复活了
他们来了
踏着雄壮的步子
来了
举起健康的手臂
来了
亮着温爱的目光
来了
浮着幸福的微笑
来了

蜂群似的来了
浪潮似的来了
来了来了
来向你欢呼
来向你致敬
来向你祝贺

毛泽东！毛泽东！
中国第一个光荣的布尔什维克
他们的力量
汇集着活在你的身上
你抓住了无数的河流
他们的意志
汇集着活在你的心里
你挑起了这一部历史

毛泽东！毛泽东！
中国大地上最无畏的战士
中国人民最亲爱的儿子
你微微俯着身躯
你坚定地望着前面
随着你抬起的巨人的手势
大自然的交响涌出了最高音
全人类的希望发出了最强光
你镇定地迈开了第一步

你沉着的声音像一响惊雷——

“占人类总数四分之一的中国人从此站立
起来了！”

“中国人从此站立起来了！”

“从此站立起来了！”

“站立起来了！”

天安门四重奏

一

万里长城向东向西两边排，
四千里运河叫南通北达；
白骨堆成了一个人去望海，
血汗流成了送帝王看琼花！

前一脚滑开了，后一脚扎牢，
右手冻裂了，左手向前伸；
雪山，太行山，看历史弯腰，
草地上，冰天下，中国在翻身！

二

月洞桥两边垂杨柳，

桥底下翘来月牙船，
船里打鱼人皱眉头，
水田里姑娘眉不展。

红粉女飘零，车站挤，
红粉墙上头炸弹飞，
工人带农民扫飞机，
篱笆开，墙倒，门锁碎！

三

“万里长征走完了第一步”，
天安门汇合了几万万条路，
四万万七千万颗心集中，
五千年历史一气都打通。

五月四日在这里发出芽，
十月一日在这里开成花。
弯腰折背就为了站起来，
排山倒海中笑逐颜开。

本来是人民筑成的封建顶，
人民拿回来标上红星，
华表升起来向飞机招手，
石桥拱起来看汽车像水流。

昨天在背后都为了今天，
今天开出了明天的起点。
天安门开启了东方的光芒，
天安门大开，全世界辉煌！

四

说修桥铺路，一招呼，
千山万水来，唤同志；
挖北海，动几挑泥土，
对沙漠发出了通知！

锅炉里开花，石榴红，
麦浪亮晃晃，电镀金，
燕子飞。个个人轻松，
鱼跳上船头，喜上心！

五

谁想要建设，谁想来破坏，
谁想要和平，谁想要战争，
谁想要幸福，谁想要灾害？
天安门为自己也为别人！

天安门把蓝天当作蓝图样。
天安门飘红旗标志行动！
斗争和创造翻起来一个浪，
中国和全世界联一道长虹。

天山牧歌

大风雪

大风雪呼啸着来了，
铺天盖地地来了！
大风雪摇掴着帐篷，
也摇撼着牧人的心……

尽管帐篷里熄了灯，
牧人却合不拢眼睛，
双手使劲地揪着衣襟，
耳朵贴在毡壁上倾听——

那狂暴的大风雪啊！
抽打着圈棚里的羊群；

牧人的心都要流血了，
当他听到羊群颤抖的低鸣。

热血在牧人周身奔流，
牧人冲出温暖的帐篷。
顶着劈头压来的大风雪，
攀着圈栏陪伴惊悬的羊群。

虽然鬓发上吊起冰凌，
风雪灌满了两只袖筒，
牧人想起明年的增产计划，
胸中的篝火就烤化了严冬。

牧人围绕着圈棚巡行，
从深夜直到东方透出黎明，
笑煞那精疲力倦的大风雪，
竟妄想撕破牧人的预售合同！

哦！那摇撼牧人心的——
不是狂暴的大风雪啊！
而是我们勇敢的哈萨克，
对于祖国的无限忠诚。

古老的歌

老艺人弹起他的三琴，
唱出了一支悲凉的歌；
人们问：你唱的是什么？
他说：一支古老的歌！

那时候阴云封锁着天空，
风沙漫天遮蔽了太阳和星星，
世代居住在草原上的牧人啊！
失去了帐篷、羊群和歌声。

多少勤劳朴实的牧人，
倒在路旁闭上疲劳的眼睛，
临终时没有嘱托也没有叮咛，
只留下倚待抚养的儿女们；

多少年轻力壮的牧人，
离开了生养自己的母亲，
怀着满腔希望到外地求生，
终生做了异乡的流浪人；

多少勇敢强悍的牧人，
群起反抗草原上的暴君，
一腔热血染红了无名野花，

或者被关进罪恶的铁栅门。

在那暗无天日的年代里，
牧人逃不出这悲惨的命运，
河水陪伴着寡妇们哭泣，
云雀鸣叫着孤儿的悲愤……

老艺人煞住他的三枝琴，
唱完了这支悲凉的歌。
人们问：为什么唱古老的歌？
他说：激奖你们捍卫新的生活！

鲁　藜

冬之歌

永远把自己当作平凡的人
就会工作得更刻苦，更踏实，更好
心灵就获得平静
而人生的明镜就变得更清晰

并不是为了逃避
而是为了更真挚地对待世界
像黑色的土壤开出红花
像严寒凝结了火焰般的霜花

啊，冬天，又向我走过来
是的，朋友，有时候
窗上的霜饰使我梦见热带的草叶

和蓝色海洋的浪涛

曾有多少漫漫的长夜
我是那样等待着春天
每一次狂风从窗前吹过
我都让他带我的祝福给未来

我不可能把过去忘记
也更不可能不爱未来
我是来自粗犷的莽原
我的意志仍然是在高山与大河

有时候感到自己很年轻
但，确确实实已经到了中年
当你发觉鬓边每一根白发
才知道用了怎样的代价换取到对现实的每个认识

啊，美丽的青春呀
多少纷争在一个青春的心里呀
每次，每次我凝望着星空
我就要求更高更高地飞翔

年轻的时代最容易受骗
因为形式的东西正投合感官的饥渴
而当你一旦感到需要质朴、单纯、平易

那时候，多少岁月灌溉了你的灵魂

当你感到人生真实的美
你才会真正的快乐
通过那一些习俗的热闹和瑰丽
真正的美是雪一般的微笑和霜一般的清香

让一切扰乱你的视线的现象
像风雪吹拂着太阳吧
你沉默地走去，肩负着人生，贯注着理想
去探寻那闪耀在人类灵魂里的星光

徐　迟

我所攀登的山脉

我所攀登的山脉，
在雨雪云雾笼罩下，
一列荒凉不毛的山脉。

看，我所攀登的
是什么样的山脉啊！

山里射出霞光万道，
传说曾使神仙停下云头。
你看山坳里一座小庙，
千年前神仙在此修炼。
现在庙里住着钻机机长，
满山矗立着钻机的三角棚。

看，这神话中的宝山啊！
乌黑的矿石在露天里显现。
这云雾缭绕的一片峭壁
有斑斓的铜绿，红黄的铁锈，
孔雀石的光彩，大理石的围岩。
像丹砂和铅粉，光亮的靛青，
自然的大手笔绘成的壁画。
宝库在这里展览它自己。
看，这真正的宝山啊，
这原生的磁铁之山，
它吸引你走近它，
像磁场导引指南针。

我所攀登的山脉，
钻机的声音轰轰响。
含笑的勘探队队长
取出一幅幅染色的剖面图，
指出图上大块大块的红色，
不是鲜艳的牡丹，是矿脉。

刚从雨里来，又要到云里去的
一位勘探队女队员告诉我，
矿藏尽够铜铁公司多少年用。
她足登泥泞的长筒套鞋，

青春的脸色格外红，
像一切幸福的人所有的脸色。

除非你是一个勘探队员，
你不会知道这山脉的价值，
你不会知道祖国的富饶，——她说，
你不会知道做一个勘探队员的幸福。

她急速地说话，说完就走，
她说，现在我们已经在做水文地质，
要为开采的工程提供资料，
我们不但是建设的尖兵，
而且是开采的信号。

我所攀登的山脉，
不再是寂寞无人迹的了。
钻机的声音还在轰轰响，
铁路轨道已经蜿蜒而来，
山风传送着火车的吼叫。

看，我所攀登的
是什么样的山脉啊，
勘探队还没有离开，
工程队已经扎下篷帐。

小镇

一阵香味的飘浮，
只要闭上眼睛一嗅，
便知是我的小镇，
那样熟悉的香味。

童年起就习惯了它，
忘不了它，离不了它，
像记忆诉说无穷尽，
那是我的小镇的香。

那是午炊的香味，
饭釜上的香粳米，
夹进炖梅干菜的浓香，

烧稻草的灶里的烟熏味。

那是河水的香味，
带着一股草腥气。
那是网船上的鱼蚌河泥，
桐油味的货船装的山货味。

那是雨后温暖的水蒸气，
充溢着肥沃的土壤味，
酱园里的酒糟气，
糖食店里的蜜饯香。

那是古屋中的潮湿的霉味，
院子里月季花的沁香。
油香花、秧苗、田野的香，
还有那园林，芳气袭人。

我急于吸入它们，
使充满我的胸膛，
又吝惜于吐出它们，
什么还更醉人？

枪给我吧！

松一松手，
同志，
松一松手，
把枪给我吧！……

红旗插上山顶啦，
阵地已经是我们的。
想起你和敌人搏斗的情景，
哪一个不说：
老张，你是英雄！

看你的四周，
侵略者的军队，
被你最后一颗手榴弹

炸成了肉酱。

你的牙咬得这么紧，
你的眼睛还睁着，
莫非为了你的母亲还放心不下？
我要写信告诉她老人家，
请答应我做她的儿子。

莫非怕你的田园荒芜？
你知道，
家乡的人们，
会使你田园的禾苗更茁壮。

不是，不是！
我知道你宏大的志愿。
你的枪握得多紧，
强盗们还没被撵走，
你还不甘心……

松一松手，
同志，
是同志在接你的枪！
枪给我吧，
让我冲向前去，
完成你未竟的使命！

梁上泉

姑娘是藏族卫生员

一

“不要那样看我
不要那样看我
我脸红得像团火
年轻的牧人啊
不要把我认错
姑娘是藏族卫生员
到你帐篷里来是作防疫宣传
不是找你有话说……”

“别怪我这样看你
别怪我这样看你
藏家有了‘门巴’哪个不惊喜

年轻的姑娘啊
草地的白衣天使
谁的眼睛不对你表示爱慕
你又何必难为情
牧人用一颗心在迎接你！”

二

“不要开玩笑
不要开玩笑
别故意让门口的猎犬向我狂叫
强壮的猎手啊
猎犬厉害我知道
姑娘是藏族卫生员
有红十字药包挂腰间
来打预防针不怕你阻拦！”

“玩笑是好意
玩笑是好意
你又何必生气
年轻的姑娘啊
我们的藏檀树
听说你注射的手艺高强
我第一个伸给你臂膀
但你别慌，猎犬不会把你咬伤！”

三

“阿妈不要留我
阿妈不要留我
我还要到雪山那边的保健站
不喝你家的酥油茶
不吃你家的青稞面
姑娘是藏族卫生员
只有一句心里话
祝你母子都平安！”

“我怎能不留你
我怎样不留你
我爱你胜过亲生女
这胖胖的孩子微笑的脸
都是你灵丹妙药带来的
多亏那北京医生教会你
阿妈回敬你一句话
保佑你寻下个好女婿……”

吕　剑

一个姑娘走在田边大道上

一个姑娘走在田边大道上，
她一面走着一面歌唱；
她肩上飘着一条花围巾，
她黑黑的脸上透出红光。

天空那么蓝，那么光亮，
没有边界的麦田像一片海洋；
哦，她不是在大道上行走，
她是在春天里轻轻飞翔。

她是谁家的一位姑娘？
是不是开拖拉机的那位姑娘？
当谷子一片金黄的时候，

你可听过她在收割机上歌唱?

看她在春天里轻轻飞翔
听她的歌声那么柔和那么悠扬;
她是在歌唱美好的爱情和希望,
还是在歌唱他们新建的农庄?

她是一位多么惹人喜爱的姑娘,
谁看见她不把她永记在心上!
可是我想说的还不是这些,
我想说的是这个崭新的景象——

年轻、自由而又健康,
浑身焕发着青春的光芒;
这不正是一种理想的化身?
你看她一面前进一面歌唱。……

邵燕祥

我爱我们的土地

我们爱我们的土地：
多少年来她哺养着我们，
我们灌溉着她。
我们忘不了那些年代：
多少个春天我们播种，
多少个秋天我们两手空空！
多少个孩子没有童年的欢乐，
多少个青年失去幸福的爱情。
在破碎的土地上，
听不见清脆的儿歌，
听不见甜蜜的情歌。……
但是啊，那时候，
三山五岳九江八河

跟我们一同唱起悲愤的歌，
不平的歌，
战斗的歌！

我们起来了，——
为我们自己，
为我们的孩子，
为我们远远近近的亲人！
我们不自由，我们争取自由！
我们被奴役，我们要做真正的人！
我们聚成了一支大军。

我们爱我们的土地，
她知道我们行军的脚步多么急切，——
从北雁飞不到的南方，
从南风吹不到的塞北，
她知道我们蹚过多少条河，
爬过多少座山，
怎样擦去土地上的血迹，
养好自己身上的伤痕；
战胜了追截堵杀，
战胜了“围剿”，“扫荡”，
偷袭和明攻。

在我们所爱的土地上，

毛主席带领着我们，
越过大河深谷，
突破险关峻岭；
那时候，
高山上只有层层叠叠的窑洞，
毛主席含笑指点，
说这就是高楼大厦的模型。

我们爱那千万孔窑洞，
我们更爱那未来的高楼大厦。
生为她，死为她；
为了我们的土地，
为了土地上美好的未来，
我们付出了高昂的代价。

我们的土地，
到底是我们的土地了！
再不是帝国主义冒险家的乐园了！
再不是卖国贼海外存折里的项目了！

我们向全世界宣告：
历史的钟摆是人民。
中国人民用自己的双手
掌握了自己的命运。

我们的土地也开始了新的命运。

我们爱我们的土地——
鞍山啊，
这是我们土地上的一颗掌上明珠；
不光在夜里，它白天也放着光芒。
炼钢炉倾泻着火的瀑布，
告诉那些嘲笑我们的家伙：
鞍山有铁又有钢，
既没生野草，也没种高粱。
抚顺啊，
煤的海永远在喧腾。
想当年美国“特使”魏德迈来到露天矿，
他在这儿呆立了二十分钟，
——垂涎三尺。
今天却再没他站脚的地方。
矿坑里的灯光信号像五色的花，
五色的花只为矿工开放。
第一汽车制造厂啊，
在毛主席指定的地点，
在毛主席规定的时间，
在毛主席题字的基石旁边，
高高低低的空地正在消灭，
钢盔铁甲的厂房矗向天空，
虽然不远还有平肩高的蔓草，

虽然到处听得见吵闹的蛙鸣。
那怕什么!
我们正是在工棚周围筑起城市，
在骆驼队旁边，
让火车发出自豪的吼声。

我们爱我们的土地，
爱我们土地上早晨的钟声。
星星还没落，雾气蒙蒙，
钟声就唤醒人们，
人们又把土地唤醒。
从前田野分割成一片一片，
好像那破烂的衣裳;
今天它啊一望无边，
掀起金黄的、金黄的麦浪……
我们爱这棵农业生产合作社的麦穗，
它衔着六十五颗麦粒;
滋养它的是一冬的雪水，
还有雪白雪白的肥田粉。
中国的土壤是温暖的土壤，
有什么美好的种子不能萌芽?

我们爱我们的土地，
我们爱繁华的名城，丰饶的田野，
我们也爱那偏远的、等待着开垦的地方。

从北京派出了测量队员
和地质勘探队员，
在他们五万分之一的测绘图里，
在他们用桦树皮给爱人写的信里，
写着许多我们还不知道的事情。
——可羡慕的同志们，请告诉我：
我们的土地是多么广大、
多么肥沃、
多么丰富啊！
……

我们在我们的土地上
建设着强大繁荣的社会主义祖国。
哪怕有很多很多的二万五千里！
共产党、毛主席领导着我们。
我们在朋友的欢呼中前进。
我们在敌人的诅咒中前进。
向第一个五年计划的胜利前进！
向第二个五年计划的胜利前进！
向第三个五年计划的胜利前进！
前进！
让全世界倾听我们的脚步声吧！

中国的道路呼唤着汽车

你可知道祖国的辽阔？
你可曾用脚量过道路？

你数没数过中国有多少条道路——
穿行高山，横渡大河，
联结着三家村和万家灯火的城市，
联结着车站和码头.
联结着工厂、仓库、合作社，
绕过牧民的帐篷、农民的门口，
又从你脚下伸过；

你可认得这些道路——
像树干生出枝丫，
像胳膊挽着胳膊，

像头发，像蛛网，
交织在山谷，在平原，
在又像山谷又像平原的高原上；

在那穷年累月没有见过好车马的山野
你可看见有一条新的道路通过——
它驮着农具、肥料和纸张，
还有粮食、棉麻、甜菜和山货：
在那环海的公路旁边，
海浪泼溅着陡峭的岩岸；
你可看见海防的战士
等待着粮秣和子弹！

你可曾走过这些道路？
你可曾听到道路在呼唤？
它们都通到第一汽车制造厂，
对我们建设者大声地说：
——我们需要汽车！

我们满怀着热情，
大声地告诉负重的道路：
——我们要让中国用自己的汽车走路，
我们要把中国架上汽车，
开足马力，掌稳方向盘，
一日千里、一日千里地飞奔……

郑愁予

错误

我打江南走过
那等在季节里的容颜如莲花的开落

东风不来，三月的柳絮不飞
你的心如小小的寂寞的城
恰如青石的街道向晚
跫音不响，三月的春帷不揭
你的心是小小的窗扉紧掩

我达达的马蹄是美丽的错误
我不是归人，是个过客……

风沙

天，一片昏昏黄黄，
风，像黄河的浊浪。
刚才还是万里无云，
转眼变成天地无光。

两三步之外，
看不见人影。
沙子钻进牙床，
尘土迷住眼睛。

卡车拼命地响着喇叭，
在黄风阵里寻找方向；
失掉光亮的两只大灯，
像泡在浓茶里的蛋黄。

这风沙称王称霸的世界，
就是我们黄金不换的地方。
我们要像抖净床单一样，
把这整天风沙倒进海洋！

天地，分不出来，
颜色，分不出来；
只有从人的眼睛和牙齿，
才能看见白色的光彩。

饭堂像盖在黄河水底，
火炉不发热，空气全是泥。
白米饭蒙着层黄粉，
不是肉末而是沙子。

不要怨天怨地皱眉头，
拿出今天人的本事：
把万古荒凉和风沙，
嚼烂在我们的嘴里！

明天吐还它一个泥团，
捏出一个叫人眼红的，
洁白干净没有风沙的，
万紫千红的钢铁城市。

光的赞歌

一

每个人的一生
不论聪明还是愚蠢
不论幸福还是不幸
只要他一离开母体
就睁着眼睛追求光明

世界要是没有光
等于人没有眼睛
航海的没有罗盘
打枪的没有准星
不知道路边有毒蛇
不知道前面有陷阱

世界要是没有光
也就没有扬花飞絮的春天
也就没有百花争艳的夏天
也就没有金果满园的秋天
也就没有大雪纷飞的冬天

世界要是没有光
看不见奔腾不息的江河
看不见连绵千里的森林
看不见容易激动的大海
看不见像老人似的雪山

要是我们什么也看不见
我们对世界还有什么留恋

二

只是因为有了光
我们的大千世界
才显得绚丽多彩
人间也显得可爱

光给我们以智慧
光给我们以想象
光给我们以热情

光帮助我们创造出不朽的形象

那些殿堂多么雄伟
里面更是金碧辉煌
那些感人肺腑的诗篇
谁读了能不热泪盈眶

那些最高明的雕刻家
使冰冷的大理石有了体温
那些最出色的画家
描出了色授神与的眼睛

比风更轻的舞蹈
珍珠般圆润的歌声
火的热情、水晶的坚贞
艺术离开光就没有生命

山野的篝火是美的
港湾的灯塔是美的
夏夜的繁星是美的
庆祝胜利的焰火是美的
一切的美都和光在一起

三

这是多么奇妙的物质

没有重量而色如黄金
它可望而不可即
漫游世界而无体形
具有睿智而谦卑
它与美相依为命

诞生于撞击和摩擦
来源于燃烧和消亡的过程
来源于火、来源于电
来源于永远燃烧的太阳

太阳啊，我们最大的光源
它从亿万万里以外的高空
向我们居住的地方输送热量
使我们这里滋长了万物
万物都对它表示景仰
因为它是永不消失的光

真是不可捉摸的物质——
不是固体、不是液体、不是气体
来无踪、去无影、浩淼无边
从不喧嚣、随遇而安
有力量而不剑拔弩张
它是无声的威严
它是伟大的存在

它因富足而能慷慨
胸怀坦荡、性格开朗
只知放射、不求报偿
大公无私、照耀四方

四

但是有人害怕光
有人对光满怀仇恨
因为光所发出的针芒
刺痛了他们自私的眼睛
历史上的所有暴君
各个朝代的奸臣
一切贪婪无厌的人
为了偷窃财富、垄断财富
千方百计想把光监禁
因为光能使人觉醒

凡是压迫人的人
都希望别人无能
无能到了不敢吭声
而把自己当作神明
凡是剥削人的人
都希望别人愚蠢
愚蠢到了不会计算
一加一等于几也闹不清

他们要的是奴隶
是会说话的工具
他们只要驯服的牲口
他们害怕有意志的人

他们想把火扑灭
在无边的黑暗里
在岩石所砌的城堡里
维持血腥的统治

他们占有权力的宝座
一手是勋章、一手是皮鞭
一边是金钱、一边是锁链
进行着可耻的政治交易
完了就举行妖魔的舞会
和血淋淋的人肉的欢宴

回顾人类的历史
曾经有多少年代
沉浸在苦难的深渊
黑暗凝固得像花岗岩
然而人间也有多少勇士
用头颅去撞开地狱的铁门

光荣属于奋不顾身的人
光荣属于前仆后继的人

暴风雨中的雷声特别响
乌云深处的闪电特别亮
只有通过漫长的黑夜
才能喷涌出火红的太阳

五

愚昧就是黑暗
智慧就是光明
人类是从愚昧中过来
那最先去盗取火的人
是最早出现的英雄
他不怕守火的鹫鹰
要啄掉他的眼睛
他也不怕天帝的愤怒
和轰击他的雷霆
把火盗出了天庭

于是光不再被垄断
从此光流传到人间

我们告别了刀耕火种
蒸汽机带来了工业革命

从核物理诞生了原子弹
如今像放鸽子似的放出了地球卫星……

光把我们带进了一个
光怪陆离的世界：
X光，照见了动物的内脏
激光，刺穿优质钢板
光学望远镜，追踪星际物质
电子计算机
把我们推到了二十一世纪

然而，比一切都更宝贵的
是我们自己的锐利的目光
是我们先哲的智慧之光
这种光洞察一切、预见一切
可以透过肉体的躯壳
看见人的灵魂
看见一切事物的底蕴
一切事物内在的规律
一切运动中的变化
一切变化中的运动
一切的成长和消亡
就连静静的喜马拉雅山
也在缓慢地继续上升

认识没有地平线
地平线只能存在于停止前进的地方
而认识却永无止境
人类在追踪客观世界中
留下了自己的脚印

实践是认识的阶梯
科学沿着实践前进
在前进的道路上
要砸开一层层的封锁
要挣断一条条的铁链
真理只能从实践中得以永生

六

光从不可估量的高空
俯视着人类历史的长河
我们从周口店到天安门
像滚滚的波涛在翻腾
不知穿过了多少的险滩和暗礁
我们乘坐的是永不沉的船
从天际投下的光始终照引着我们

我们从千万次的蒙蔽中觉醒
我们从千万种的愚弄中学得了聪明
统一中有矛盾、前进中有逆转

运动中有阻力、革命中有背叛

甚至光中也有暗
甚至暗中也有光
不少丑恶与无耻
隐藏在光的下面
毒蛇、老鼠、臭虫、蝎子、蜘蛛
和许多种类的粉蝶
她们都是孵化害虫的母亲
我们生活着随时都要警惕
看不见的敌人在窥伺着我们

然而我们的信念
像光一样坚强——
经过了多少浩劫之后
穿过了漫长的黑夜
人类的前途无限光明、永远光明

七

每一个人都是一个生命
人世银河星云中的一粒微尘
每一粒微尘都有自己的能量
无数的微尘汇集成一片光明
每一个人既是独立的
而又互相照耀

在互相照耀中不停地运转
和地球一同在太空中运转

我们在运转中燃烧
我们的生命就是燃烧
我们在自己的时代
应该像节日的焰火
带着欢呼射向高空
然后迸发出璀璨的光

即使我们是一支蜡烛
也应该“蜡炬成灰泪始干”
即使我们只是一根火柴
也要在关键时刻有一次闪耀
即使我们死后尸骨都腐烂了
也要变成磷火在荒野中燃烧

八

作为一个微不足道的人
天文学数字中的一粒微尘
即使生命像露水一样短暂
即使是恒河岸边的细沙
也能反映出比本身更大的光
我也曾经用嘶哑的喉咙歌唱
在不自由的岁月里我歌唱自由

我是被压迫的民族我歌唱解放

在这个茫茫的世界上
我曾经为被凌辱的人们歌唱
我曾经为受欺压的人们歌唱
我歌唱抗争，我歌唱革命
在黑夜把希望寄托给黎明
在胜利的欢欣中歌唱太阳

我是大火中的一点火星
趁生命之火没有熄灭
我投入火的队伍、光的队伍
把“一”和“无数”溶合在一起
进行为真理而斗争
和在斗争中前进的人民一同前进

我永远歌颂光明
光明是属于人民的
未来是属于人民的
任何财富都是人民的

和光在一起前进
和光在一起胜利
胜利是属于人民的
和人民在一起所向无敌

九

我们的祖先是光荣的
他们为我们开辟了道路
沿途留下了深深的足迹
每个足迹里都有血迹

现在我们正开始新的长征
这个长征不只是二万五千里的路程
我们要逾越的也不只是十万大山
我们要攀登的也不只是千里岷山
我们要夺取的也不只是金沙江、大渡河
我们要抢渡的是更多更险的渡口
我们在攀登中将要遇到更大的风雪、
更多的冰川……

但是光在召唤我们前进
光在鼓舞我们、激励我们
光给我们送来了新时代的黎明
我们的人民从四面八方高歌猛进

让信心和勇敢伴随着我们
武装我们的是最美好的理想
我们是和最先进的阶级在一起
我们的心胸燃烧着希望

我们前进的道路铺满阳光

让我们的每个日子
都像飞轮似的旋转起来
让我们的生命发出最大的能量
让我们像从地核里释放出来似的
极大地撑开光的翅膀
在无限广阔的宇宙中飞翔

让我们以最高的速度飞翔吧
让我们以大无畏的精神飞翔吧
让我们从今天出发飞向明天
让我们把每个日子都当作新的起点

或许有一天，总有一天
我们这个古老的民族
我们最勇敢的阶级
将接受光的邀请
去叩开那些紧闭的大门
访问我们所有的芳邻

让我们从地球出发
飞向太阳……

在智利的海岬上

——给巴勃罗·聂鲁达

让航海女神
守护你的家

她面临大海
仰望苍天
抚手胸前
祈求航行平安

一

你爱海，我也爱海
我们永远航行在海上

一天，一只船沉了
你捡回了救命圈
好像捡回了希望
风浪把你送到海边
你好像海防战士
驻守着这些礁石

你抛下了锚
解下了缆索
回忆你所走过的路
每天瞭望海洋

二

巴勃罗的家
在一个海岬上
窗户的外面
是浩淼的太平洋

一所出奇的房子
全部用岩石砌成
像小小的碉堡
要把武士囚禁

我们走进了

航海者之家
地上铺满了海螺
也许昨晚有海潮

已经残缺了的
木雕的女神
站在客厅的门边
像女仆似的虔诚

阁楼是甲板
栏杆用麻绳穿连
在扶梯的边上
有一个大转盘

这些是你的财产：
古代帆船的模型
褐色的大铁锚
中国的大罗盘
大的地球仪
各式各样的烟斗
各式各样的钢刀

意大利农民送的手杖
放在进门的地方
它陪伴一个天才

走过了整个世界

米黄色的象牙上
刻着年轻的情人
穿着乡村的服装
带着羞涩的表情
像所有的爱情故事
既古老而又新鲜

手枪已经锈了
战船也不再转动
请斟满葡萄酒
为和平而干杯

三

房子在地球上
而地球在房子里
壁上挂了一顶白顶的
黑漆的海员帽子
好像这房子的主人
今天早上才回到家里

我问巴勃罗：
“是水手呢？
还是将军？”

他说：“是将军，
你也一样；
不过，我的船
已失踪了
沉没了……”

四

你是一个船长
还是一个海员
你是一个舰队长
还是一个水兵
你是胜利归来的人
还是战败了逃亡的人
你是平安的停憩
还是危险的搁浅
你是迷失了方向
还是遇见了暗礁

都不是，都不是
这房子的主人
是被枪杀了的洛尔伽的朋友
是受难的西班牙的见证人
是一个退休了的外交官
不是将军

日日夜夜望着海
听海涛像在浩叹
也像是嘲弄
也像是挑衅

巴勃罗·聂鲁达
面对着万顷波涛
用矿山里带来的语言
向整个旧世界宣战

五

在客厅门口上面
挂了救命圈
现在船是在岸边
你说:“要是船沉了
我就戴上了它
跳进海洋。”

方形的街灯
在第二个门口
这样，每个夜晚
你生活在街上

壁炉里火焰上升
今夜，海上喧哗

围着烧旺了的壁炉
从地球的各个角落来的
十几个航行的伙伴
喝着酒，谈着航海的故事

我们来自许多国家
包括许多民族
有着不同的语言
但我们是最好的兄弟

有人站起来
用放大镜
在地图上寻找
没有到过的地方

我们的世界
好像很大
其实很小
在这个世界上
应该生活得好

明天，要是天晴
我想拿铜管的望远镜
向西方瞭望
太平洋的那边

是我的家乡
我爱这个海岬
也爱我的家乡

这儿夜已经很深
初春的夜晚多么迷人

六

在红心木的桌子上
有船长用的铜哨子

拂晓之前，要是哨子响了
我们大家将很快地爬上船缆
张起船帆，向海洋启程
向另一个世纪的港口航行

礁石

一个浪，一个浪
无休止地扑过来
每一个浪都在它脚下
被打成碎沫、散开……

它的脸上和身上
像刀砍过的一样
但它依然站在那里
含着微笑，看着海洋……

回延安

一

心口呀莫要这么厉害地跳，
灰尘呀莫把我眼睛挡住了……

手抓黄土我不放，
紧紧儿贴在心窝上。

……几回回梦里回延安，
双手搂定宝塔山。

千声万声呼唤你
——母亲延安就在这里！

杜甫川唱来柳林铺笑，
红旗飘飘把手招。

白羊肚手巾红腰带，
亲人们迎过延河来。

满心话登时说不过来，
一头扑在亲人怀……

二

……二十里铺送过柳林铺迎，
分别十年又回家中。

树梢树枝树根根，
亲山亲水有亲人。

羊羔羔吃奶望着妈，
小米饭养活我长大。

东山的糜子西山的谷，
肩膀上的红旗手中的书。

手把手儿教会了我，
母亲打发我们过黄河。

革命的道路千万里，
天南海北想着你……

三

米酒油馍木炭火，
团团围定炕头坐。

满窑里围的不透风，
脑畔上还响着脚步声。

老爷爷进门气喘得紧：
“我梦见鸡毛信来——可真见亲人……”

亲人见了亲人面
欢喜的眼泪眼眶里转。

保卫延安你们费了心，
白头发添了几根根。

团支书又领进社主任，
当年的放羊娃如今长成人。

白生生的窗纸红窗花，
娃娃们争抢来把手拉。

一口口的米酒千万句话，
长江大河起浪花。

十年来革命大发展，
说不尽这三千六百天……

四

千万条腿来千万只眼，
也不够我走来也不够我看！

头顶着蓝天大明镜，
延安城照在我心中：

一条条街道宽又平，
一座座楼房披彩虹；

一盏盏电灯亮又明，
一排排绿树迎春风……

对照过去我认不出了你，
母亲延安换新衣。

五

杨家岭的红旗啊高高地飘，
革命万里起高潮！

宝塔山下留脚印，
毛主席登上了天安门！

枣园的灯光照人心，
延河滚滚喊“前进”！

赤卫队……青年团……红领巾，
走着咱英雄几辈辈人……

社会主义路上大踏步走，
光荣的延河还要在前头！

身长翅膀吧脚生云，
再回延安看母亲！

放声歌唱（节选）①

一

无边的大海波涛汹涌……
呵，无边的
大海
波涛
汹涌——
生活的浪花在滚滚沸腾……
呵，生活的
浪花
在滚滚

① 全诗共五部分，此为第一部分，发表于《北京日报》1956 年 7 月 1 日。

沸腾!
呵呵!是何等壮丽的景象——
我们祖国的
万花盛开的
大地,

光华灿烂的
天空!
你,在每一天,
在每一秒钟,
都展现在
我的眼前
和我的
心中。
我的心
合着
马达的轰响,
和青年突击队的
脚步声,
是这样
剧烈地
跳动!
我
被那
钢铁的火焰,

和少先队的领巾，
照耀得
满身通红！
汽笛
和牧笛
合奏着，
伴送我
和列车一起
穿过深山、隧洞；
螺旋桨
和白云
环舞着，
伴送我
和飞机一起
飞上高空。
……我看见
星光
和灯光
联欢在黑夜；
我看见
朝霞
和卷扬机
在装扮着
黎明。
春天了。

又一个春天。
黎明了。
又一个黎明。
呵，我们共和国的
万丈高楼
站起来!
它，加高了
一层——
又一层!
来！我挽着
你的手，
你挽着
我的胳膊，
在我们
如花似锦的
道路上，
前进呵
一程——
又一程!
在每一平方公尺的
土壤里，
都写着：
我们的
劳动
和创造，

在每一立方公分的
空气里，
都装满
我们的
欢乐
和爱情。
社会主义的
美酒呵，
浸透
我们的每一个
细胞，
和每一根
神经。
把一连串的
美梦
都变成
现实，
而梦想的翅膀
又驾着我们
更快地
飞腾……
呵，多么好！
我们的生活，
我们的祖国；
呵，多么好！

我们的时代，
我们的人生！
让我们
放声
歌唱吧！
大声些，
大声，
大声！
把笔
变成
千丈长虹，
好描绘
我们时代的
多彩的
面容，
让万声雷鸣
在胸中滚动
好唱出
赞美祖国的
歌声！

雷锋之歌

一

假如现在呵，
我还不曾
不曾在人世上出生，
假如让我呵，
再一次开始
开始我生命的航程——
在这广大的世界上呵，
哪里是我
最迷恋的地方？
哪条道路呵
能引我走上
最壮丽的人生？

面对整个世界，
我在注视。
从过去，到未来，
我在倾听……
八万里
风云变幻的天空啊，
今日是
几处阴？几处晴？
亿万人
脚步纷纷的道路上，
此刻呵
谁向西？谁向东？
哪里的土地上
青山不老，
红旗不倒，
大树长青？
哪里的母亲
能给我
纯洁的血液、
坚强的四肢、
明亮的眼睛？

让我一千次选择：
是你，
还是你呵

——中国！
让我一万次寻找：
是你，
只有你呵
——革命
生，一千回，
生在
中国母亲的
怀抱里，
活，一万年，
活在
伟大毛泽东的
事业中！
呵，一切
都已经
证明过了……
一切一切呵
还在
证明——
这里有
永远
不会退化的
红色种子：
这里有
永远

不会中断的
灿烂前程!
看步步脚印……
望关山重重……
有多少英雄呵
都在我们
行列中!
领我走,
教我行……
跟上一步呵,
一次新生!

……滚滚湘江水呵,
闪闪延河的灯……
使我怎能不
日日夜夜
梦魂牵绕?
……上甘岭头雪呀,
越秀山下松……
使我怎能不
千番万回
热血沸腾? ……
望天安门上
那亲切的笑容——
我的眼里

常含热泪呵，
送新战士入伍，
听连营的号声——
我的心中
怎能不又
风起云涌？……

我迷恋
我们革命事业的
艰苦长途上——
一个斗争
接一个斗争！
我骄傲
我们阶级队伍的
生命群山中——
一个高峰
又一个高峰！……

呵！真正地
幸福呵，
何等的
光荣！……
在今天，
我用滚烫的双手
抚摸着

我们的
红旗——
又一次把
母亲的
衣襟
牵动……
让我高呼吧!
看呵,
在我们的大地上,
在党的
摇篮中——
此刻,
又站起来
一个多么高大的
我们的
弟兄!……

二

让我呼唤你呵
呼唤你响亮的名字,
你——
雷锋!
我看着
你青春的面容,
好像我再生的心脏

在胸中跳动……

我写下这两个字：

“雷、锋”——

我是在写呵

我们阶级的

整个新一代的

姓名：

我写下这两个字：

“雷、锋”——

我是在写呵

我的履历表中

家庭栏里：

我的弟兄。

你的年纪，

二十二岁——

是我年轻的弟弟呵，

你的生命

如此光辉——

却是我无比高大的

长兄！

……我奔向你的面前！

带着

母亲给我的教训，

和我对你

手足的深情……
仿佛一刹那间
越过了
千山万岭……
呵！我像是
突然登上泰山，
站立在
日观峰顶……
我看见
海浪滔滔的
母亲怀中——
新一代的太阳
挥舞着云霞的红旗，
上升呵
上升……

……惊蛰的春雷啊，
浩荡的春风！
正在大地上鸣响；
正在天空中飞行！
一阵阵，
一声声——
“雷锋！……”
“雷锋！……”
“雷锋！……”

道路上的列车啊，
海港里的塔灯——
有多少个车轮
在传诵啊；
有多少条光线
在回应……
一阵阵，
一声声——
“雷锋！……”
“雷锋！……”
“雷锋！……”

那红领巾的春苗啊
面对你
顿时长高；
那白发的积雪啊
在默想中
顷刻消融……
今夜有
灯前送别；
明日有
路途相逢……
“雷锋……”
——两个字
说尽了

亲人们的
千般叮咛；
“雷锋……”
——一句话，
手握手，
陌生人
红心相通！……

三

你——雷锋！
我亲爱的
同志啊，
我亲爱的
弟兄……
你的名字
竟这样的
神奇，
胜过那神话中的
无数英雄……
你，
我们党的
一个普通党员，
你，
我们解放军中
一个普通士兵

你的名字
怎么会
飞遍了
祖国的千山万水
激荡起
亿万人心——
那海洋深处的
浪花层层？……

……从湘江畔，
昨日，
那沉沉的黑夜……
……到长城外，
今天，
这欢笑的黎明——
雷锋呵，
你是怎样
度过
你短暂的一生？
从日记本第一页上
黄继光的画像……
到领袖题词：
“向雷锋同志学习
——毛泽东”……
呵，雷锋！

你是怎样地
怎样地
长成？

呵！我看着你，
我想着你……
我心灵的窗
向四方洞开……
……我想着你，
我看着你……
我胸中的层楼呵
有八面来风！

……看昆仑山下：
红旗飘飘，
大江东去……
望几重天外：
云雾弥漫，
风雨纵横……
十万言——
一道
冲破云雾的
飞天长虹！……
两个字——
中国的

一代新人的
光辉姓名！……
呵，念着你呵
——雷锋！
呵，想着
你呵
——革命！
一九六三年的
春天，
使我们
如此的
激动！——
历史在回答：
人，
应该
怎样生？
路
应该
怎样行？……

四

……仿佛已经
十分遥远
十分遥远了，
——那已过去了的

过去了的
许多情景……
那些没有光亮的
晚上……
那些没有笑意的
面容……
那些没有明月的
中秋……
那些没有人影的
茅棚……
在哪里啊，
爸爸要饭的
饭碗？……
在哪里啊，
妈妈上吊的
麻绳？……
在哪里啊，
云周西村的
铡刀？……
在哪里啊，
渣滓洞的
深坑？……

眼前是：
繁花似海，

高楼如山，
绿荫如屏……
耳边是：
歌声阵阵，
书声琅琅，
笑语声声……
睁开回头的望眼——
呵……
春风打从何处起？
朝阳打从何处升？……
消退了昨日的梦境——
啊……
镣铐曾在何处响？
鲜血曾在何处凝？……
长征路上
那血染的草鞋
已经化进
苍松的年轮……
淮海战场
那冲锋的呼号
已经飞入
工地的夯声……
老战士激动的回忆啊，
“我们在听、在听……
但那到底

已是过去的事情……“
——少年人眼前的
大路小路啊，
仿佛本来
就是这样
又宽、平……

呵，要不要再问园丁：
我们的花园里
会不会还有
杂草再生？
梅花的枝条上，
会不会有人
暗中嫁接
有毒的葛藤？……
我们的大厦
盖起了多少层？
是不是就此
大功告成？
呵，面前的道路、
头上的天空，
会不会还有
乌云翻腾？……

……滚滚沸腾的生活啊，

闪闪发亮的路灯……

面对今天：

血管中的脉搏

该怎样跳动？

什么是

真正的

幸福啊？

什么是

青春的

生命？

……望夜空，

有倒转斗柄的

北斗……

看西天

有纷纷坠落的

流星……

什么是

有始有终的

英雄的晚年啊？

什么是

无愧无悔的

新人是一生？……

唔！有人在告诉我们：

——过去了的一切

不必再提起了吧！
只要闭上眼睛呀，
就能看见：
现在已经
天下太平……
什么“人民”呀，
什么“革命”，
——这些声音，
莫要打搅，
他酒兴正酣，
睡意正浓……
——今天的生活
已经不同了呀，
需要另外
开辟途径……
——最香的
是自己的酒杯，
最美的
是个人的梦境……

但是，且住！
可敬的先生……
收起你们的
这套催眠术吧！
革命——

永远

不会躺倒！

历史的列车——

不会倒行！

请看！

在我们的红旗下：

又是谁？

站起来

大声发言——

忘记过去吗？

不能！

不能！

不能！

因为我是

永远不会忘本的

“饥寒交迫的奴隶”——

中国的

革命的

士兵！

叫我们

那样活着吗？

不行！

不行！

不行！

因为我是

站在
不倒的红旗下，
前进在
从井冈山出发的
行列中！
问我的名字吗？
我的名字……
啊，我们的
名字：
雷——锋！……

呵，雷锋
就是这样地
代表我们
出现了！……
——像朝阳初升
一样地合理，
像婴儿落地
一样地合情！……
雷锋，
对于我们
是这样珍贵，
雷锋兄弟啊，
为我们赢得
亲爱的母亲

欣慰的笑容……
让我们说：
“我爱雷锋……”
这就是说：
“我爱
真正的人生！”
让我们说：
“我爱雷锋……”
这就是说：
“我要
永远革命！”

来啊！让我们
紧紧地挽住
雷锋的
这三条刀伤的手臂吧！
让我们
把雷锋日记的
字字句句
在心中念诵……
我们要把
壮丽人生的道路
展出万里！
我们要把
革命的火焰

“烧得通红……”

啊，雷锋！
我紧挽着
紧挽着
你的手臂啊，
我把它
紧贴在
我的前胸……
让我说：
我们是
一母所生——
我们血液的源头，
在“四一二”的
血海里，
在皖南事变的
伤痕中……
早已
几度相逢……
党的双手，
早就在
早就在
把我们的
生命
铸造，

党叫我们
按照历史的行程，
待命出征——
雷锋！
你这一代
新的战斗队啊，
要出现在
新中国——
“早晨八九点钟……”

五

就是这样，
雷锋，
你出发了……
——在黎明前的
一阵黑暗中……
你带着
满身
燃烧的血泪，
好像在梦中一样，
扑向
党啊——
温暖的
温暖的
母亲怀中……

……就是这样，
雷锋，
就是这样，
雷锋，
你站起来！
接受
“共产主义新战士”
——党给你的
命名。
……就是这样，
雷锋，
你走来了……
你不是
只为洗雪
一家的仇恨；
不是为了
“治好伤疤
忘了疼”……
你来了呵，
不是为
学少爷们那样——
从此
醉卧高楼，
做花天酒地的
荒唐梦；

你来了呵，
更不是为
向仇人们鞠躬致敬——
说是为大家的“安宁”，
必须
践踏爹妈的尸骨，
把难友们的鲜血
倒进
老爷的怀中……

雷锋！
你满腔的愤怒呵，
你刻骨的疼痛……
你对党感激的
含泪带笑的目光……
你对新生活
如饥如渴的憧憬……
全部投入
我们阶级的
步伐——
化成了
战斗的
轰天雷鸣！

呵，雷锋！

你第一次学会的
这三个字，
你一生中
永远念着的
这个姓名——
呵，亲爱的
再生雷锋的
母亲——
我们的
党呵，
我们的领袖
毛泽东！
母亲懂得你
懂得你呵
——雷锋，
你也懂得他
懂得他呵
——伟大的
毛泽东！
你青春的生命
在毛泽东思想的
冲天红光中，
升华……
升华……
你前进的脚步

在《毛泽东选集》的
光辉篇章——
那真理的
阶梯上，
攀登……
攀登……

雷锋，
我看见
在你的驾驶室里，
那一尘不染的
车镜……
我看见
在你车窗前
那直上云天的
高峰……
呵，你阶级战士的
姿态，
是何等的
勇敢，坚定！
你共产党员的
红心呵，
是何等的
纯净、透明！……
雷锋，

你是多么欢乐呵！
在我们灿烂的阳光里，
怎么能不
到处飞起
你朗朗的笑声？
你稚气的脸上，
哪能找到
一星半点
忧愁的阴影？……
但是，雷锋，
在心灵的深处，
你有多么强烈的
爱呵，
又有多么深刻的
憎！
爱和恨，
不可分割，
像阴电、阳电一样
相反相成——
在你生命的线路上，
闪出
永不熄灭的火花，
发出
亿万千卡热能！……

……从家乡望城
彭乡长
那慈爱的面孔，
到团山湖农场
庄稼梢头
那飘动的微风……
……从鞍钢工地
推土机的
卷动的履带，
到烈属张大娘
搂抱着你的
热泪打湿的
袖筒……
呵，祖国亲人的
每一下脉搏，
阶级体肤的
每一个毛孔——
都寄托了
你火一样的热爱，
都倾注了
你海一样的深情……

呵，从黄继光
胸口对面
那射向我们的

罪恶炮筒，
到地主谭四滚子
从地下发出的
切齿之声……
……从营房门口
那假装
磨剪子的
坏蛋
到躲在角落里
缝补旧梦的
某些先生……
呵，祖国道路上的
每一个暗影，
你哨位上的
每一面的响动——
都使你燃起
阶级仇恨的
不灭的火种；
都紧盯着
你阶级战士
警觉的眼睛！……

雷锋呵，
你虽然不是
在炮火连天的战场上

战斗冲锋，
在平凡的
工作岗位上，
你却是真正的
勇士呵——
你永远在
高举红旗，
向前进攻！
在我们革命的
万能机床上，
雷锋——
你是一个
平凡的，但却
伟大的——
永不生锈的
螺丝钉！

哪里需要？
看雷锋的
飞快的
脚步！
哪里缺少？
看雷锋的
忙碌的
身影！……

……呵，马上去
给大娘浇地——
现在
麦苗正要返青……
……呵，立刻把
自己省下的存款
寄给公社——
支援
受灾的农民弟兄……
……唔，快准备
给孩子们
讲革命故事——
明天是
队日活动……
……唔，必须把
赶路的大嫂
护送到家——
现在是
夜深，雨大，
路远，泥泞……

呵，雷锋！
你白天的
每一个思念，

你夜晚的
每一个梦境，
都是：
人民……
人民……
人民……
你的每一声脚步，
你的每一次呼吸，
都是：
革命……
革命……
革命……

雷锋，你是
真正的
真正的
幸福呵！
你是何等的
何等的
聪明！
你用我们旗帜一样
鲜红的颜色，
写下了
你短暂的
却是不朽的

历史，
你在阶级的伟大事业里，
在为人民服务的无限之中，
找到了呵——
最壮丽的
人生！
你的生命
是多么
富有呵！
在我们党的怀抱里，
你已成长得
力大无穷！
……可老战友们
总还习惯叫你
“小雷”呵——
你只有
一百五十四厘米
身高，
二十二岁的
年龄……
但是，在你军衣的
五个钮扣后面
却有：
七大洲的风雨
亿万人的斗争

——在胸中包容！……
你全身的血液，
你每一根神经，
都沸腾着
对祖国的热爱，
而你同时
在每一天，
每一分钟，
念念不忘：
世界上还有
千千万万
受难的弟兄！……
“上刀山！
下火海！……”
——雷锋呵，
在准备着！
风吹来！
雨打来！
——雷锋呵，
道路分明！……

呵！这就是
这就是
一个叫做
“雷锋”的

中国革命战士的
英雄姿态!
这就是
我们的大地
我们的母亲
以雷锋的名义
给历史的
回应——
人呵,
应该
这样生!
路呵,
应该
这样行! ……

六

呵! 现在……
雷锋——
请你一千次、一万次
走遍
祖国的大地吧!
请你一千声、一万声
把你战斗的
呼号,
传遍那

万里风云的天空！……
在这
无产者大军
重新集结的
时刻，
在这
新的斗争信号
升起的
黎明……
在我们祖国的
每一个
战场上，
在迎接我们的
每一个
斗争中——
雷锋啊，
在前进！……
带着
我们的骄傲，
带着
我们的光荣……
雷锋
你在我们
军中，
雷锋

你在我们
心中！
雷锋啊，
活着！
雷锋啊，
永生！……

呵！响起来，
响起来，
响起来吧！
——我们阶级大军的
震天号声！
敲起来，
敲起来，
敲起来啊！
——我们革命人生的路上
这嘹亮的晨钟！……
看，站起来
你一个雷锋，
我们跟上去：
十个雷锋，
百个雷锋，
千个雷锋！……
升起来
你一座高峰，

我们跟上去：
十座高峰，
百座高峰！——
千条山脉啊，
万道长城！……

让我们的
敌人
惊叫起来吧，
——关于中国的
这最近的情报，
他们会说：
“不懂，不懂……
这是什么样的
‘装置’啊，
竟然发出
如此巨大能量的
热核反应？”……

啊，让我们的
朋友们
感到高兴吧！
让他们
骄傲地说：
“这是

毛泽东的战士！
红色中国的
士兵！
这是
真正的人啊，
是中国的
也是我们的
弟兄！……”
呵，让歌手们
歌唱吧，
登上我们
新的长城：
“……北来的大雁啊，
你们不必
对空哀鸣，
说那边
寒霜突降，
草木凋零……
且看这里：
遍地青松，
个个雷锋！——
……快摆开
你们新的雁阵啊，
把这大写的
‘人’字——

写向那
万里长空！……”
呵，让诗人们
歌唱吧
站在这
望海楼上
新的一层：
“……那暴风雨中的
海燕啊，
我们
想念你！……
你快
拨开云雾啊，
展翅飞腾！
看天空：
闪电
怎能遮掩？
看大地：
怎能不
烈火熊熊？！”
让我们回答
你的歌声——
“我们昨日
鹏程万里；
今日又来

英雄雷锋！……”

呵！雷锋，雷锋，雷锋啊……
此刻
我念着你，
我唱着你呵……
——我有
多少愤怒、
多少骄傲、
多少力量啊，
在胸中翻腾！
我不能
远远地
望着你的背影
把你赞颂，
——我必须
赶上前来！
和你
一起啊
奔向这
伟大的斗争！

啊，雷锋，
我的弟兄！
不要说

我比你多有
几年军龄啊——
虽然它使我
终生难忘，
一提起呀
就热血奔流
热泪常涌……
在你的面前——
我的
好班长啊，
让我说：
我还是
一个新兵……

呵，雷锋，
带我去，
带我去吧！
——让我跟上你，
跑步入列！
听候每一次的
队前点名……
让我像你
一样响亮地
回答："到！"
——永远站在啊

我们阶级的
行列中！……

呵，带我去，
带我去吧！
雷锋！
——在今天，
这风吼雷鸣的时辰，
让我跟你一样
把我们的《毛选》
紧握在手中……
请你辅导我
千百次地
学习！
——让伟大的真理啊
照耀我
永远新生！……

呵，雷锋！
带我到
哨位上去！
——告诉我
怎样更快地
发现敌情……
啊，雷锋，

带我到
驾驶室里去！
——教我
把方向盘
更好地把定……
……啊，告诉我，
告诉我啊——
怎样做好
永不生锈的
螺丝钉！……
……教我唱，
教我唱吧——
真正唱会啊：
“《我是一个兵》！……”
在阶级的事业里：
“我是一个兵！”
在祖国的土地上：
“我是一个兵！”
在今天、明天
所有的
斗争里：
“我是——
——一个兵！……”

啊，雷锋……

我不是
一个人啊，
我在唱
我们亿万人民
内心的激动！
看啊，
奔你来！
学你来！
——我们的大地上
正脚步匆匆！……
十个、
百个、
千万个……
雷锋……
雷锋……
雷锋……
啊，雷锋
就是我们！
我们
就是雷锋！……

让我们的敌人
千次、万次地
吃惊吧！……
让我们的朋友，

永远、永远地
高兴！……
让地球的
脑海啊，
去思索……
让历史的
航线啊
更加
分明……

呵，现在……
你们——
巴黎公社的
前辈英雄啊，
你们请听：
你们不朽的事业
我们要
永远担承！
我们在
井冈山前，
向你们
保证：
——我们要
子子孙孙
永不变啊，

辈辈新人
是雷锋！……

啊，还有你们——
我国古代的
哲人们，
你们之中
是谁呀？
——“见歧路，
泣之而返。”
——竟会痛哭失声……
俱往矣！
俱往矣！……
今天啊，
是何等的不同！
看天安门上——
东方红，
太阳升……
——我们有
伟大的
领袖啊，
我们有
伟大的
群众！……

呵！

看我们

大步前进吧！

看我们

日夜兼程！……

怕什么

狂风巨浪？！……

怕什么

困难重重！……

哪怕它啊

北风欺我

把我黄河

一夜冰封？

——我们有

革命壮志：

浩浩长江

万年奔腾！……

哪怕它啊

山崩海啸，

天塌地倾？

——我们有

擎天柱：

我们的党！

我们有

毛泽东思想

炼成的
补天石：
百万——雷锋！……

呵呵！……
响起来——
响起来——
响起来吧——
我们无产者大军的
震天的号声！……
敲起来——
敲起来——
敲起来吧——
我们革命人生的路上
这嘹亮的晨钟！……
伟大的斗争，
在召唤啊——
全世界的弟兄，
一起出征！……
前进啊——
我们的
红旗！……
前进啊——
我们的
革命！……

前进！——

前进啊！

——我们的弟兄！！

——我们的雷锋！！！……

让我们

向历史

宣告吧——

在我们

这伟大战斗的

决心书上，

已写下了

我们

伟大的姓名：

我们——

雷锋：

雷锋——

保证：

敌人必败！

我们必胜！

我们必胜啊！

我——们——

必——胜——！！！

桂林山水歌

云中的神呵，雾中的仙，
神姿仙态桂林的山！

情一样深呵，梦一样美，
如情似梦漓江的水！

水几重呵，山几重？
水绕山环桂林城……

是山城呵，是水城？
都在青山绿水中……

呵！此山此水入胸怀，

此时此身何处来？

……黄河的浪涛塞外的风，
此来关山千万重。

马鞍上梦见沙盘上画：
“桂林山水甲天下”……

呵！是梦境呵，是仙境？
此时身在独秀峰[①]！

心是醉呵，还是醒？
水迎山接入画屏！

画中画——漓江照我身千影，
歌中歌——山山应我响回声……

招手相问老人山[②]，
云罩江山几万年？

——伏波山下还珠洞[③]
宝珠久等叩门声……

① 独秀峰，在桂林市中心，孤峰一柱，拔地而起。

② 老人山、鸡笑山、屏风山，均在桂林市区，因状得名。

③ 还珠洞，有老龙谢情还珠神话，本诗转意借用。

鸡笼山一唱屏风开，
绿水白帆红旗来！

大地的愁容春雨洗，
请看穿山[①]明镜里——

呵！桂林的山来漓江的水——
祖国的笑容这样美！

桂林山水入胸襟，
此景此情战士的心——

江山多娇人多情，
使我白发永不生！

对此江山人自豪，
使我青春永不老！

七星岩[②]去赴神仙会，
招呼刘三姐呵打从天上回……

人间天上大路开，

① 穿山，在桂林市南郊，峰顶有巨大圆形洞口，洞穿露天，状似明镜高悬。

② 七星岩，桂林最著名岩洞之一。传说歌仙刘三姐在此洞中赛歌，后化石成仙。

要唱新歌随我来！

三姐的山歌十万八千箩，
战士呵，指点江山唱祖国……

红旗万梭织锦绣，
海北天南一望收！

塞外的风沙呵黄河的浪，
春光万里到故乡。

红旗下：少年英雄遍地生——
望不尽：千姿万态“独秀峰”！

——意满怀呵，情满胸，
恰似漓江春水浓！

呵！汗雨挥洒彩笔画：
桂林山水——满天下！……

西去列车的窗口

在九曲黄河的上游，
在西去列车的窗口……

是大西北一个平静的夏夜，
是高原上月在中天的时候。

一站站灯火扑来，像流萤飞走，
一重重山岭闪过，似浪涛奔流……

此刻，满车歌声已经停歇，
婴儿在母亲怀中已经睡熟。

啊，在这样的路上，这样的时候，

在这一节车厢，这一个窗口——

你可曾看见：那些年轻人闪亮的眼睛
在遥望六盘山高耸的峰头？

你可曾想见：那些年轻人火热的胸口
在渴念人生路上第一个战斗？

你可曾听到啊，在车厢里：
仿佛响起井冈山拂晓攻击的怒吼？

你可曾望到啊，灯光下：
好像举起南泥湾披荆斩棘的镢头？

啊，大西北这个平静的夏夜，
啊，西去列车这不平静的窗口！

一群青年人的肩紧靠着一个壮年人的肩，
看多少双手久久地拉着这双手……

他们啊，打从哪里来？又往哪里走？
他们属于哪个家庭？是什么样的亲友？

他啊，塔里木垦区派出的带队人——
三五九旅的老战士、南泥湾的突击手。

他们，上海青年参加边疆建设的大队——
军垦农场即将报到的新战友。

几天前，第一次相见——
是在霓虹灯下，那红旗飘扬的街头。

几天后，并肩拉手——
在西去列车上，这不平静的窗口。

从第一天，老战士看到你们啊——
那些激动的面孔、那些高举的拳头……

从第一天，年轻人看到你啊——
旧军帽下根根白发、臂膀上道道伤口……

啊，大渡河的流水啊，流进了扬子江口，
沸腾的热血啊，汇流在几代人心头！

你讲的第一个故事："当我参加红军那天"，
你们的第一张决心书："当祖国需要的时候……"

"啊，指导员牺牲前告诉我：
'想到啊——十年后……百年后……'"

“啊，我们对母亲说：
‘我们——永远、永远跟党走！……’”

第一声汽笛响了，告别欢送的人流。
收回挥动的手臂啊，紧攀住老战士肩头。

第一个旅途之夜。你把铺位安排就。
悄悄打开针线包啊，给“新兵们”缝缀衣扣……

啊！是这样的家庭啊，这样的骨肉！
是这样的老战士啊，这样的新战友！

啊，祖国的万里江山！……
啊，革命的滚滚洪流！……

一路上，扬旗起落——
苏州……郑州……兰州……

一路上，倾心交谈——
人生……革命……战斗……

而现在，是出发的第几个夜晚了呢？
今晚的谈话又是这样久、这样久……

看飞奔的列车，已驶过古长城的垛口，

窗外明月，照耀着积雪的祁连山头……

但是，“接着讲吧，接着讲吧！
那杆血染的红旗以后怎么样啊，以后？……”

“说下去吧，说下去吧！
那把汗浸的镢头开啊、开到什么时候？……”

“以后，以后……那红旗啊——
红旗插上了天安门的城楼……”

“以后，以后……那南泥湾的镢头啊——
开出今天沙漠上第一块绿洲……”

啊，祖国的万里江山！……
啊，革命的滚滚洪流！……

“现在，红旗和镢头，已传到你们的手。
现在，荒原上的新战役，正把你们等候！”

看，老战士从座位上站起——
月光和灯光，照亮他展开的眉头……

看，青年们一起拥向窗前——
头一阵大漠的风尘，翻卷起他们新装的衣袖！

……但是现在，已经到必须休息的时候，
老战士命令：“各小队保证，一定睡够！”

立即，车厢里平静下来……
窗帘拉紧。灯光减弱。人声顿收。……

但是，年轻人的心啊，怎么能够平静？
——在这样的路上，在这样的时候？

是的，怎么能够平静啊，在老战士的心头
——是这样的列车，是这样的窗口！

看那是谁？猛然翻身把日记本打开
在暗中，大字默写：“开始了——战斗！”

那又是谁啊？刚一入梦就连声高呼：
“我来了！我来了！——决不退后！……”

啊，老战士轻轻地走过每个铺位，
到头又回转身来，静静地站立在门后。

面对着眼前的这一切情景，
他，看了很久，听了很久，想了很久……

啊，胸中的江涛海浪！……
啊，满天的云月星斗！……

——该怎样做这次行军的总结呢？
怎样向党委汇报这一切感受？

该怎样估量这支年轻的梯队啊，
怎样预计这开始了的又一次伟大战斗？

……戈壁荒原上，你漫天的走石飞沙啊，
……革命道路上，你阵阵的雷鸣风吼！

乌云，在我们眼前……
阴风，在我们背后……

江山啊，在我们的肩！
红旗啊，在我们的手！

啊，眼前的这一切一切啊，
让我们说：胜利啊——我们能够！

啊！我亲爱的老同志！
我亲爱的新战友！

现在，允许我走上前来吧，

再一次、再一次拉紧你们的手！

西去列车这几个不能成眠的夜晚啊，
我已经听了很久，看了很久，想了很久……

我不能、不能抑止我眼中的热泪啊，
我怎能、怎能平息我激跳的心头？！

我们有这样的老战士啊，
是的，我们——能够！

我们有这样的新战友啊，
是的，我们——能够！

啊，祖国的万里江山、万里江山啊！……
啊，革命的滚滚洪流、滚滚洪流！……

现在，让我们把窗帘打开吧，
看车窗外，已是朝霞满天的时候！

来，让我们高声歌唱啊——
“……鲜红的太阳照遍全球！……”

在云彩上面

我们的工地，在云彩中间。
我们的帐篷，就搭在云彩上面，
上工的时候，我们腾云而下，
下工的时候，我们驾云上天，

白天，我们和云雀一起歌唱，
画眉鸟也从云下飞上山巅，
夜里，我们和星斗一起谈笑，
逗引得月亮也投来笑颜。

当我们过节的时候，
在云上演剧，跳舞，
当我们开庆祝会的时候，

摘下朵朵云霞，挂在英雄的胸前。

当我们饿了的时候，
砍下云上的柏枝烧饭，
当我们口渴的时候，
就痛饮云上的清泉。

当炎热的季节到来，
云上的松树给我们撑伞，
当寒冷的冬季来临，
我们砍下云上的松枝，把篝火点燃。

篝火的青烟升入高空，
带着我们的欢笑飞过群山，
它告诉远近的人民，
云彩上面有了人烟。

它告诉我们亲爱的领袖，
我们正按照你的意志改变荒山，
它告诉我们亲爱的祖国，
你的儿女战斗在云彩上面。

冯　至

黄河二题

黄河两岸

河两岸高高的山顶上，
残存着一座座的烽火台，
它们传递过多少恐怖消息，
在那些变乱频仍的古代。

河两岸高高的山顶上，
飘扬着勘测队的小红旗，
它们映照在蔚蓝的天空，
预示将来的更多的欢喜。

中流砥柱

你竖立在河水的中央，
河水在你身边发生急湍。
自从黄河上有了船只，
你就和来往的船只为难。

古往今来，有多少船夫
在你的跟前流出血汗；
宥多少不幸的远行人
葬身在你的身边。

过去却有些旁观者
把你叫作“中流砥柱”，
用这称呼比喻一些人，
若是他们阻挡我们的进步。

现在我们不能容忍你，
像不能容忍进步的障碍，
不久有一天会粉碎你，
把你抛在黄河以外。

为了千百年的船缆、船篙，
石壁上凿出来石孔、石槽，
人们怎样和自然搏斗，
这是最真实的报道。

如今这一切都要过去，
三门峡就要改变面容。
汹涌的河水要听我们使唤，
再也不许它在平原上横行。

坚固的水坝代替凶恶的岩石，
把水和电向远近输送，
千万亩的庄稼在和平里生长，
大小厂矿的机器在和平里开动。

我们用五六年有限的时间，
结束千百年无限的痛苦；
我们用十几年有限的时间，
创造千百年无限的幸福。

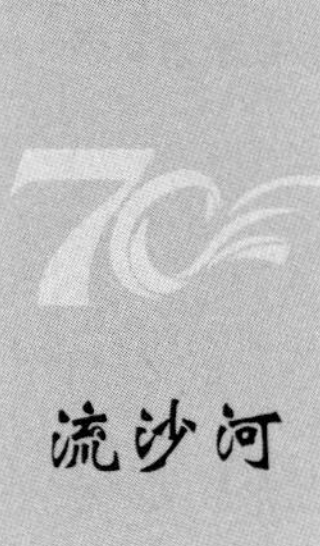

草木篇

寄言立身者，勿学柔弱苗

——（唐）白居易

白杨

她，一柄绿光闪闪的长剑，孤伶伶地立在平原，高指蓝天。也许，一场暴风会把她连根拔去。但，纵然死了吧，她的腰也不肯向谁弯一弯！

藤

他纠缠着丁香，往上爬，爬，爬……终于把花挂上树梢。丁香被缠死了，砍作柴烧了。他倒在地上，喘着气，窥视着另一株树……

仙人掌

它不想用鲜花向主人献媚，遍身披上刺刀。主人把她逐出花园，也不给水喝。在野地里，在沙漠中，她活着，繁殖着儿女……

梅

在姐姐妹妹里，她的爱情来得最迟。春天，百花用媚笑引诱蝴蝶的时候，她却把自己悄悄地许给了冬天的白雪。轻佻的蝴蝶是不配吻她的，正如别的花不配被白雪抚爱一样。在姐姐妹妹里，她笑得最晚，笑得最美丽。

毒菌

在阳光照不到的河岸，他出现了。白天，用美丽的彩衣，黑夜，用暗绿的磷火，诱惑人类。然而，连三岁孩子也不去采他。因为，妈妈说过，那是毒蛇吐的唾液……

启明星

在贫困的帐篷里流传着这样的传说：有一天他们将得到幸福，那幸福从启明星光中走来，来自东方，来自太阳的故乡……

一

黑夜，很黑很黑的夜，
雪看着都是黑的，
启明星才明亮……

踏着清晨的冰霜，
背水姑娘走在河畔，
她习惯在这时来背水，
回家就顶上满天霞光……

忽然她困惑地望着河水，
谁把这么多星星投在河上？
启明星突然失去了光华，
像太阳已出在东方！

是什么倒映在水上？
是什么发着刺眼的光芒？
她见它向自己奔来，
在闪光的晕眩中，
曙光已染红了东方……

二

车队急急地往前赶，
车灯是西奔的一道流光；
发动机像蜜蜂在嗡嗡地嚷，
好像在酿蜜时一样匆忙；

车队在大道上疾行，
像快艇在划开海浪；
像大海的风暴在呼唤勇敢者，
前面的道路多么宽广……

三

车灯是高原的启明星，
发动机是黎明的前奏曲：

它震动没有苏醒的森林，
鸟儿惊醒了，拍起了翅膀；
它召唤着背水姑娘，
背着水桶走到河旁；
它使羊圈开始了骚动，
牧人挥动了牧杖……

它叫生活又开始了一天，
到处都升起工作的声响……
车队朝西疾奔，
走过一个村庄又一个村庄；
车队朝西疾奔，
走过高山又走过桥梁。

有个姑娘背水在河旁，
车灯使她像看见千万颗夜明珠，
像闯进了宝山一样。
她在一阵晕眩中醒来，
见一个伟大的预言实现在今天早上。

她狂喜地奔回家里，
双手紧紧地搂住母亲的臂膀；
她讲着在早上看见的启明星，
在一阵轰响中变成霞光，

有人来自太阳的故乡……

她说着说着，
眼前还闪着那神奇的景象，
听，她耳边还响着那阵轰响，
使她心里欢乐地震荡……

气象员

——西藏高原航空站见闻

牧人们愤怒地叱打着快马，
闪过山脚，慌张地
消失，在远方；
马蹄后面落下沉重的乌云，
盆地呵，突然被卷进风暴。

只有一棵春天的树，挺在那里，
——撕开风暴的闪电，耀眼地
映照出：站在盆地里的气象员。

风雪像一件蓑衣，

披在他身上，
山风掀掉他的皮帽，
雷声划过头上，
树脂似的云朵向他滚来，
封锁着他远望的方向。

他抱着经纬仪，挂着三脚架，
爬上高耸的山顶，
脚踏世界屋脊的脊梁。
他威逼的视线
在驯服山国的狭谷、河流和牧场！
远山喘一口气，刮起一点儿风，
牧场悄悄掉几丝雨，落几片儿雪花，
都瞒不过气象员敏锐的眼光。

当夜色从雪山上漏下来染湿了草窗，
窗口，
收发报机前又坐着屏气的气象员，
他向边远发出亲切的询问：
乌里，有没有大雪？
噶尔穆，有没有风暴？
邦达有没有积云？
夏河有没有阳光？……

如果天气坏下来，整个高原的

风雪，似乎阴湿地全落在心上；
当他从天气图上突然找到明天晴朗的迹象，
他就仿佛看见阳雀一样跃出积云的太阳，
看见航线上流着泉水般透明的阳光，
看见飞机在薄云里浴着翅膀，
飞向拉萨和日喀则，
连他呵，也觉得正站在航线上，
挥着手，把心交给它们带给远方！

西盟的早晨

我推开窗子，
一朵云飞进来——
带着深谷底层的寒气，
带着难以捉摸的旭日的光彩。

在哨兵的枪刺上，
凝结着昨夜的白霜，
军号以激昂的高音，
指挥着群山每天最初的合唱……

早安，边疆！
早安，西盟！
带枪的人都站立在岗位上
迎接美好生活中的又一个早晨……

上海夜歌（一）

上海关。钟楼。时针和分针
像一把巨剪，
一圈，又一圈，
铰碎了白天。

夜色从二十四层高楼上挂下来，
如同一幅垂帘；
上海立刻打开她的百宝箱，
到处珠光闪闪。

灯的峡谷，灯的河流，灯的山，
六百万人民写下了壮丽的诗篇：
纵横的街道是诗行，
灯是标点。

读罗中立的油画《父亲》

父亲，我的父亲！
是谁把这支圆珠笔
强夹在你的左耳轮？！
难道这就象征富裕？
难道这就象征文明？
难道这就象征进步？
难道这就象征革命？
父亲！你听见了吗？你听见了吗？
整个的展览大厅，
全体的男女人群，
都在默默地呼喊：
快扔掉它！扔掉那廉价的装饰品！

真愿变做你手中的碗啊，
一生一世和你不离分！
粗糙的碗，有鱼纹图案的碗，
像出土文物一般古老的碗，
我愿承受你额头的汗，
并且把它吮吸干净：
只有你的汗能溶解
我出土文物一般硬化了的心！
秦朝的心啊，
汉朝的心啊，
唐朝的心啊，
也许，还有共和国的心！

有谁能数得清你死过多少次！
父亲！我的父亲！
那年你倚着土墙打盹，
在太阳的爱抚下再也不醒，
嘴角淌着黄绿色的液汁，
浮肿的手还将一把草籽攥得紧紧……
那年你耷拉着脑袋，硬把漫坡地撕成大寨田，
然后拉着犁，缰绳扣进肉里勒出血印，
吸完你最后一撮干桃叶烟末，
你倒下去，天上照旧活着哑了亿万年的星星。

父亲！我的父亲！

你浇灌了多少个好年景!
可惜了!可惜了你背后一片黄金!
快车转身去吧,快!快!
黄金理当属于你!你是主人!
主人!明白吗?主人!
父亲啊,我的父亲!
我在为你祈祷,为你祈祷,
再也不能变幻莫测了,
我的老天!我的天上的风云!

运杨柳的骆驼

大路上走过来一队骆驼，
骆驼骆驼背上驮的什么？
青绿青绿的是杨柳条儿吗？
千枝万枝要把春天插遍沙漠。

明年骆驼再从这条大路经过，
一路之上把柳絮杨花抖落，
没有风沙，也没有苦涩的气味，
人们会相信：跟着它走准能把春天追着。

雪落满了你黑色的大氅

——普希金像前

雪落满了你黑色的大氅，
雪落满了你鬈曲的两鬓；
低着头你沉思什么？
竟忘记了冬夜彻骨的寒冷！

在回忆高加索的流浪生活？
或者怀念乡间别墅秋天的黄昏？
一个新的火花在眼前闪耀，
一个新的思潮在胸中沸腾。

谁在你脚边呈献一束鲜花？

带着悠远的芳香无限的尊敬；
是温柔的泰姬雅娜？
是有了自己祖国的茨冈人？

你的预言早已实现，
全俄罗斯响遍了你的七弦琴；
它超越了时间和空间，
飞过一个国境又一个国境。

你将不会感到寂寞，
到处有你的读者，你的知音；
陪伴你踱尽这寒夜的，
还有远方来的异国的诗人！

国旗

十月的清新的风，
吹过自由中国的广场，
耀眼的五星红旗，
在蓝色的晴空里飘扬。

旗啊，你庄严又美丽，
就像刚开放的花朵一样；
你是英雄们的鲜血涂染，
从斗争的烈火里锻炼成长。

我们，全体中国人民，
曾经日夜不停地织你，
我们织你用生命和爱情，
用自由幸福的崇高的理想。

当你在祖国的晴空升起，
我们所有的眼睛都注视着你，
所有的喉咙呼喊你，歌颂你，
所有的手都卫护你，向你敬礼！

当你在祖国的晴空升起，
一切事物迅速地起着变化，
陈腐的要新生，暗淡的要有色彩，
衰老的变年轻，丑陋的变漂亮。

愁苦的得到了快乐，
污浊洗净，黑暗的发出光芒，
沉默的无声的国土，
到处爆裂出雷动的笑声和歌唱。

国旗呵，你是战斗的意志，
表现了我们无穷无尽的力量，
你被人民百年来所追求，
又指引人民去到新社会的方向。

太阳会落下，
河水会干涸，
你——中国人民胜利的旗帜，
却永远年轻，永远高高地飘扬在世界上！

穆　旦

葬歌

一

你可是永别了，我的朋友？
我的阴影，我过去的自己？
天空这样蓝，日光这样温暖，
在鸟的歌声中我想到了你。

我记得，也是同样的一天，
我欣然地走出自己，踏青回来，
我正想把印象对你讲说，
你却冷漠地只和我避开。

自从那天，你就病在家里，
你的任性会使我多么难过，

唉，多少午夜我躺在床上，
辗转不眠，只要对你讲和。

我到新华书店去买书，
打开书，冒出了熊熊的火焰，
这热火反使你感到寒栗，
说是它摧毁了你的骨干。

有多少情谊，关怀和现实，
都由眼睛和耳朵收到心里；
好友来信说："过过新生活！"
你从此失去了新鲜的空气。

历史打开了巨大的一页，
多少人在天安门写下誓语，
我在那儿也举起手来：
洪水淹没了孤寂的岛屿。

你还向哪里呻吟，和微笑？
连你的微笑都那么寒伧，
你的千言万语虽然曲折，
但是阴影怎能碰得阳光？

我看过先进生产者会议，
红灯，绿彩，真辉煌无比，

他们都凯歌地走进前厅，
后门冻僵了小资产阶级。

我走过我常走的街道，
那里的破旧房正在拆落，
呵，多少年的断瓦和残垣，
那里还萦回着你的魂魄。

你可是永别了，我的朋友?
我的阴影，我过去的自己?
天空这样蓝，日光这样暖，
安息吧，让我以欢乐为祭!

二

“哦，埋葬，埋葬，埋葬！”
“希望”在对我呼喊:
“你看过去只是骷髅，
还有什么值得留恋?
他的七窍流着毒血，
沾一沾，我就会瘫痪。”

但“回忆”拉住我的手，
她是“希望”的仇敌;
她有数不清的女儿，
其中“骄矜”最为美丽;

“骄矜”本是我的眼睛，
我怎能把她舍弃？

“哦，埋葬，埋葬，埋葬！”
“希望”又对我呼号：
“你看她那冷酷的心，怎能再被她颠倒？
她会领你进入迷雾，
在雾中把我缩小。”

幸好“爱情”跑来援助，
“爱情”融化了“骄矜”：
一座古老的牢狱，
呵，转瞬间片瓦无存；
但我欣赏还有“恐惧”，
这是我慎重的母亲。

“哦，埋葬，埋葬，埋葬！”
“希望”又对我规劝：
“别看她的满面皱纹，
她对我最为阴险：
她紧保着你的私信，
又在你头上布满
使你自幸的阴云。”

但这回。我却害怕：

"希望"是不是骗我？
我怎能把一切抛下？
要是把"我"也失掉了，
哪儿去找温暖的家？

"信念"在大海的彼岸，
这时泛来一只小船，
我遥见对面的世界
毫不似我的从前；
为什么我不能渡去？
"因为你还留恋这边！"

"哦，埋葬，埋葬，埋葬！"
我不禁对自己呐喊；
在这死亡底一角，
我过久地漂泊，茫然；
让我以眼泪洗身，
先感到忏悔的喜欢。

三

就这样，像只鸟飞出长长的阴暗甬道，
我飞出会见阳光和你们，亲爱的读者；
这时代不知写出了多少篇英雄史诗，
而我呢，这贫穷的心！只有自己的葬歌。
没有太多值得歌唱的：这总归不过是

一个旧的知识分子，他所经历的曲折；
他的包袱很重，你们都已看到；他决心
和你们并肩前进，这儿表出他的欢乐。
就诗论诗，恐怕有人会嫌它不够热情：
对新鲜失去向往不深，对旧的憎恶不多。
也就因此……我的葬歌只算唱了一半，
那后一半，同志们，请帮助我变为生活。

冬

一

我爱在淡淡的太阳短命的日子，
临窗把喜爱的工作静静做完；
才到下午四点，便又冷又昏黄，
我将用一杯酒灌溉我的心田。
多么快，人生已到严酷的冬天，

我爱在枯草的山坡，死寂的原野，
独自凭吊已埋葬的火热一年，
看着冰冻的小河还在冰下面流，
不知低语着什么，只是听不见。
呵，生命也跳动在严酷的冬天。

我爱在冬晚围着温暖的炉火，
和两三昔日的好友会心闲谈，
听着北风吹得门窗沙沙地响，
而我们回忆着快乐无忧的往年。
人生的乐趣也在严酷的冬天。

我爱在雪花飘飞的不眠之夜，
把已死去或尚存的亲人珍念，
当茫茫白雪铺下遗忘的世界，
我愿意感情的热流溢于心间，
来温暖人生的这严酷的冬天。

二

寒冷，寒冷，尽量束缚了手脚，
潺潺的小河用冰封住口舌，
盛夏的蝉鸣和蛙声都沉寂，
大地一笔勾销它笑闹的蓬勃。

谨慎，谨慎，使生命受到挫折，
花呢？绿色呢？血液闭塞住欲望，
经过多日的阴霾和犹疑不决，
才从枯树枝漏下淡淡的阳光。

奇怪！春天是这样深深隐藏，
哪儿都无消息，都怕峥露头角，

年轻的灵魂裹进老年的硬壳，
仿佛我们穿着厚厚的棉袄。

三

你大概已停止了分赠爱情，
把书信写了一半就住手，
望望窗外，天气是如此肃杀，
因为冬天是感情的刽子手。

你把夏季的礼品拿出来，
无论是蜂蜜，是果品，是酒，
然后坐在炉前慢慢品尝，
因为冬天已经使心灵枯瘦。

你拿一本小说躺在床上，
在另一个幻象世界周游，
它使你感叹，或使你向往，
因为冬天封住了你的门口。

你疲劳了一天才得休息，
听着树木和草石都在嘶吼，
你虽然睡下，却不能成梦，
因为冬天是好梦的刽子手。

四

在马房隔壁的小土屋里，
风吹着窗纸沙沙响动，
几只泥脚带着雪走进来，
让马吃料，车子歇在风中。

高高低低围着火坐下，
有的添木柴，有的在烘干，
有的用他粗而短的指头
把烟丝倒在纸里卷成烟。

一壶水滚沸，白色的水雾
弥漫在烟气缭绕的小屋，
吃着，哼着小曲，还谈着
枯燥的原野上枯燥的事物。

北风在电线上朝他们呼唤，
原野的道路还一望无际，
几条暖和的身子走出屋，
又迎面扑进寒冷的空气。

杜运燮

解冻

春风伸出慈爱的手，温柔而有力，
推醒了沉睡的，抹掉不必要的犹豫，
使一个个发现新的信心而大欢喜。

吹过草根，吹过了年轮，
吹过思想的疙瘩和包袱，
在冰层上画图案，在脸上加深笑纹。

是花的都在开，有芽的都绽出来，
欢呼这只爱抚的手，拿出最好的，
一切从头创造，过去的已经深埋。

在黑暗中摸索了多少艰苦的日夜，

打破，形成，又打破，最后冲出硬壳，
献出颜色和香味，还有只为衬托的绿叶。

野花没有被忘记，它也不自卑，
迎风歌唱着丰盛的光和热，
一个姑娘摘下一朵："它陌生，但是也美！"

又唱了，又唱了，那特别兴奋的鸟群，
对过去的迟疑已觉得好笑，
为了找到新歌声，抑不住太高兴。

试一声，大声些，听从着春风
不再满足于枝叶间的碎粒阳光，
投向那云稀太阳高的蓝空。

东边的响应了，还有西边的，南边的，
兴奋的眼光像蝴蝶般闪烁，
多嘴的湖水也抢着发表意见。

暖起来！春天到了！到处在欢呼，
新式步犁把第一块黑土翻开，
人群涌向公园，涌向郊外的林坞。

一幅着色奇妙的图画完成了。
一曲新风格的交响乐奏起来。

一首句句清新的诗，有人在朗诵着。

春风是新生命的源泉，绿和歌声的核心，
它吹过的地方，一切都在唱：
“我有了新活力！我有了新生命！”

秋

连鸽哨也发出了成熟的音调，
过去了，那阵雨喧闹的夏季。
不再想那严峻的闷热的考验，
危险游泳中的细节回忆。

经历过春天萌芽的破土，
幼芽成长中的扭曲和受伤，
这些枝条在烈日下也狂热过，
差点在雨夜中迷失方向。

现在，平易的天空没有浮云，
山川明净，视野格外宽广；
智慧、感情都成熟的季节啊，

河水也像是来自更深处的源泉。

紊乱的气流经过发酵
在山谷里酿成透明的好酒；
吹来的是第几阵秋意？醉人的香味
已把秋花秋叶深深染透。

街树也用红颜色暗示点什么，
自行车的车轮闪射着朝气；
塔吊的长臂在高空指向远方，
秋阳在上面扫描丰收的信息。

鸽子塘

和田县以西120公里有鸽子塘，有一小片绿洲。行人常迷于戈壁沙漠之中，见鸽群飞翔以辨别方向。

沙漠有着海洋的性格，
它有时像月光下的大海寂静无声，
有时像风暴的海洋怒涛飞卷，
这座沙丘顷刻间移到了那边。

在故乡的田野，在北京的晴空，
我曾经看见鸽子带着哨音飞翔，
而在这旷渺无际的大戈壁里，
我又看见了它们飞过我的头顶；

哦，在洁白的阳光下扇动翅膀的鸽子，
也习惯于平静的和风暴的沙漠？
你陪伴着年轻的勘探队员，
度过多少寒冷的夜和酷热的白天！

鞍山行

我把组织部的介绍信揣在内衣的口袋里，
像一只巨大的手捂住我突突跳的心口。
肃肃然走出东北局大楼长长的走廊，
我看见门岗同志黑色的眼睛里闪着油光。

太阳从密排的街树梢上探过头，
满脸淌着大汗向我热烈地招手。
花花绿绿喜气洋洋的拥挤的人群，
踏着大秧歌的舞步迎面走来。

汽车低吼，电车高鸣，马拉车发出辚辚的声响，
还有那铿锵地敲着铜锣的颜色鲜艳的货摊，
以及嘈杂的叫贩和音调清脆柔和的卖花女郎，
为我欢乐地合奏一阕祝贺的乐章。

是的，螺丝钉！——无论摆在什么部位，
都一定镟得紧紧的，牢固、坚实。
运转着的整部机器发出呼隆呼隆的声音，
都将给它以震荡，并引起金属的回应。

但是，我仍然这样兴奋，这样激动——
当我修满了两头沉和皮转椅的苦功，
当我结束了黑砚池和蓝墨水的航行，
当我绕出了以黑板和书橱砌成的无尽长的胡同。

啊，我沿着宽广的大街行进，
瞪起眼睛望着前方，
像一个第一次走近校门的刚满学龄的儿童，
像一个驰赴婚宴的年轻的新郎。……

是谁嘘着温暖的气息低唱在我的耳根：
快些再快些！迈开五尺长的阔步，
奔向前去啊，以你的全部爱情和忠诚！
在那里，火热的心和钢铁正一齐沸腾。

面对任何困难，挽起袖子来！
锤炼，才能发出声音和光采。
而你，也将像钢铁一样灼热，
而你，也将像钢铁一样鲜红。

挥起十丈长的铁扫帚，

扫掉那一层层的结在记忆中的蜘蛛网，
连同那些粘在网上的发霉的尘土，
都彻底打扫净光！

那些由于自私而变矮的人形，
那些由于忌妒而歪斜的眼睛，
那些由于猜疑和作伪而患梦遂症的灵魂……
像泼掉一盆泛着肥皂沫的洗脸水，滚它们的吧！

你理应骄傲，而且感到幸福，
因为你生长在毛泽东的太阳普照的国度。
当人民的理想已经化作彩霞从东方升起，
降落在花枝和草叶上的夜霜哪能不消融？

头上洒满阳光，高高挺起前胸，
我听着这亲切的低唱伴着那祝贺的乐章。
这歌声越唱越嘹亮，越唱越激昂，
最后它变成一阵飓风把我卷上天空。

我脚下像踏着厚厚的厚厚的浮云，
我的心口突突地突突地跳着。
我伸手插进内衣的口袋里，摸了又摸
那被胸脯熨得发烫的组织部的介绍信。

孔　孚

雷声已经隐去

雷声已经隐去
风也疲倦了，楼憩在浓密的树顶；
太阳拨开云层向人间窥视，
最后的一阵急雨化作满天水晶。

偶尔还洒下一两阵绿色的雨滴，
那不是来自天上，而是来自一片绿色的云层；
像些栖鸟一样，风在睡梦中被惊吓着，
它的湿漉漉的翅膀拍打着老橡的树顶。

也许它又梦见了那夏日的长雷，
还有那闪电，那乌云的山峰。
也许它们刚才又一齐突然向它袭来，

于是又展开了一场搏斗，在它不安的梦中！

然而它马上又睡熟了，
不管林中的雀鸟怎样喧闹，
也难把它唤醒。
它的闪亮着水珠的翅膀很快被太阳熨干了，
这时，千万片小叶都在呼唤着风。

臧克家

有的人

——纪念鲁迅有感

有的人活着
他已经死了；
有的人死了
他还活着。

有的人
骑在人民头上："呵，我多伟大！"
有的人
俯下身子给人民当牛马。

有的人

把名字刻入石头想“不朽”；
有的人
情愿作野草，等着地下的火烧。

有的人
他活着别人就不能活；
有的人
他活着为了多数人更好地活。

骑在人民头上的
人民把他摔垮；
给人民作牛马的
人民永远记住他！

把名字刻入石头的，
名字比尸首烂得更早；
只要春风吹到的地方
到处是青青的野草。

他活着别人就不能活的人，
他的下场可以看到；
他活着为了多数人更好地活着的人，
群众把他抬举得很高，很高。

大山欢笑

一阵炮，
大山喜得跳，
喊醒怀中黑宝：
快快！
别再睡冷觉，
春到人间，
快快提前去报到！
万年煤层打个滚，
一山乌金往外冒。
云散，
烟消，
寂静山林变热闹——
风钻响，

岩石笑，
军号鸣，

哨子叫，
锣鼓喧天红旗飘。
黑宝石，
往外跑，
满山满谷金光照，
一路大声喊：
我是煤，
我要燃烧！
我是煤，
我要燃烧！

第五十七个黎明

一位母亲加上一辆婴儿车，
组成一个前进的家庭。
前进在汽车的河流，
前进在高楼的森林，
前进在第五十六天产假之后的
第五十七个黎明。

五十七，
一个平凡的两位数字，
难道能计算出什么色彩和感情？
对医生，它可能是第五十七次手术，
对作家，它可能是第五十七部作品；
可能是第五十七块金牌，

可能是第五十七件发明。
可是，对于我们的诗歌，
它却是一片带泪的离情：
一位海员度完全年的假期，
第五十七天，
在风雪中启碇。

留下了什么呢？
给纺织女工留下一辆婴儿车和一车希望，
给孩子留下一个沉甸甸的姓名。
给北京留下的是对生活的思索，
年轻的母亲思索着向自己的工厂默默前行：
“锚锚”，多么独特的命名，
连孩子都带着海的音韵。
你把铁锚留在我身边，
可怎么停靠那艘国际远洋货轮？
难道船舶，
也是你永不停泊的爱情？
但愿爱情能把世界缩小，
缩小到就像眼前的情景：
走进建外大街，
穿过使馆群。
身边就是朝鲜，接着又是日本，
再往前：智利、巴西、阿根廷……
但愿一条街就是一个世界，

但愿国际海员天天回家探亲，
但愿所有的婴儿车都拆掉车轮，
纵使再装上，
也只是为了在花丛草地间穿行。

可是，生活总是这样：
少了点温馨，
多了点严峻。
许多温暖的家庭计划，
竟然得在风雪大道上制订：
别忘了路过东单副食商店，
买上三棵白菜、两瓶炼乳、一袋味精。
别忘了中午三十分钟吃饭，
得挤出十分跑趟邮电亭：
下个季度的《英语学习》，
还得趁早续订。
别忘了我们海员的叮咛：
物质使人温饱，
精神使人坚定……

这就是北京的女工：
在前进中盘算，
盘算着如何前进。
劳累吗？劳累；
艰辛吗？艰辛。

温饱而又艰辛，
劳累而又坚定：
这就是今日世界上，
一个中国工人的家庭。

不是吗？放下婴儿车，
就要推起纱锭。
一天三十里路程，
一年，就是一次环球旅行。
环球旅行，
但不是那么闪烁动听。
不是喷气客机，
不是卧铺水汀。
它是一次只要你目睹三分钟，
就会牢记一辈子的悲壮进军：
一双女工的脚板，
一车沉重的纱锭，
还得加上一册《英语学习》、
三棵白菜、两瓶炼乳、一袋味精。
青春在尘絮中跋涉，
信念在噪音中前行。
漫长的人生旅途上，
只有五十六天，
是属于女工的
一次庄严而痛苦的安宁。

今天，又来了：

从一张产床上走来两个生命。

茫茫风雪，

把母亲变成了雪人，

把婴儿车变成了雪岭。

一个思索的雪人，

一座安睡的雪岭。

雪人推着雪岭，

在暴风雪中奋力前行。

路口。路口。路口。

绿灯。绿灯。绿灯。

绿色本身就是生命，

生命和生命遥相呼应。

母亲穿过天安门广场，

长安街停下一条轿车的长龙：

一边是“红旗”、“上海”、“大桥”、“北京”，

一边是“丰田”、“福特”、“奔驰”、“三菱”……

在一支国际规模的“仪仗队”前，

我们的婴儿车庄严行进。

轮声辚辚，

威震天庭。

历史博物馆肃立致敬，

英雄纪念碑肃立致敬，
人民大会堂肃立致敬：
旋转的婴儿车轮，
就是中华民族的魂灵！

张永枚

骑马挂枪走天下

骑马挂枪走天下，
祖国到处都是家。

我曾在大巴山上种庄稼，
我曾风雨推船下三峡。
蜀山蜀水把我养大，
蜀山蜀水是我的家。

为求解放把仗打，
毛主席引我到长白山下；
地冻三尺不愁冷，
北方的妈妈送我棉衣和靰鞡；
百里行军不愁吃，

大嫂为我煮饭又烧茶；
生了病，挂了花，
北方的兄弟为我抬担架。

骑马挂枪走天下，
走到北方啊，
北方就是我的家。

我们到珠江边上把营扎，
推船的大哥为我饮战马，
小姑娘为我采荔枝，
阿嫂沏出茉莉茶，
东村西庄留我住，
天天道不完知心话。

骑马挂枪走天下，
走到南方啊，
南方就是我的家。

祖国到处有妈妈的爱，
到处有家乡的山水家乡的花，
东西南北千万里，
五湖四海是一家。
我为祖国走天下，
祖国到处都是我的家。

蔡其矫

雾中汉水

两岸的丛林成空中的草地；
堤上的牛车在天半运行；
向上游去的货船
只从浓雾中传来沉重的橹声，
看得见的
是千年来征服汉江的纤夫
赤裸着双腿倾身向前
在冬天的寒水冷滩喘息……
艰难上升的早晨的红日，
不忍心看这痛苦的跋涉，
用雾巾遮住颜脸，
向江上洒下斑斑红泪。

南曲

洞箫的清音是风在竹叶间悲鸣。
琵琶断续的弹奏
是孤雁的哀啼，在流水上
引起阵阵的战栗。
而歌唱者悠长缓慢的歌声，
正诉说着无穷的相思和怨恨。
我仿佛听见了古代闽越谪罪人的疾苦
和蛮荒土地上垦殖者的艰辛，
看见了到处是接云的高山，
峻险的道路，
孤舟在风浪中覆没，
妇女在深夜中独坐，
生者长别，死者无消息，

一次又一次的战争，一次又一次的流血……
故乡呀，你把过去的痛苦遗留在歌中，
让生活在光明中的我们永不忘记。

郭小川

望星空

（1）

今夜呀，

我站在北京的街头上。

向星空瞭望。

明天哟，

一个紧要任务，

又要放在我的双肩上。

我能退缩吗？

只有迈开阔步，

踏万里重洋；

我能叫嚷困难吗？

只有挺直腰身，

承担千斤重量。

心房呵。
不许你这般激荡！
此刻呵，
最该是我沉着镇定的时光。
而星空，
却是异样的安详。
夜深了，
风息了，
雷雨逃往他乡。
云飞了，
雾散了，
月亮躲在远方。
天海平平，
不起浪，
四围静静，
无声响。
但星空是壮丽的，
雄厚而明朗。
穹窿呵，
深又广，
在那神秘的世界里，
好像竖立着层层神秘的殿堂。
大气呵，
浓又香，
在那奇妙的海洋中，

仿佛流荡着奇妙的酒浆。
星星呵，
亮又亮，
在浩大无比的太空里，
点起万古不灭的盏盏灯光。
银河呀。
长又长，
在没有涯际的宇宙中，
架起没有尽头的桥梁。
呵，星空，
只有你，
称得起万寿无疆！
你看过多少次：
冰河解冻，
火山喷浆！
你赏过多少回：
白杨吐绿，
柳絮飞霜！
在那遥远的高处，
在那不可思议的地方，
你观尽人间美景，
饱看世界沧桑。
时间对于你，
跟空间一样——
无穷无尽，

浩浩荡荡。

（2）

呵，
望星空，
我不免感到惆怅。
说什么：
身宽气盛，
年富力强！
怎比得：
你那根深蒂固，
源远流长！
说什么：
情豪志大，
心高胆壮！
怎比得：
你那阔大胸襟，
无限容量！
我爱人间，
我在人间生长，
但比起你来，
人间还远不辉煌。
走千山，
涉万水，
登不上你的殿堂。

过大海，

越重洋，

饮不到你的酒浆。

千堆火，

万盏灯，

不如一颗小小星光亮。

千条路，

万座桥，

不如银河一节长。

我游历过半个地球，

从东方到西方。

地球的阔大幅员，

引起我的惊奇和赞赏。

可谁能知道：

宇宙里有多少星星，

是地球的姊妹行！

谁曾晓得：

天空中有多少陆地，

能够充作人类的家乡！

远方的星星呵，

你看得见地球吗？

—— 一片迷茫！

远方的陆地呵，

你感觉到我们的存在吗？

—— 怎能想象！

生命是珍贵的，
为了赞颂战斗的人生，
我写下成册的诗章；
可是在人生的路途上，
又有多少机缘，
向星空瞭望！
在人生的行程中，
又有多少个夜晚，
见星空如此安详！
在伟大的宇宙的空间，
人生不过是流星般的闪光。
在无限的时间的河流里，
人生仅仅是微小又微小的波浪。
呵，星空，
我不免感到惆怅
于是我带着惆怅的心情，
走向北京的心脏……

（3）

忽然之间，
壮丽的星空，
一下子变了模样。
天黑了，
星小了，
高空显得暗淡无光，

云没有来，

风没有刮，

却像有一股阴霾罩天上。

天窄了，

星低了，

星空不再辉煌。

夜没有尽，

月没有升，

太阳也不曾起床。

呵，这突然的变化，

使我感到迷惘，

我不能不带着格外的惊奇，

向四围寻望：

就在我的近边，

在天安门广场，

升起了一座美妙的人民会堂；

就在那会堂的里面，

在宴会厅的杯盏中，

斟满了芬芳的友谊的酒浆；

就在我的两侧，

在长安街上，

挂出了长串的灯光；

就在那灯光之下，

在北京的中心，

架起了一座银河般的桥梁。

这是天上人间吗？
不，人间天上！
这是天堂中的大地吗？
不，大地上的天堂。
真实的世界呵，
一点也不虚妄；
你朴质地描述吧，
不需要作半点夸张！
是谁说的呀——
星空比人间还要辉煌？
是什么人呀——
在星空下感到忧伤？
今夜哟，
最该是我沉着镇定的时光！
是的，
我错了，
我曾是如此地神情激荡！
此刻我才明白：
刚才是我望星空，
而不是星空向我瞭望。
我们生活着，
而没有生命的宇宙，
既不生活也不死亡。
我们思索着，
而不会思索的穹窿，

总是露出呆相。
星空哟，
面对着你，
我有资格挺起胸膛。

（4）

当我怀着自豪的感情，
再向星空瞭望。
我的身子，
充溢着非凡的力量。
因为我知道：
在一切最好的传统之上，
我们的队伍已经组成，
犹如浩荡的万里长江。
而我自已呢，
早就全副武装，
在我们的行列里。
充当了一名小小的兵将。

可是呵，
我和我的同志一样，
决不会在红灯绿酒之前，
神魂飘荡。
我们要在地球与星空之间，
修建一条走廊，

把大地上的楼台殿阁，
移往辽阔的天堂。
我们要在无限的高空，
架起一座桥梁，
把人间的山珍海味，
送往迢遥的上苍。

真的，
我和我的同志一样，
决不只是“自扫门前雪”，
而是定管“他人瓦上霜”。
我们要把长安街上的灯光，
延伸到远方；
让万里无云的夜空，
出现千千万万个太阳。
我们要把广漠的穹窿，
变成繁华的天安门广场，
让满天星斗，
全成为人类的家乡。

而星空呵，
不要笑我荒唐！
我是诚实的，
从不痴心妄想。
人生虽是暂短的，

但只有人类的双手，
能够为宇宙穿上盛装；
世界呀，
由于人的生存，
而有了无穷的希望。
你呵，
还有什么艰难，
使你力不可当？
请再仔细抬头瞭望吧！
出发于盟邦的新的火箭，
正遨游于辽远的星空之上。

甘蔗林——青纱帐

南方的甘蔗林哪，南方的甘蔗林！
你为什么这样香甜，又为什么那样严峻？
北方的青纱帐啊，北方的青纱帐！
你为什么那样遥远，又为什么这样亲近？

我们的青纱帐哟，跟甘蔗林一样地布满浓荫，
那随风摆动的长叶啊，也一样地鸣奏嘹亮的琴音；
我们的青纱帐哟，跟甘蔗林一样的脉脉情深，
那载着阳光的露珠啊，也一样地照亮大地的清晨。

肃杀的秋天毕竟过去了，繁华的夏日已经来临，
这香甜的甘蔗林哟，哪还有青纱帐里的艰辛！
时光永远像泉水一般涌啊，生活像海浪一般推进，

那遥远的青纱帐哟，哪曾有甘蔗林里的芳芬！

我年青时代的战友啊，青纱帐里的亲人！
让我们到甘蔗林集合吧，重新会会昔日的风云；
我战争中的伙伴啊，一起在北方长大的弟兄们！
让我们到青纱帐去吧，喝令时间退回我们的青春。

可记得？我们曾经有过一个伟大的发现：
住在青纱帐里，高粱秸比甘蔗还要香甜；
可记得？我们曾经有过一个大胆的判断：
无论上海或北京，都不如这高粱地更叫人留恋。

可记得？我们曾经有过一种有趣的梦幻：
革命胜利以后，我们一道捋着白须、游遍江南；
可记得？我们曾经有过一点渺小的心愿：
到了社会主义时代，狠狠心每天抽它三支香烟。

可记得？我们曾经有过一个坚定的信念：
即使死了化为粪土，也能叫高粱长得秆粗粒圆；
可记得？我们曾经有过一次细致的计算：
只要青纱帐不倒，共产主义肯定要在下一代实现。

可记得？在分别时，我们订过这样的方案：
将来，哪里有严重的困难，我们就在哪里见面；
可记得？在胜利时，我们发过这样的誓言：

往后，生活不管甜苦，永远也不忘记昨天和明天。

我年青时代的战友啊，青纱帐里的亲人！
你们有的当了厂长、学者，有的做了编辑、将军，
能来甘蔗林里聚会吗？——不能又有什么要紧！
我知道，你们有能力驾驭任何险恶的风云。

我战争中的伙伴啊，一起在北方长大的弟兄们！
你们有的当了工人、教授，有的做了书记、农民，
能再回到青纱帐去吗？——生活已经全新，
我知道，你们有勇气唤回自己的战斗的青春。

南方的甘蔗林哪，南方的甘蔗林！
你为什么这样香甜，又为什么那样严峻？
北方的青纱帐啊，北方的青纱帐！
你为什么那样遥远，又为什么这样亲近？

向困难进军

——再致青年公民

骏马
在平地上如飞地奔走
有时却不敢越过
湍急的河流；
大雁
在春天爱唱豪迈的进行曲，
一到严厉的冬天
歌声里就满含着哀愁；
公民们！
你们
在祖国的热烘烘的胸脯上长大

会不会
在困难面前低下了头？
不会的，
我信任你们
甚至超过我自己，
不过
我要问一问
你们做好了准备没有？
我
比你们年长几岁
而且光荣地成了你们的朋友，
禁不住
要把你们的心
带回到那变乱的年头。
当我的少年时代
生活
决不像现在这样
自由而温暖，
我过早地同我们的祖国在一起
负担着巨大的忧患，
可是我仍然是稚气的，
人生的道路
在我看来是如此的一目了然，
仿佛
只要报晓的钟声一响，

神话般的奇迹
就像彩霞似的出现在天边，
一切
都会是不可思议的美满。……
呵，就在这个时候
严峻的考验来了！
抗日战争的炮火
在我寄居的城市中
卷起浓烟，
我带着泪痕
投入红色士兵的行列
走上前线。
……真正的生活开始了！
可惜
它开始得过于突然！
我呀
几乎是毫无准备地
遭遇到一场风险。
在一个雨夜的行军的路上，
我慌张地跑到
最初接待我的将军的面前，
诉说了
我的烦恼和不安：
打仗嘛
我还不能自如地往枪膛里装子弹，

动员人民嘛
我嘴上只有书本上的枯燥的语言。
我说：
“同志，
请允许我到后方再学几年！”
于是
将军的沉重的声音
在我的耳边震响了：
“问题很简单——
不勇敢的
在斗争中学会勇敢，
怕困难的
去顽强地熟悉困难。”
呵呵
这闪光的话
像雨点似的打在我的心间，
我怀着感激
回到我们的队伍中
继续向前……
现在
十八年已经过去了，
时间
锻炼了我们
并且为我们的祖国带来荣耀，
不是我们

被困难所征服，
而是那些似乎很吓人的困难
一个个
在我们的面前跪倒。
黑暗永远地消亡了，
随太阳一起
滚滚而来的
是胜利和欢乐的高潮。
公民们
我羡慕你们，
你们的青年时代
就这样好！
你们再不要
赤手空拳
去夺敌人手中的三八枪了。
而是怎样
去建造
保卫祖国的远射程的海防炮；
你们再不要
趁着黑夜
去挖隐蔽身体的地洞了，
而是怎样
寻根追底地
到深山去探宝；
你们再不要

越过地堡群
偷袭敌人控制的城市了。
而是怎样
把从工厂中伸出的烟囱
筑得直上云霄；
你们再不要
打着小旗
到地主庭院去减租减息了。
而是怎样
把农业生产合作社
办得又多又好。……
是呵
连你们遭遇的困难
都使我感到骄傲，
可是我要说
它的威风
决不会比从前小。
社会主义的道路上
并非
平安无事，
就在阳光四射的早晨
也时常
有风雨来袭，
帝国主义者
对着我们

每天都要咬碎几颗吃人的牙齿，
生活的河流里，
随处都可能
埋伏着坚硬的礁石，
旧世界的苍蝇们
在每个阳光不曾照进的角落
生着蛆……。
新生的事物
每时每刻都遇到
没落者的抗拒……。
然而我要告诉你们
凭着我所体味的生活的真理：
困难
这是一种愚蠢而又懦怯的东西，
它
惯于对着惊恐的眼睛
卖弄它的威力，
而只要听见刚健的脚步声
就像老鼠似的
悄悄向后缩去，
它从来不能战胜
人们的英雄的意志。
那么，同志们！
让我们
以百倍的勇气和毅力

向困难进军！
不仅用言词
而且用行动
说明我们是真正的公民！
在我们的祖国中
困难减一分
幸福就要长几寸，
困难的背后
伟大的社会主义世界
正向我们飞奔

月下的练江

月下的练江，一条金链，
白雾里飞出了一队小船，
它像一群低飞的小鸟，
静静地穿过了重叠的茶山。

船夫们的竹篙抵着沙滩，
船篷里的火光一闪一闪，
船夫呵，天色已经这么晚，
为什么还不泊下你的船？

船夫捧起江水洗了洗脸，
抬手指着隐约的远山：
歌声和新茶早把山谷填满，

这么好的月光，我怎肯停船？

船的咿呀声由远而近，
江水静了，船影渐渐不见，
只有那股茶香久久地留在江上，
月下的练江，一条金链。

有赠

我是从感情的沙漠上来的旅客，
我饥渴，劳累，困顿。
我远远地就看到你窗前的光亮，
它在招引我——我的生命的灯。

我轻轻地叩门，如同心跳。
你为我开门。
你默默地凝望着我
（那闪耀着的是泪光吗？）

你为我引路，掌着灯。
我怀着不安的心情走进你洁净的小屋，
我赤着脚，走得很慢，很轻，

但每一步还是留下了灰土和血印。

你让我在舒适的靠椅上坐下，
你微现慌张地为我倒茶，送水。
我眯着眼——因为不能习惯光亮，
也不能习惯你母亲般温存的眼睛。

我的行囊很小，
但我背负着的东西却很重，很重，
你看我的头发斑白了，我的背脊佝偻了，
虽然我还年轻。

一捧水就可以解救我的口渴，
一口酒就使我醉了，
一点温暖就使我全身灼热。
那么，我能有力量承担你如此的好意和温情么?

我全身颤栗，当你的手轻轻地握着我的，
我忍不住啜泣，当你的眼泪滴在我的手背。
你愿这样握着我的手走向人生的长途么?
你敢这样握着我的手穿过蔑视的人群么?

在一瞬间闪过了我的一生，
这神圣的时刻是结束也是开始，
一切过去的已经过去，终于过去了，

你给了我力量、勇气和信心。

你的含泪微笑着的眼睛是一座炼狱，
你的晶莹的泪光焚冶着我的灵魂，
我将在彩云般的烈焰中飞腾，
口中喷出痛苦而又欢乐的歌声……

陈敬容

芭蕾舞素描

是空中飞舞的羽毛？
是海面漂浮的水藻？
万千种形态都被你摄取：
忽而像流水，忽而又宛若行云。

你舞姿凝定的一瞬，
仿佛最美的雕像抽去了重量；
你每一次高举、轻飏，
衣裙飘散出柔和的芬芳。

欢乐在你的舞步里笑出了声音：
青春、美梦、纯洁的爱情；
为理想的高歌，同死亡的搏斗……

一袭轻纱顿时间重比千钧。

当你的双臂微颤地垂下，
眉宇间又载着多少忧伤！
你足尖的一扬，手指的一点，
组成无声的乐章，无字的诗行。

石油诗

——给一个石油工人祝贺春节的信

又是一年春节到，
挥笔写诗贺春节。
千山万水道儿远，
茫茫戈壁冰和雪。
贺信随风穿云雾，
遥寄寸心火样热。

又是一年春节到，
春节就是石油工人节。
自古春风不度玉门关，
千里戈壁千里寒，

昆仑山前行人少，
石油芳香何曾漫天山？
祖国江河千万条，
啥时候漂过一艘运油船？

又是一年春节到，
春节就是石油工人节。
石油工人志气大，
身背钻机走天涯。
井架就像雨后笋，
万千口油井饮铁马。
南征北战忘年月，
祖国大地盛开石油花。

又是一年春节到，
挥笔写诗慰问英雄。
千里冰雪风刺骨，
功勋建立在严寒中。
条条输油管横贯祖国大地，
褐色原油写下了大跃进的历程。
喷泉般的油井在欢呼：
我们是三面红旗的见证！

正是杏花二月天

正是杏花二月天，
遍地麦苗像绿毡。
汽车走在公路上，
姑娘们锄草在地边。

汽车停在公路旁，
姑娘们上前围着看。
司机同志修车忙，
两手油腻满脸汗。

修好汽车把路赶，
司机扳动方向盘。
一个姑娘走过来，
手扒车窗红着脸。

“同志你先慢一点，
有句话儿和你谈。
我想托你带封信，
不知你情愿不情愿？”

“信儿捎给什么人？
就怕人多找不见。”
“看了信封你就知道，
他的名字在上边。”

“呵，你是给他写的信，
我保证送到他手边；
油矿上谁不知道他，
那是个能干的好青年。”

“他是你的什么人？”
司机看着姑娘的脸。
姑娘撒手跳下地，
笑着跑回麦地边。

正是杏花二月天，
遍地麦苗像绿毡。
司机张眼望麦地，
一只蝴蝶光闪闪。

早春（五首）

彩旗

当风的彩旗，

像一片被缚住的波浪。

杏花

杏花翻着碎碎的瓣子……

仿佛有人拿了一桶花瓣撒在树上。

早春

（新绿是朦胧的，飘浮在树杪，

完全不像是叶子……）

远树的绿色的呼吸。

黄昏

青灰色的黄昏，
下班的时候。
暗绿的道旁的柏树，
银红的骑车女郎的帽子，
橘黄色的电车灯。
忽然路灯亮了，
（像是轻轻地拍了拍手……）
空气里扩散着早春的湿润。

火车

火车开过来了。
鲜洁，明亮，刷洗得清清爽爽，好像闻得到车厢里甘凉的空气。
这是餐车，窗纱整齐地挽着，每个窗口放着一盆鲜花。
火车是空的。火车正在调进车站，去接纳去往各地的旅客。
火车开过去了，突突突突，突突突突……

火车喷出来的汽是灰蓝色的，蓝得那样深，简直走不过一个人去；但是，很快，在它经过你的面前的时候，它映出早已是眼睛看不出来的夕阳的余光，变成极其柔和的浅红色；终于撕成一片一片白色的碎片，正像正常的蒸汽的颜色，翻卷着，疾速地消灭在高空。于是，天色暗下来了。

牛　汉

悼念一棵枫树

我想写几篇小诗，把你最后的绿叶保留下几片来。

——摘自日记

湖边山丘上
那棵最高大的枫树
被伐倒了……
在秋天的一个早晨

几个村庄
和这一片山野
都听到了，感觉到了
枫树倒下的声响

家家的门窗和屋瓦
每棵树，每根草
每一朵野花
树上的鸟，花上的蜂
湖边停泊的小船
都颤颤地哆嗦起来……

是由于悲哀吗？

这一天
整个村庄
和这一片山野上
飘忽着浓郁的清香

清香
落在人的心灵上
比秋雨还要阴冷

想不到
一棵枫树
表皮灰暗而粗犷
发着苦涩气息
但它的生命内部
却贮蓄了这么多的芬芳

芬芳
使人悲伤

枫树直挺挺的
躺在草丛和荆棘上
那么庞大，那么青翠
看上去比它站立的时候
还要雄伟和美丽

伐倒三天之后
枝叶还在微风中
簌簌地摇动
叶片上还挂着明亮的露水
仿佛亿万只含泪的眼睛
向大自然告别

哦，湖边的白鹤
哦，远方来的老鹰
还朝着枫树这里飞翔呢

枫树
被解成宽阔的木板
一圈圈年轮
涌出了一圈圈的
凝固的泪珠

泪珠
也发着芬芳

不是泪珠吧
它是枫树的生命
还没有死亡的血球

村边的山丘
缩小了许多
仿佛低下了头颅

伐倒了
一棵枫树
伐倒了
一个与大地相连的生命

胡 昭

军帽底下的眼睛

透过炮火，透过烟雾，
那军帽底下
闪动着一对眼睛，
它们在四下搜寻。

从一个伤员爬向一个伤员，
她望着同志们坚毅的眼睛，
轻声地说：“不要紧……”
每个指尖都充满疼爱，
她包扎得又快又轻。

我想起妹妹的眼睛
那么天真而明净，

我想起妈妈的眼睛，
那么温暖那么深……
深深地望了她一眼，
我回身又扑向敌人。

无论黑夜或白天
不管我守卫，我冲锋……
我眼前常闪动起那对眼睛，
这时，我就把枪握得更紧，
我就更准地射击敌人。

我要保卫那对眼睛——
妹妹的眼睛，妈妈的眼睛，
我亲爱的祖国的眼睛！

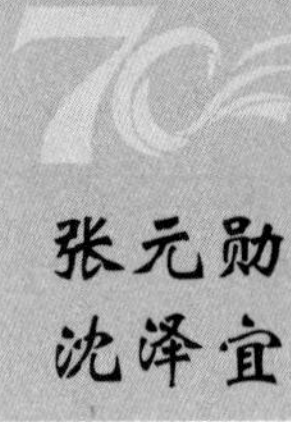

张元勋
沈泽宜

是时候了

一

是时候了，
年轻人
放开嗓子歌唱！
把我们的痛苦和爱情
一齐都泻到纸上。
不要背地里不平，
背地里愤慨，
背地里忧伤。
心中的甜、酸、苦、辣，
都抖出来
见一见天光。
让批评和指责

急雨般落到头上，
新生的草木
从不怕太阳照耀！
我的诗
是一支火炬
烧毁一切
人世的藩篱，
它的光无法遮拦，
因为，它的火种
来自——“五四”！！！

二

是时候了。
向着我的今天
我发言！
昨天，我还不敢
弹响沉重的琴弦。
我只可用柔和的调子
歌唱和风与花瓣！
今天，我要唱起心里的歌，
作为一支巨鞭，
鞭笞死阳光中的一切黑暗！
为什么，有人说团体里没温暖？
为什么，有无数墙壁隔在我们中间？
为什么，你和我不敢坦率地交谈？

为什么……

我含着愤怒的泪

向我辈呼唤

歌唱真理的弟兄们

快将火炬举起

火葬阳光下的一切黑暗！！！

林　子

给他（组诗选三）

——爱情诗十一首

所有羞涩和胆怯的诗篇，
对他，都不适合；
他掠夺去了我的爱情，
像一个天生的主人，一把烈火！
从我们相识的那天起，
他的眼睛就笔直地望着我，
那样深深地留在我的心里，
宣告了他永久的占领。
他说：世界为我准备了你，
而我却无法对他说一个“不”字，
除非存心撕裂了自己的心……

我们从来用不着海誓山盟，
如果谁竟想得起来怀疑我们的爱情，
那么，就再没有什么能够使人相信！

亲爱的，请答应我的一个要求：
你来到这里可不许到处打听——
那终日站在眼前的维纳斯侧着脸儿，
装作没有看见我那抑制住的微笑
从心的深处涌上来，每当读着你的来信；
桌上那排美丽而知情的诗集啊
它们顽皮的笑声常惊醒我的痴想……
这支忠实的笔是懂得沉默的，
它洞悉我灵魂里的全部秘密；
还有我的小梳妆盒：明亮的镜子、
闪光的发带和那把小红梳子，
都看见过爱神怎样把我装扮，
用那迷人的玫瑰花束……可别询问它们呵，
亲爱的，不然我会羞得抬不起头来……

只要你要，我爱，我就全给，
给你——我的灵魂、我的身体。
常春藤般柔软的手臂，
百合花般纯洁的嘴唇，
都在等待着你……
爱，膨胀了它的主人的心；

温柔的渴望，像海潮寻找着沙滩，
要把你淹没……
再明亮的眼睛又有什么用，
如果里面没有映出你的存在；
就像没有星星的晚上，
幽静的池塘也黯然无光。
深夜，我只能派遣有翅膀的使者，
带去珍重的许诺和苦苦的思念，
它忧伤地回来了——你的窗户已经睡熟。

红军柳

三株柳树，在高原
盘根错节　枝叶扶疏
高冈上是哈达和一方巨石
高冈下是九曲黄河
和洁白的羊群、牦牛和大狗

此刻，我拜谒三棵柳树
这是七十年前一支队伍中
一个七岁孩子手中的拐棍
种植而成的呀红军柳
那孩子后来留在了藏区
成为一个步履蹒跚的牧民
已全然遗忘了湘西的方言

目光中偶尔闪现的
是对命运的疑问　或许
还有一个童年的挑战

在红军柳下我们合影
高原的风吹动我们的旗帜
还有狂跳不止的心灵
是一支什么样的军队
穿过雪山　走过高原
留下一粒粒坚强的种子
让不屈的红军柳
昭示一代又一代的后人?

在这片土地上　留下过太多的
南方走来的生命和骸骨呀
共和国大厦的奠基石
便是这无名或有名的骸骨支撑
于是，以长征的名义
向红军柳，敬礼!

洛　夫

（台湾）

边界望乡

说着说着

我们就到了落马洲

雾正升起，我们在茫然中勒马四顾

手掌开始生汗

望远镜中扩大数十倍的乡愁

乱如风中的散发

当距离调整到令人心跳的程度

一座远山迎面飞来

把我撞成了

严重的内伤

病了病了
病得像山坡上那丛凋残的杜鹃
只剩下唯一的一朵
蹲在那块“禁止越界”的告示牌后面
咯血。而这时
一只白鹭从水田中惊起
飞越深圳
又猛然折了回来

而这时，鹧鸪以火发音
那冒烟的啼声
一句句
穿透异地三月的春寒
我被烧得双目尽赤，血脉贲张
你却竖起外衣的领子，回头问我
冷，还是
不冷？

惊蛰之后是春分
清明时节该不远了
我居然也听懂了广东的乡音
当雨水把莽莽大地
译成青色的语言
喏！你说，福田村再过去就是水围
故国的泥土，伸手可及
但我抓回来的仍是一掌冷雾

李　瑛

戈壁日出

当尖峭的冷风遁去，
荒原便沉淀下茫茫戈壁；
我们在拂晓骑马远行，
多么渴望一点颜色，一点温煦。

忽然地平线上喷出一道云霞，
淡青、橙黄、橘红、绀紫，
像褐色的荒碛滩头，
萎弃着一片雉鸡的翎羽。

太阳醒来了——
它双手支撑大地，昂然站起，
窥视一眼凝固的大海，

便拉长了我们的影子。

我们匆匆地策马前行，
迎着壮丽的一轮旭日，
哈，仿佛只需再走几步，
就要撞进他的怀里。

忽然，他好像暴怒起来，
一下子从马头前跳上我们的背脊，
接着便抛一把火给冰冷的荒滩，
然后又投出十万金矢……

于是一片燥热的尘烟，
顿时便从戈壁腾起，
干旱熏烤得人喘马嘶，
几小时便经历了四季。

从哪里飞来一片歌声，
雄浑得撼动戈壁？
是我们拜访的勘测队员正迎向前来：
“呵，只有我们最懂得战斗的美丽……”

清明

这一天，是用黑框镶起的日子
每立方空间都充满坚硬的酸楚
这一天，鸟、野花和溪水
都严肃得像生铁

无论墓园或荒冢
哭不出声音的石碑
冷冷地站着
幽香和苦涩一起
从草根渗出，穿透
四月的春寒和冷雨

这一天，揭开隐痛和伤口的人几乎死去

而死去的人都将回到家里
使生存和死亡的界限
变得模糊
这一天，在人间，本来是有限的距离
却凝成无限的痛苦
时间和空间酿成一碗烈性酒

许多历史故事，许多风雨
都已寂灭如尘土
只临终前吐出的那句话
仍悬在眼前
不论多久也不会风化
仿佛一伸手就能触到
那个浓浓的带血的情绪

这一天的太阳
是一只复原的古陶罐
这一天的日历
是一方湿手帕，或
是一张薄薄的剖心的刀片
这一天一半是真，一半是梦
谁也说不清，人们
是走出了历史抑或走进了历史

林　庚

新秋之歌

我多么爱那蓝色的天
那是浸透着阳光的海
年轻的一代需要飞翔
把一切时光变成现在
我仿佛听见原野的风
吹起了一支新的乐章
红色的果实已经发亮
是的，风将要变成翅膀
让一根芦苇也有力量
啊　世界变了多少模样
金色的网织成太阳
银色的网织成月亮
谁织成那蓝色的天

落在我那幼年心上
谁织成那蓝色的网
从摇篮就与人做伴
让生活的大海洋上
一滴露水也来歌唱

彭邦桢

月之故乡

天上一个月亮
水里一个月亮

天上的月亮在水里
水里的月亮在天上

低头看水里
抬头看天上
看月亮，思故乡
一个在水里
一个在天上

秋到葡萄沟

秋到葡萄沟，
珠宝满沟流，
亭亭座座珍珠塔，
层层叠叠翡翠楼。

轻些走！
“玫瑰紫”刚刚吃醉酒，
且留神！
小心“马奶子”蹭身油！

瞧！车车马马哪里去？
葡萄沟里庆丰收，
听！园林深处什么响？

一曲情歌拂绿洲。

葡萄沟呵，葡萄沟！
葡萄沟横抹千山秀，
葡萄沟呵，葡萄沟！
尝一颗葡萄心甜透。

风吹碧浪香千里，
葡萄沟风光瞧不够！
枝枝蔓蔓多情带，
缠住我心儿不让走……

藏羚羊

茫茫碧野，款款地
踱出一个温良家族

角杈，不用于进攻
挂风、系雾、挑月牙

有翡翠湖由其沉醉
如海草滩任它选择

灵境圣地上
飘一串天籁音符

不眠的窗

再深的夜里
也会有不眠的窗
犹如云雾山中
也有暗开的杜鹃

妻子的梦里
它是彩色的田野
孩子的梦里
它是空竹的旋转

它是忠贞对事业的
默默盟誓
它是爱情对未来的

深深凝望

电报大楼的钟声
不是催眠曲
汗水淋漓的夜都
正在起跑线上……

刘　章

山村雨后

湿的炊烟，湿的云霞，
湿的青山像出水的纱，
滴滴答答……
像少女才涂了香粉，
火红桃花，淡淡杏花。

烟里人家，云里人家，
微风，衔泥燕子斜，
唧唧喳喳……
像画家点墨写意，
牛儿一洼，羊儿一洼。

汽车近归村落，
流水远向天涯。

在平原上吆喝一声很幸福

六月，青纱帐里一种诱惑
这时你走在田间小道上
前边没人，后边也没人
你不由得就要吆喝一声
吆喝完了的时候
你才惊异能喊出这么大声音
有生以来头一次
有这样了不起的感觉
那声音很长时间在
玉米棵和高粱棵之间碰来碰去
后来又围拢过来
消逝
这是青纱帐帮助了你

若是赶上九月
青纱帐割倒了
土地翻过来了
鳞状的土浪花反射着阳光
你的喉咙又在跃跃欲试
吆喝一声吧
声音直达远处的村庄

这是另一种幸福
更加辽阔

一棵开花的树

如何让你遇见我
在我最美丽的时刻　为这
我已在佛前　求了五百年
求佛让我们结一段尘缘

佛于是把我化作一棵树
长在你必经的路旁
阳光下慎重地开满了花
朵朵都是我前世的盼望

当你走近　请你细听
那颤抖的叶是我等待的热情
而当你终于无视地走过

在你身后落了一地的

朋友啊　空一个字符那不是花瓣

是我凋零的心

庄稼院里的女王

她从田野里归来
身上染着草叶的清香
纯净的露水打湿了衣角
脸上闪着宝石似的汗光

给小猫，逮回一串蚂蚱
高高地插在草帽上
给小妮，掐来两朵野花
美美地别在两鬓旁

啊！我质朴的妻子
庄稼院里的女王

回到家，放下耙子抓扫帚
鸡围她转，鹅绕她唱
大灰兔向她行着注目礼
猪圈里，一群小崽前呼后嚷

她行使着神圣的权力
乐滋滋地来回奔忙
提着沉甸甸的食桶
挥着铁勺当指挥棒

啊！我能干的妻子
庄稼院里的女王

她围着古老的锅台
天天谱出深情的乐章
灶膛里点着红荆野蒿
蒸的棒子面饼子喷着清香

每天，为父亲烤好旱烟叶
每顿，给母亲送上热饭汤
夜晚，她把月光搓成思念的带子
遥遥地、遥遥地投到我的前窗

啊！我贤惠的妻子
庄稼院里的女王

章德益

西部高原

大地雄浑的内在力量
创造出威猛暴烈的大高原
以岩石席卷起山的长阵
冲刺起五千米海拔之上
冷却成岩石的黑火焰，崖壁的黑风暴
叱咤着雷与雷的厮拼，云与云的撞击
仰冲起一块不羁的大陆
呼啸进晕眩的苍穹

总觉得这不是岩石的群体
山的家族
而是赤裸裸的大地的精神
多少年血火的酝酿，匍匐的反思

自一块大陆最痛楚的动荡里
暴立起不屈的英魂

以高原为背景便凸显出悍烈的人生
拓边者的血性，戍边者的胆魄
西行探险者大胆无畏的梦魂
遥远的诱惑是梦的诱惑
男儿之血砰然叩击未知之门
借万山之势混凝成生者与死者的形态
渐渐隆升成一块大陆高峻的象征

山的暴立，峰的突进
崛起着一块大陆对空间的出征
自错综的断裂中，自痛苦的追求中
徐徐流出了情感，流出了思想
发源了我们大地全部的江河
蜿蜒成一部艰难的生存史
横贯着我们民族曲折的历程

边声

边防线上的士兵每每有了烦闷
总爱登上崚嶒的哨塔听听边声
听野鹤嘹呖松涛流韵
江波叠浪苇叶弹琴
听雨淞抚慰飘坠的落红
雁阵横贯寥廓的青空
听蛰伏四野的地虫无忧无虑的吟唱
精骛八极的天风有声有色的奏鸣
这旷古而迢远的历史回音
将一丝半缕儿愁绪洗刷得荡然无存
像母亲极富灵性的手
使桀骜驯服烈马平静
啊，大自然的缄语简直精妙绝伦
使心灵一时倾斜的士兵找到了平衡……

边关月

边关夜月最是勾人魂魄
无论是月缺月满下弦上弦
月夜边关最是动人情怀
无论是月升月沉春月秋月
也许月笼边关边关更显得苍凉辽远
也许边关托月月色更显得清艳莹沏
缺月的几丝惆怅满月的一缕缱绻
月出时隐隐的感伤月落后淡淡的尤怨
不似晓风里的柳岸、梦一样的秦淮
戍边者自能品出个中的苦辣酸甜……
边关因是民族的分野家国的极限
夜月才平添几分悲壮传奇色彩
啊，望月者是茕茕孑立的士兵
望月处在八面临风的哨台……

江　河

纪念碑

我常常想
生活应该有一个支点
这支点
是一座纪念碑

天安门广场
在用混凝土筑成的坚固底座上
建筑起中华民族的尊严
纪念碑
历史博物馆和人民大会堂
像一台巨大的天平
一边
是历史，是昨天的教训

另一边
是今天，魄力和未来

纪念碑默默地站在那里
像胜利者那样站着
像经历过许多次失败的英雄
在沉思
整个民族的骨骼是他的结构
人民巨大的牺牲给了他生命
他从东方古老的黑暗中醒来
把不能忘记的一切都刻在自己的身上
从此
他的眼睛关注着世界和革命
他的名字叫人民

我想
我就是纪念碑
我的身体里垒满了石头
中华民族的历史有多么沉重
我就有多少重量
中华民族有多少伤口
我就流出过多少血液

我就站在
昔日皇宫的对面

那金子一样的文明
有我的智慧，我的劳动
我的被掠夺的珠宝
以及当太阳升起的时候
琉璃瓦下紫色的影子
——我苦难中的梦境
在这里
我无数次地被出卖
我的头颅被砍去
身上还留着锁链的痕迹
我就这样地被埋葬
我的生命在死亡中成为东方的秘密

但是
罪恶终究会被清算
罪行终将会被公开
当死亡不可避免的时候
流出的血液也不会凝固
当祖国的土地上只有呻吟
真理的声音才更加响亮
既然希望不会灭绝
既然太阳每天从东方升起
真理就把诅咒没有完成的
留给了枪
革命把用血浸透的旗帜

留给风，留给自由的空气
那么
斗争就是我的主题
我把我的诗和我的生命
献给了纪念碑

星星变奏曲

如果大地的每个角落都充满了光明
谁还需要星星，谁还会
在夜里凝望
寻找遥远的安慰
谁不愿意
每天
都是一首诗
每个字都是一颗星
像蜜蜂在心头颤动
谁不愿意，有一个柔软的晚上
柔软得像一片湖
萤火虫和星星在睡莲丛中游动
谁不喜欢春天，鸟落满枝头

像星星落满天空
闪闪烁烁的声音从远方飘来
一团团白丁香朦朦胧胧

如果大地每个角落都充满了光明
谁还需要星星，谁还会
在寒冷中寂寞地燃烧
寻求星星点点的希望
谁愿意
一年又一年
总写苦难的诗
每一首都是一群颤抖的星星
像冰雪覆盖在心头
谁愿意，看着夜晚冻僵
僵硬得像一片土地
风吹落一颗又一颗瘦小的星
谁不喜欢飘动的旗子，喜欢火
涌出金黄的星星
在天上的星星疲倦的时候——升起
去照亮太阳照不到的地方

梁晓明

风铃

我喜欢风铃
我喜欢风铃叮叮当当一片空荡的声音
我喜欢风铃左靠右晃屋檐下一种不稳定的身影
我喜欢风铃被斜阳照亮闲暇说话或干脆一言不发
我也喜欢暗中的风铃、门廊下紧张的风铃
宝塔上高挑寂寞
和孩子手中被拎着的风铃

路上的狗、沙漠上难看的骆驼颈项下倔强的风铃，
风沙越大，它说话越响
声音是它的命。

我喜欢风铃

我喜欢敲打宁静的风铃
坐在孤寂的家里，停下来和岁月相依相伴的风铃

应该听一点声音、应该有一挂风铃
应该有一些眼睛从风铃出发
或者与风铃结伴而行

牧羊的星星

今晚的草原异常安静
风在草尖上翻个身又躺下了
辽阔与空旷
从黑暗中看去，仅剩下羊圈大的范围
而我的目光正巧与最近的一颗星星相遇

这群羊也随之躺下，依偎在嫩草之间
星光的手柔软得像丝绸，没有一丝褶皱
那种滑爽的感觉比草原的梦更轻
这让我想到很多，想到天空压低了身子
想到小时候，妈妈在我做梦的时候
总会这样俯下身来轻轻吻我

俯下身来的星星吻着大地
这群羊在星光下睡得很安稳
哦，我要感谢这个不眠之夜
我多么愿意是这群羊中的一只
默默享受，母亲般的注视

天亮之前，有些星星已经隐去
相对于睡梦中的草原
这最近的星光，把天与地之间连成了鱼肚白
我发现羊群散落在星星周围
往一个方向移动
而这一切没有任何的驱使

向以鲜

柳树下的铁匠①

除此之外再无景色可以玄览
四月的柳烟，七月流火
再加上两个伟大的灵魂
一堆黑煤半部诗卷

擦响广陵散的迷茫手指
攥住巨锤，恶狠狠砸下去
像惊雷砸碎晴空
沉闷的钢铁龙蛇狂舞

① 竹林七贤之向秀（子期）妙解《庄子》，与嵇康相善。《晋书》卷四九：“（嵇康）性绝巧而好锻。宅中有一柳树甚茂，乃激水圜之，每夏月，居其下以锻。”同书又载：“初，康居贫，尝与向秀共锻于大树之下，以自赡给。”

还有，亲爱的子期
我鼓风而歌的同门祖先
请用庄子秋水那样干净的
喉咙，那样辽阔的肺叶
鼓亮炉膛

来！一起来柳树下打铁
吃饱了没事撑着打
饿死之前拼命打
这痛苦又浮华的时代

唯有无情的锻炼才能解恨
你打铁来我打铁
往深山翻卷如柳绦散发
打了干将打镆铘
向无尽江河淬取繁星

世上还有什么更犀利的
火舌在暗中跳跃
在血液里沸腾尖叫，好兄弟
火候恰到好处，请拭锋以待

杨　梓

雪落城市

雪落城外，大多落到冬眠的土地
融化之后，还有叫醒冬小麦的可能
哪怕是落到树上，也不能排除
可长相一样的雪在城市上空
除了落在可怜的树和瘦小的草坪
还有更小的楼顶、车顶及头顶
其他的雪都落在了大街小巷
被车轧，被人踩，成为黑雪
太阳出来，又化成水，积雪无声
带走凡尘一点一滴的黑

小鸟飞过

在农家小屋，我好像在发呆
几乎没有听见羊群进院的声音
房门开着，挂着塑料珠串成的帘子
阵风吹过，叮铃作响，还吹开一扇窗户
放进一只鸟，我不认识
麻雀大小，好像有几种鲜艳的颜色
小鸟一直乱飞，碰到另一扇窗户的玻璃
我赶紧打开所有的窗，小鸟来了又去
也就一个瞬间，留下一根羽毛和几声鸣叫
是因为寒冷、饥饿还是小屋的灯光
初冬的北方，黄昏已经铺盖下来

九滴水

是丁香的芬芳，是我最熟悉的味道
我顺着香味找到一棵丁香树
一棵比我还高的菩提树
正在盛开紫色的花瓣，一共九朵
其中两朵五个花瓣，便是传说的幸福
开在浇水之后，阳光未照之前

我相信丁香花的绽放与浇水有关
如同万物皆有灵魂，也有重量
更相信渗入树根的水，通过枝干
不断向上，走进绿叶，直抵花苞
一滴水，足以从内部撑开一朵花
并在花瓣上留下清晰的湿润

小区的浇花之水来自艾依河
来自黄河。这其中的九滴水
一定来自巴颜喀拉的雪，来自天堂
一直等到春天，率先融化成水
不舍昼夜地奔波几千公里
绽开丁香，便躲在艳丽和芬芳之后

刘福君

坐在田埂上的父亲

坐在田埂上的父亲
坐在随便一块石头或杂草的上边
抽烟、擦汗，歇一歇
干活的人
想法十分简单，像草
绿得简单，像云，白得简单

风吹过来
抽穗扬花的气息
在绿汪汪的田野上随便弥漫
下一场透雨是比天还大的事情
父亲的天就是庄稼就是庄稼想法
雷一样焦灼

雨一样渴念

坐在田埂上随便歇一歇的父亲
挽一把青草仔细地擦拭锄板
天黑之前，他想要锄完这片玉米
农谚里说："锄头下有雨"
雨啊，你的想法离父亲还有多远

我是在远处看见父亲的
傍晚的风随便掀动哗哗的玉米叶子
像大海高低起伏的波澜
父亲又开始锄地，躬着腰
我是谁，我离父亲又有多远

我乡下的祖国

只有在本县地图上才能找到你
你是家乡，我乡下的祖国
找到你，就找到了我的祖坟我的责任田
自留地、开花的果园，找到了
我的妻子和小黑水罐似的儿子
我乡下的祖国啊，我们一边
退耕还林，一边爱上播种的春天

蓝天下的田野，瓦舍上的炊烟
抬头就看见屋后绵延高大的燕山
我乡下的祖国啊，你是我——
炕头的灯盏、场上的柴垛、门前的菜园
也是我的篱笆、马车、割谷的快镰

我用青草叫住牛羊，我用野花唤醒露水
一起倾听你的鸡鸣犬吠和乳燕的呢喃

我的家乡，我乡下的祖国
我以米粒呼吸、泥土作梦
住在江山之中
你的蝴蝶、蜜蜂、鸽子、飞翔的云彩
你的田埂、石坝、土墙、守护的栅栏
我乡下的祖国啊，从大地到天空
我热爱你低处或高处的阳光
也珍惜你阴影深处的血汗

像一条河水贴着两旁的堤岸
我的爱是浪花是水草说不清的依恋
头戴麦秸草帽走过黄泥土路
我用四季风雨编织五谷丰登的花环
祖国祖国，我乡下的祖国啊
至于偶尔的歉收或一两张白条
我就笑着写进这首略带忧伤的诗篇

张 维

深夜看海

深夜看海 一个人
怎么顶得住这样的重压
不是海风寒彻
没有星月的关照与搀扶
一个人怎么扛得住如此浩大的黑暗

潮水涌上海滩 又缓缓退下
再次扑向海滩 再次哀伤地退下
你说 这无限的起伏 运动
与你何关
辛劳的是单薄的沙子
一个人沙子一样
怎么受得住大海无限的追问

只有海能承接海
上帝能承接上帝

一个人除非不是沙子
血液里流淌着海的元素
或者一个人不仅是一个人
一个人怀有 亲人
情人 丰盈的爱
内心激荡起伏 海鸥一样迎风起舞
一个人此刻才能深夜看海
一个深夜看海的人
是一个大海一样辽阔涵有光辉的人

迎春花

春天的惊雷
总会在我醒来时
撩开我怀春的情思
我用羞怯的朵朵淡黄
点缀被白雪覆盖的世界
那一丝丝不安地蠕动啊
让圣洁的期望
在每一个春天最早降临

我在春天醒来
打开这个季节沉重的大门
灿烂的阳光一泻而至
脚旁小草低低地呢喃

让这块板结的土地
开始松动
这个过程中
我不会省略所有的细节

风啊，总是不愿卸去
寒冷的外套
用利刃般的语言
割开我将要绽放的明媚
我在缓缓的行走中
把一腔热血，化作
春的魂灵
撒向散发泥香的大地

春天，春天
有一种声音在向我召唤
我听到了
冬的骨骼被折断的脆响
隔岸而观
杨柳依依，春燕翩翩
一幅美丽的工笔画
正在大自然的调色盘中飞溅

古老的春天

一轮明月升起，村里的人围坐山坡
观看露天电影
银幕上，一个身披镣铐的受苦人
正缓步走向刑场
他的坚毅，他的悲伤
印在每一张发呆的脸上。

天上，正在发生月蚀
满地松影
渐渐变淡、消失，
我第一次感到了光阴流逝的秘密。

河湾里

枝头雀鸟纹丝不动，仿佛一团团黑泥
在阵阵压紧的空气下
河水有力地打着旋涡，千百个冬天都是这样
人们隐蔽在远处的坟茔
和山间静谧的屋脊里
鹅卵石孵不出红色小鹅
只有波涛偶尔剥下几片沙粒……我将
渐渐衰老，死去，哦！故乡，若是真的
能再转生人世
我还要回到这里，看着喜鹊和乌鸦
被杨柳的绿焰摧飞
杜鹃花的雾霭散开，一年年
田野冒着热气，泥土飞卷

在太阳炙热的炉膛里
我与兄弟们耕作着，叹息着，歌唱着
辛酸又疲惫
直到双手把锄把磨得银亮
山岗上淡淡的满月
使万物酣睡，沉落，我全部心灵的迷雾
也缕缕消失……

姜念光

祖国之夜

这是他入伍后的第九十天，
凌晨两点，第一次站夜岗。
好像第一次看见真正的黑夜，
他有些害怕，也有些激动，
于是哗啦一下拉开枪栓，动静大得
令人吃惊。万物屏息，提着肝胆。

此刻，枪膛和他的胸膛一样空，
空虚的空，空想的空，或者
漫无目标的，空手白刃的，夜空的空。
为了压住心跳，他深呼吸，默念口令，
再次深呼吸，慢慢把一条河汉放进胸中。
然后他轻轻地推着枪栓，咔嗒一声，

一个清脆的少年，被推了进去。

在此之前，从来没有过这样的夜晚，
四面群山环列，满天都是星星。
从来没有这样庄严地站着，
用虎豹之心，闻察此起彼伏的夜阑之声。
是不是所有新兵，都会有一个这样的夜晚？
仿佛突然长大成人，开始承担命运，
并且突然清楚地想到了：祖国。
这个磐石的、炉火的、激流的词，
装上了热血的发动机，让他
从此，胆量如山，一生怀抱利器。

和平的上午

四月暮春，满园树叶继续长大
老园丁慢慢打扫
玉兰留下的马蹄印
阵风吹过，几树海棠纷纷落英
它也柔肠转，忽然想起另一个城市的美人

一个女高音在六楼的窗口练习歌剧
团团花腔，朝侧耳的主考官奔去
生活，就应该配有艺术的腰肢啊
搭着咏叹调涌起的小浪头
四楼的家庭，女朋友带来了生日的酒

三楼上，休假的边防士兵沉睡未醒

他因为多过的氧气感到头晕
积雪太深了！他还不适应这样的安稳
他又梦见了小分队
走在边境线两千层楼那么高的山顶

中关村南大街二十八号，干休所门前
当整修道路的工人启动冲击桩机
一楼，弥留之际的老将军突然大叫
——快掩护，快掩护，我们冲
深埋的战争记忆，又一次被触发
却把建设的声调
听成了马克沁机枪猛烈的扫射声

田　禾

一块地

一块地，过去生产队种荞麦
种过两年苎麻，后来什么都不种了
成了一块荒地。父亲心疼死了
用铁锹翻地，他身体的周围
涌起一阵黄土
然后把半升蚕豆的种子点进地里
同时也把一粒农谚种了进去
种子的壳让三月的雷砸开
随后一场春雨降下
豆苗出土，父亲给它施肥
长出杂草，就把它锄掉
后来蚕豆花按时开了
那被风吹薄的紫色的花瓣
转瞬像怀了爱情一样结满豆荚

采石场的后半夜

我写的采石场是村庄的一个山坳，
山路又高又陡。记得我小时候，
爬上去过一次，那一次爬上山顶，
才知道山的那边还有村庄。
山的更远处是一片陌生的山峦。
采石工在这边山坡上打眼、装药、
安插雷管、点炮。岩石在轰然一声
巨响中，纷纷破裂、碎开、瓦解。
点炮的人，像点着了屁股，跑得飞快，
后面轰隆隆一片，都是黑烟。
夜深了，碎石机的轰鸣声仍没有停息。
两个采石工用钢钎撬着炸开的
松动腐石，另几个轮换着用大铁锤

敲破化开。大锤落在石头上，
山谷发出一阵空洞的回响。
采石工手累酸了，变换一种姿势，
继续敲打。周围是祖宗的坟地，
溅起山中埋骨的沙土。
后半夜，由于起雾，寒意四起，
采石工把搭在树枝上的褂子穿在身上。
有人靠着草丛中的一块墓碑睡觉，
有人在自己的膝盖上睡着了。还有
几个，打着哈欠，坐下抽烟，说话，
一个问另一个："今天初几？"
"小亮的二爹昨天得肺癌死了。"
回答者答非所问。

谢宜兴

水仙花开一场盛大的宴席

一把刻刀和一只手预设了时间
花期像一封密函掌握在别人手里

金唢呐银唢呐如期吹响
水仙花开一场盛大的宴席

古典的面容苍白忧郁，而现代的
心不再是一曲感伤的霓裳羽衣

谁设身处地想过花蕾的强颜欢笑
人们只看见一群水袖葱绿的歌女

把自己掰开成为节日的点饰

以欢乐的氤氲掩面而泣——

请你的目光不要解开我香气的纽扣
让我的美丽为自己开放一回

道　辉

花是诗的脖颈

痉挛，没骨的雾气裂作二瓣
于是琐碎地想起你
诗的闺房，埋在说不出话的长长的脖颈

那边没有意味深长
轩昂浸染晨曦，挂空而下
但你什么都没有抓住

死意烘托钟声，在石块爆裂处
黑天鹅变穿挂丧服的幽魂树
波涛也是，没有赞美诗时，变母羊
屠夫隐伏在草地但从不对嫩芽出手

那里，就在那里，寂静彻夜哼唱
你就把涌上嘴边的一股寒流诗句读出声来
飞翔似带着自己的座椅四处求欢

呵——
需要辽阔的眺望者，是长长的说话的脖颈
你是其中的一个，像蜂王的尸体在花栅中复活
花开出披靡的世界，但你什么都没有抓住

遭遇橘子园

你是知道的，那是什么——
今天，就是今天，放置那里
风尘如展开手艺，能数落
光中张开的橘子嘴到第几张
光暗了又撕咬陋习的幻想一口
在橘子园，几只乌鸦磨蹭着蜜罐翅嘴

半空像贴着封条的肃穆
白蚯蚓在打滚的悠闲中喷泥浆
那爱干净的人不愿踩踏地面，一阵风似的

送草笠的人走过隔离区岸
脚拐杖着脚，趔趄着

送草笠的人又来了，敲门敲得，火星四溅
眼瞳滚出眼瞳，滚得银河水哗啦啦响
上面，就在上面，光反为水
把今天一座无人看管的橘子园送回来
你真想伸手来打这半空水，打出失宠的飞鱼
也打出永恒的一块块石头爆裂，坠落而下

在如此辽阔的涡流中央难与蛐蛐遭遇
病人睡着了，死亡歇了
墓穴内的神宴散了，草的奶水喷涌
远和近，窝棚与庙宇连作一片，连上
绣花针穿过大海面穿着你鹿打鸣的脸

今天，就是今天，在那里
静静之力，静静地向着亮光
送草笠的人，一座幻影的橘子园
是真的，但什么都没得到，你是知道的

旧粮站

能够留下来的原住民
除了这些随风摇摆的草
龙洞就只剩下瓦砾——
一块块磕得粮站墙脚生痛的瓦片

尽管蜘蛛已经接管了这里
但太阳仍然是照常升起
岁月的洪水退却后
那些残垣断壁，在辽阔的寂静中失去时间

误入废墟的杂草和灌木丛
在墙身的阴影里隐蔽得很好
就连饿得心慌的鸡和猪路过

也禁不住暗然神伤

一道生锈的铁门，牢牢锁住了
昔日高过屋顶的粮食。一棵颓废的芭蕉树
正在阻挡高速公路兴奋的脚步
裸露的泥土让村庄变得更加潮湿

倒下去的不只是无人收割的粮食
还有高大的风车和巍峨的粮仓
在这偶然的回眸中，如同年迈的双膝
——全都被青春所误

我所爱的村庄

我所爱的村庄
钟表无用
夜晚自己降临
羊群像白云散步人间
有无风经过山岗
都不要紧
反正荞麦和马铃薯
随时蠢蠢欲动
劳作一天的人们
像梵高笔下的肖像
围坐火塘
谈论雨水和收成
或者谈论起一次狩猎

惊险的场面
高潮迭起
最精彩的描述关于
一只哺乳的母兽
“啧啧啧，你不知道
当它护住它的幼崽
那双眼多么温柔！”
“……”
“噢，我们不会
从不会朝这样的眼睛
伸出猎手！
要知道，先祖永远
在头顶看着我们”

陈巨飞

湖水

湖水涨了，春天一天天地丰盈
我惊诧于岸边的槐树
一天天地倾向于塌陷
父亲的头上开满了梨花
他梦见年少时遇见的大鱼
到湖里找他了
母亲一宿没睡，她喃喃自语：
“我这命啊，竟抵不过陪嫁的手镯”
他们划着暮年的船
沿青草深处，寻找烟波浩渺的旧天堂

木桨哗哗，拨动湖水
春风无言，吹拂往事

彭　敏

入秋

现在秋天还没有来临
但是一场大雨已经黑着脸
在街头驱赶蚊蝇
大雨飘落之时，必然有阴风吹送
风雨中这些树木沉默不语
并不代表它们心平气和。有时我在深夜
听见远方铁轨轰鸣。那是有人
在敲打黑夜的肋骨。如果我打开窗户
一直倾听，必要时轻声答应
他能否将这低吼拽出黑暗
到达黎明？

天空深邃，望不见鸟群。而大地之上

暗黄色的序幕渐次拉开
一些事物转过身去
一些事物正向我们走来

两片树叶在窗外歌唱丰收
头戴油漆窗台一片葱绿。而它们被一阵凉风
掀下枝头，没入黄土，然后无影无踪——
据说，它们使土地肥沃，并生机勃勃

云层匆匆奔赴他方。西绪福斯再次把灵魂扛在肩上
大雨过后，我成为某个在旷野里跺脚的孩子
泥足深陷。抓起石头抨击夜空
并赶在群星坠毁之前
双手抱头，快步走开

小城故事

大体是平静的：榕树的浓荫
覆盖公路。偶有汽车开过
带来转瞬即逝的幻想

从西河到四桥，有段废弃已久的江面
夜里，船只屈指可数
仿佛正熨着一件发皱的纪念品

是的，礼物有时替我们说出
难以启齿的感情。一件布偶、一块石头
或一只铁罐，都是来自身上的器官

那年十月，三角梅凋谢

城中小小的房屋，窗户向北
没有可供发愁的明天

你站在巷口简短告别
巷子里有家杂货铺
女店主靠生火挨过寒冬

小火炉上火焰在跳舞
我也想有这样的妻子
她爱这个家爱得噼啪作响

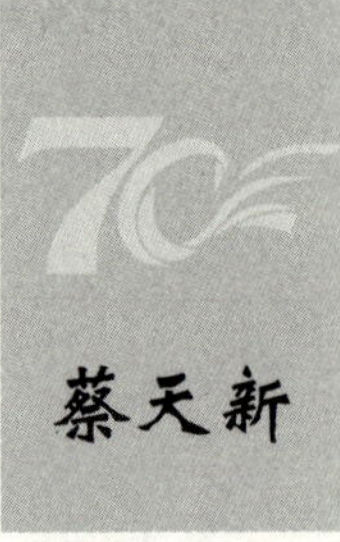

冬天到来的时候

冬天到来的时候
会有一场暴风雪
在宝石山上空聚集
雪花会飘落我的阳台
会覆盖毕毕的爪印

冬天到来的时候
在小兴安岭的某个村庄
会有少年爬上一列货车
去到很远很远的城市
寻找医生救治他的父亲

冬天到来的时候

墨西哥城郊外的那些山头
会承受更多的人口和家庭
会有更多鲜艳的房屋
游人和警察不敢轻易踏入

冬天到来的时候
利马城依然无雨
人们依然会到海滨吃海鲜
喝甜甜的紫玉米汁
依然会有鲜花开满悬崖

阿　信

河曲马场

仅仅二十年，那些
林间的马，河边的马，雨水中
脊背发光的马，与幼驹一起
在逆光中静静啮食时间的马，
三五成群，长鬃垂向暮晚和
河风的马，远雷一样
从天边滚过的马……一匹也看不见了。
有人说，马在这个时代是彻底没用了，
连牧人都不愿再牧养它们。
而我在想：人不需要的，也许
神还需要！
在天空，在高高的云端，
我看见它们在那里。我可以
把它们
一匹匹牵出来。

生活

我珍爱过你
像小时候珍爱一颗黑糖球
舔一口马上用糖纸包上
再舔一口
舔得越来越慢
包得越来越快
现在只剩下我和糖纸了
我必须忍住：忧伤

草原之夜

夜，又美又宁静。
身旁的那个女人，又美又宁静。
星斗满天，我在草原上舍不得睡去，
甚至舍不得遮上薄薄的窗帘。

我甚至舍不得叫醒那个
静静地睡在我身边的年轻女人。
夜真的又美又宁静。
似乎谁醒着，草原就是谁的。

春天

我在这个春天 低下头来
寻找青草的气息 以及母亲的身影
在一列列开往无法预知前程的列车上
逝去的岁月 如潮水般涌来

我不能停留
关于春天我还知道得太少
发芽的花朵 含苞的雨水
雷鸣中灿烂的舞蹈

我来到故乡的上空
我的年迈的父亲正在劳作
而更多的年轻的兄弟姐妹 不知去向

金黄的油菜花 漫山遍野

还是在这个春天 我深入到泥土之中
我想翻动故乡的泥土
这气息如此陌生
生长的气息 如此陌生

祖国

我不知道我的祖国有多么大
我无法到达每一块土地
甚至每一座城市
所以
我的家乡就是我的祖国
给过我温暖的城市就是我的祖国
给过我感动的山川河流就是我的祖国
我深爱我的家乡
我深爱所有给过我温暖的城市
我深爱让我心动的山川河流
所以
我也如此深爱我的祖国
所以

我总是在每个节日
每次欢聚时
祝福我的祖国
一如祝福我们的家乡
那么的真诚
那么的发自肺腑
不容置疑

柯 平

水中的杭州

古典主义的塔怡然沉溺在
啤酒厂的木桶里。
我被柳浪公园的莺声吵醒
一眼就看到了水
和比婴儿的手掌还小的画舫
和画舫里绝色的人儿。
我听见中东河是怎样一路
唱着吴歌流过你的身体　　杭州!
许仙的油纸伞
撑在断桥边。现代化的自助餐厅
开在岳坟旁。
而我在黄龙饭店顶层，如入仙境
用酒鬼的眼睛一动不动看你。

我用恋人深不可测的眼睛看你。
水中的杭州。美　文化　温情的象征。
你的白堤上　　滚过帝王的车马
孩子的滑动摇篮。
我在南山路的酒吧里品茗看你。
我感觉我在较为深入地认识你。
越过你的保俶山　吴山　进入你的水中。
啊！不要逼我说出。
让我相信自己在接近你的核心。
让我绕过秦桧的东窗和岳飞的风波亭
用鱼的眼睛天真地看你。

我用市政府官员自信的眼神看你。
云栖在西风飞鸟间　我在
更深的地方。在南屏晚钟里
曲院风荷的花蕊
熙熙攘攘的节日大街的内部。
在一切水清澈流过之所　　我都听见
孩子的欢唱 情人的吻声。
杭州！你的人民
是天堂居住者　头戴桂花的金冠。
社会主义初级阶段的谷物喂养着他们。
我逸兴遄飞登上玉皇山　用卫星
设计师的眼睛看你。

眺望你的山水　建筑　习俗　气养
道路　未来。

我也用食品检验员的挑剔目光看你。
怀里揣着文化定位器　　追随西泠的香尘
和张苍水坟头的一脉英气。
在任何建设着和拆毁着的地方
我都会突然出现。
西博会贵宾席上　　我用新款小灵通
给苏东坡打电话。而杨公堤无我茶会
又有多少古代贤者于座中散坐
醉心讨论诗情和疏浚西湖新的技术。
我深知乘坐雷峰塔的现代化电梯
决计到达不了你精神的峰顶。
杭州！我该如何在你的立交桥上
凭吊凤凰山的黯然王气？
多少灯红酒绿的夜晚　　我击箸而歌
用希望工程发起人的眼睛看你。

我用职业政治家自信的目光看你。
我用南宋官话说出我的爱情。
并且从诗行中
果断删去地摊　　化工厂
宋城　　卫生监督员
和灵隐售票处忙碌的窗口。

有如秋风中淡淡绽放的
桂子的清香。
你　　美和文化　　温情的象征。
水中的城市　　我用我自己的眼睛看你。
诗人的眼睛　　饱经巨大的沧桑与光荣。
现在我疲倦了　　就让我靠着你吧！
让我在你宁静的水波里睡上一会儿吧！

NEW CHINA

70

YEARS

EXCELLENT LITERARY
WORKS LIBRARY

1949–2019

新中国70年
优秀文学作品文库

诗歌卷
POEMS

李少君／主编

中国言实出版社

本卷目录

第二卷

我追随在祖国之后

我的足音，是我和道路终生不渝的契约，
是我亲吻大地得到的响应。
我渴求污垢不要沾染母亲的花裙，
难道是我过分？不！是人子爱她之深。
我愿做她驱使的舟楫和箭，水火相随；
我愿如驼队，昂首固执地穿越戈壁，
背负她沉重的美好，以罗盘做我的心。

渴望她优美的形象映红世界民族之林，
我探索风向标的误差，知足者的衰微；
探索人们对真理的怀念，对美学的虔诚；
思忖粉饰的反作用，偶像的破坏性能；
考核安乐椅的磨损力，先民们的艰辛；
查证狂欢时的失误，严谨时的繁盛；

研究实事求是的哲学，刚直不阿的本分……

我探索，拥抱阳光，栉风沐雨，
曾鲁莽，造次，也曾执着，认真；
时而在严肃中思考，时而在意料外欢欣；
我以惭愧去接受不幸，我走向沼泽，
深入茫无涯际的古林，蚊蚋如雾的处女地；
历经了种种炼火，我仍是母亲衣领上
一根纬线，时刻闻着她芬芳的呼吸。

我是滚滚波涛中微不足道的一滴水，
我是银河系中最渺小的一颗星，
我是横越荒寒的天鹅翅上的一片毛羽，
我是组成驼铃曲中的短促一声……
昨天已经死去，明天即将诞生，
探索的岂止是我，是一支欢快的队伍，
一个自强的民族，我是走在最后一人。

我不属于我，我属于历史，属于明天，
属于祖国——花冠的头顶，风的脚步，太阳的心。
从黎明玫瑰色的云朵穿过，向远方，
如风吹，如泉流，如金鼓，如急钲，
一声呼，一声唤，一声笑，一声吟，
款款叩击着出生我的广袤大地，
这行进之音，恳切而深深，
像探索一样无尽……紧紧把祖国追随。

探求

亿万探求者不断求索，
于荆棘中把路开拓，
之所以手握刀剑，
只因为脚下坎坷。

刀剑煅于烈火，
热血腾若江河，
生命虽是珍贵的色彩，
为祖国涂抹何须斟酌。

二十二年前的“探求者”啊，
走着呢还是已经安卧？
只要船身是钢铁造成，

就不会朽，也不会中途停泊。

如果人人都无所探求，
真理何日捕获？
但愿为探求而受难的人，
宽慰于演完最后一幕。

多少才华熄灭了光柱，
多少星辰不再闪烁；
历史最怕回头去看，
一看更教人惊心动魄！

但是请相信，请相信吧。
有爱情就不会沦落，
活着为祖国探路求春，
死了为祖国填沟补壑。

一旦阳光从高天洒泻，
该复活的就全都复活；
顽固不化的探求者啊，
生死跳一个爱的脉搏。

须发不经流年磨，
确乎白了许多；
心没有白，血没有白，

且捧给四化的滚滚雄波！

做推波助澜的风，
做风水迸溅的泡沫，
或者化青春为一片硬土，
铺河床供激涛涌过。

啊，一如这波涛不可抗拒，
探求的权利不可剥夺；
让我们高举探求的刀剑，
教全球惊看中国！

新居

九平方米，我很满意，
这是我的新居。
妻子嫌小，她忘了
我们曾四海为家，
惟独没有过立锥之地：
而这间斗室，
盛满了夜的温馨，
也盛满日的清丽。

我的旧居离这儿很远，
搬这次家
耗去我四分之一个世纪
中途打烂了坛坛罐罐

也几乎丢失了全部行李
搬家，或许是一次流动展览，
我无法同别人比拟
我的展品落后于当代
且无不带有水火痕迹，
就连这幅画，这匹奔马，
也由于长年蜷曲而钝了四蹄
我不幸正好属马
又过了知天命的年纪，
一切毫不足惜
这世界，
我是赤裸裸地走来
也将赤裸裸地离去。
我只希望，
有朝一日我弥留之际，
祖国能掏出怀里的尺
纪念中国改革
量一量儿子与娘的确切距离，
纵有时隐隐匿匿，扭扭曲曲，
倘最终算出
开放三十年诗选
儿心娘心原叠在一起，
那，便有一次激烈的搏动，
将我最后一滴血
抖进娘的脉管里

便有两眶热液
润我双目而闭合安息。

安息
这能是我活着的目的？
难道，祖国伸出暖人的手
将我搂进怀里
在我有形无形的伤口
涂抹爱的膏剂
只是为了我乐享天年，
用这四壁的洁白
养一个混沌胴体
只是为了让我
替子女酿造一房蜂蜜，
替自身寻找一块宿地？
不，这不是我的追求
我没有这个权利
大火熏烤，大浪拍击，
对生活我总是不尽依依
我死死抱住我的生命，
并非为今日的乔迁之喜

于是我发现，
知我者还是我妻，
她在我案头拧紧闹钟，

把徐悲鸿的奔马也悬诸高壁；
是了是了
这九平米里
卷起了腾腾不灭的蹄音，
像一支撼我心肺的歌曲
哦，我的新居，
搬进我的人、我的魂，
也搬进我遗失许久的
效命中华的契机！

昌 耀

慈航

一、爱与死

是的，在善恶的角力中
爱的繁衍与生殖
比死亡的戕残更古老、
更勇武百倍。

我，就是这样一部行动的情书。

我不理解遗忘。
也不习惯麻木。
我不时展示状如兰花的五指
朝向空阔弹去——
触痛了的是回声。

然而，

只是为了再听一次失道者

败北的消息

我才拨弄这支

命题古老的琴曲？

在善恶的角力中

爱的繁衍与生殖

比死亡的戕残更古老、

更勇武百倍。

二、记忆中的荒原

摘掉荆冠

他从荒原踏来，

重新领有自己的运命。

眺望旷野里

气象哨

雪白的柱顶

横卧着一支安详的箭镞。……

但是，

在那不朽的荒原——

不朽的

那在疏松的土丘之后竖起前肢

独对寂寞吹奏东风的旱獭

是他昨天的影子？

不朽的——
那在高空的游丝下面冲决气旋
带箭失落于昏溟的大雁、
那在闷热的刺棵丛里伸长脖颈
手持石器追食着蜥蜴的万物之灵
是他昨天的影子？

在不朽的荒原。
在荒原不朽的暗夜。
在暗夜浮动的旋梯——
那烦躁不安闪烁而过的红狐、
那惊犹未定倏忽隐遁的黄鼬、
那来去无踪的鸱鸺、
那旷野猫、
那鹿麂、
那磷光、
……可是他昨天的影子？

我不理解遗忘。
当我回首山关，
夕阳里覆满五色翎毛，
——是一座座惜春的花冢。

三、彼岸

于是，他听到了。
听到土伯特人沉默的彼岸
大经轮在大慈大悲中转动叶片。
他听到破裂的木筏划出最后一声长泣。

当横扫一切的暴风
将灯塔沉入海底，
旋涡与贪婪达成默契，
彼方醒着的这一片良知
是他唯一的生之涯岸。

他在这里脱去垢辱的黑衣，
留在埠头让时光漂洗，
把遍体流血的伤口
裸陈于女性吹拂的轻风，
是那个以手背遮羞的处女
解下抱襟的荷包，为他
献出护身的香草……

在善恶的角力中，
爱的繁衍与生殖
比死亡的戕残更古老、
更勇武百倍！
是的，

当那个老人临去天国之际
是这样召见了自己的爱女和家族
“听吧，你们当和睦共处。
他是你们的亲人、
你们的兄弟，
是我的朋友，和
——儿子！”

四、众神

再生的微笑
是劫余后的明月。

我把微笑的明月
寄给那个年代
良知不灭的百姓。
寄给弃绝姓氏的部族。
寄给不留墓冢的属群。

那些占有马背的人，
那些敬畏鱼虫的人，
那些酷爱酒瓶的人，
那些围着篝火群舞的，
那些卵育了草原、耕作牧歌的，
猛兽的征服者，
飞禽的施主，

炊烟的鉴赏家，
大自然宠幸的自由民，
是我追随的偶像。

——众神！众神！
众神当是你们！

五、众神的宠偶

这微笑
是我缥缈的哈达
寄给天地交合的夹角
生命傲然的船桅。
寄给灵魂的保姆。
寄给你——
草原的小母亲。

此刻
星光之曲
又从寰宇
向我散发出
有如儿童肤体的乳香；
黎明的花枝
为我在欢快中张扬，
破译出那泥土绝密的哑语。

你哟，踮起赤裸的足尖
正把奶渣晾晒在高台。
靠近你肩头，
婴儿的内衣在门前的细丝
以旗帜的亢奋
解说万古的箴言。
墙壁贴满的牛粪饼块
是你手制的象形字模。
轻轻摘下这迷人的辞藻，
你回身交给归来的郎君，
托他送往灶坑去库藏。

（我看到你忽闪的睫毛
似同稞麦含笑之芒针；
我记得你冷凝的沉默
曾是电极触发之弧光。）

那个夜晚，正是他
向你贸然走去。
向着你贞洁的妙龄，
向着你梦求的摇篮，
向着你心甘的苦果……
带着不可更改的渴望或哀悼，
他比死亡更无畏——
他走向彼岸，

走向你
众神的宠偶!

六、邂逅

他独坐裸原。
脚边，流星的碎片尚留有天火的热吻。
背后，大自然虚构的河床——
鱼贝和海藻的精灵
从泥盆纪脱颖而出，
追戏于这日光幻变之水。

没有墓冢。
鹰的天空
交织着钻石多棱的射线。

直到那时，他才看到你从仙山驰来。
奔马的四蹄陡然在路边站定。
花蕊一齐摆动，为你
摇响了五月的铃铎。

——不悦么，旷野的郡主?
……但前方是否有村落?

他无须隐讳那些阴暗的故事、
那些镀金的骗局、那些……童话。

他会告诉你有过那疯狂的一瞬——
有过那春季里的严冬：
冷酷的纸帽，
癫醉的棍棒，
嗜血的猫狗……

天下奇寒，雏鸟
在暗夜里敲不醒一扇
庇身的门窦。

他会告诉你：
为了光明再现的柯枝，
必然的妖风终将他和西天的羊群一同裹挟……

他会告诉你那个古老的山岬
原本是山神的祭坛。
秋气之中，间或可闻天鹅的呼唤，
雪原上偶尔留下
白唇鹿的请柬，
——那里原是一个好地方。……
……
……
黄昏来了，
宁静而柔和。
土伯特女儿墨黑的葡萄在星光下思索，

似乎向他表示：

——我懂。

我献与。

我笃行……

于是，那从上方凝视他的两汪清波

不再飞起迟疑的鸟翼。

七、慈航

花园里面的花喜鹊

花园外面的孔雀

——本土情歌

于是，她赧然一笑，

从花径召回巡守的家犬，

将红绡拉过肩头，

向这不速之客暗示：

——那么，

把我的鞍辔送给你呢

好不好？

把我的马驹送给你呢

好不好？

把我的帐幕送给你呢

好不好？

把我的香草送给你呢
好不好？

美呵，——
黄昏里放射的银耳环，
人类良知的最古老的战利品！

是的，在善恶的角力中
爱的繁衍与生殖
比死亡的戕残更古老、
更勇武百倍！

八、净土（之一）

雪线……
那最后的银峰超凡脱俗，
成为蓝天晶莹的岛屿，
归属寂寞的雪豹逡巡。
而在山麓，却是大地绿色的盆盂，
昆虫在那里扇动翅翼
梭织多彩的流风。

牧人走了，拆去帐幕，
将灶群寄存给疲惫了的牧场。
那粪火的青烟似乎还在召唤发酵罐中的
曲香，和兽皮褥垫下肢体的烘热……

在外人不易知晓的河谷，
已支起了牧人的夏宫，
土伯特人卷发的婴儿好似袋鼠
从母亲的袍襟探出头来，
诧异眼前刚刚组合的村落。

……一头花鹿冲向断崖，
扭作半个轻柔的金环，
瞬间随同落日消散。
而远方送来了男性的吆喝，
那吐自丹田的音韵，久久
随着疾去的蹄声在深山传递。

高山大谷里这些乐天的子民
护佑着那异方的来客，
以他们固有的旷达
决不屈就于那些强加的忧患
和令人气闷的荣辱。

这里是良知的净土。

九、净土（之二）

……而在白昼的背后
是灿烂的群星。

升起了成人的诱梦曲。
筋骨完成了劳动的日课，
此刻不再做神圣的醉舞。
杵杆，和奶油搅拌桶
最后也熄灭了象牙的华彩。

沿着河边
无声的栅栏——
九十九头牦牛以精确的等距
缓步横贯茸茸的山阜，
如同一列游走的
堠堡。

灶膛还醒着。
火光撩逗下的肉体
无须在梦中羞闭自己的贝壳。
这些高度完美的艺术品
正像他们无羁的灵魂一样裸露，
承受着夜的抚慰。

——生之留恋将永恒、永恒……

但在墨绿的林莽，
下山虎栖止于断崖，

再也克制不了难熬的孤独，
飞身擦过刺藤。
寄生的群蝇
从虎背拖出了一道噼啪的火花，
急忙又——
追寻它们的宿主……

十、沐礼

他是待娶的“新娘”了！

在这良宵
为了那个老人临终的嘱托，
为了爱的最后之媾合，
他敧立在红毡毯。
一个牧羊妇捧起熏沐的香炉
蹲伏在他的足边，
轻轻朝他吹去圣洁的
柏烟。

一切无情。
一切含情。
慧眼
正宁静地审度
他微妙的内心。

心旌摇荡。
窗隙里，徐徐飘过
三十多个祈福的除夕。……
烛台遥远了。
迎面而来——
他看到喜马拉雅丛林
燃起一团光明的瀑雨。
而在这虚照之中潜行
是万千条挽动经轮的纤绳……

他回答：
——“我理解。
我亦情愿。”

迎亲的使者
已将他搀上披红的征鞍，
一路穿越高山冰坂，和
激流的峡谷。
吉庆的火堆
也已为他在日出之前点燃。
在这处石砌的门楼他翻身下马，
踏稳那一方
特为他投来的羊皮。
就从这坚实的舟楫，
怀着对一切偏见的憎恶

和对美与善的盟誓，
他毅然跃过了门前守护神狞厉的火舌。

……然后
才是豪饮的金盏。
是燃烧的水。
是花堂的酥油灯。

十一、爱的史书

……
……

在不朽的荒原。
在荒原那个黎明的前夕，
有一头难产的母牛
独卧在冻土。
冷风萧萧，
只有一个路经这里的流浪汉
看到那求助的双眼
饱含了两颗痛楚的泪珠。
只有他理解这泪珠特定的象征。

——是时候了：
该出生的一定要出生！
该速朽的必定得速朽！

他在绳结上读着这个日子。
那里，有一双佩戴玉镯的手臂
将指掌抠进黑夜模拟的厚壁，
绞紧的辫发
搓揉出蕴积的电火。

在那不见青灯的旷野，
一个婴儿降落了。

笑了的流浪汉
读着这个日子，潜行在不朽的
荒原。
——你呵，大漠的居士，笑了的
流浪汉，既然你是诸种元素的衍生物，
既然你是基本粒子的聚合体，
面对物质变幻无涯的迷宫，
你似乎不应忧患，
也无须欣喜。

你或许
曾属于一只
卧在史前排卵的昆虫；
你或许曾属于一滴
熔落古鼎享神的

浮脂。

设想你业已氧化的前生
织成了大礼服上的绶带；
期望你此生待朽的骨骸
可育作沙洲一株啸傲的红柳。
你应无穷的古老，超乎时空之上；
你应无穷的年轻，占有不尽的未来。
你属于这宏观整体中的既不可多得、
也不该减少的总和。

你是风雨雷电合乎逻辑的选择。
你只当再现在这特定时空相交的一点。
但你毕竟是这星体赋予了感官的生物。
是岁月有意孕成的琴键。

为了遗传基因尚未透露的丑恶，
为了生命耐力创纪录的拼搏，
你既是牺牲品，又是享有者，
你既是苦行僧，又是欢乐佛。
……
……
是的，在善恶的角力中
爱的繁衍与生殖
比死亡的戕残更古老。

更勇武百倍！

十二、极乐界

当春光
与孵卵器一同成熟，
草叶，也啄破了严冬的薄壳。
这准确的信息岂是愚人的谵妄？

万物本蕴涵着无尽的奥秘：
地幔由运动而矗起山岳；
生命的晕环敢与日冕媲美；
原子的组合在微观中自成星系：
芳草把层层色彩托出泥土；
刺猬披一身锐利的箭镞。……

当大道为花圈的行列开放绿灯，
另有一支仅存姓名的队伍在影子里欢呼着进行。

是时候了。
该复活的已复活。
该出生的已出生。

而他——
摘掉荆冠
从荒原踏来，

走向每一面帐幕。
他忘不了那雪山，那香炉，那孔雀翎。
他忘不了那孔雀翎上众多的眼睛。
他已属于那一片天空。
他已属于那一方热土。
他已属于那一个没有王笏的侍臣。

而我，
展示状如兰花的五指
重又叩响虚空中的回声，
听一次失道者败北的消息，
也是同样地忘怀不了那一切。

是的，将永远、永远——
爱的繁衍与生殖
比死亡的戕残更古老、
更勇武百倍！

木轮车队行进着

木轮车队行进着。
遥远的木轮车队是灰色的：
听不见尘土。听不见马蹄。
听不见辊轴的轧动。
　　——这车队好像并未行进着？这车队
　　一扇扇高耸的车翼好像并未行进着？
　　这高耸的一扇扇车翼
　　好像只是坐立在黄河岸头的一扇扇戽水的圆盘？

但是，木轮车队始终在行进着。
它们是从烟色氤氲的土窑旁行进而来。
是从村道口、
是从湿漉漉的井台边、

是从贴有红双喜窗花的花烛夜
行进而来。行进于
鸡的叫、
狗的咬、
猪的奔突。
行进于闹嚷的集市、穗的波与孤寂的
荒原。从行进而来的黎明，
它们支起的车幕
落有三月的露滴、
　　七月的彩虹、
　　十一月的白霜……
木轮车队行进着。
没有一辆木轮车不是在行进着。
它们滚动的投影舒缓而齐整，
有些儿蹒跚，有些儿迷惑。

但是，木轮车队始终在行进着。
木轮车队高耸的轮翼始终在行进着。
行进着的轮翼
在大路的转角迟疑了一下，
——仅只迟疑了一下，
就又朝向前方的大路滚将而去，
使旷野有了连续的呼唤，
使涸泽发出流水般的喧哗。……

——因了这土地特有的朴拙，
斫轮者的先祖，最初
才将这一扇扇智慧的轮翼，
砍削得如此崔嵬而莽撞么?

木轮车队行进着。
是灰色的。
是红色的。
是蓝色的。
而在黑色的车幕下
车户哥儿借着夜色休憩，
在行进中
唯有戛然止息的车轮可以将其惊醒。

致跨世纪的青年公民

已经成为历史的二十世纪哟，
是一个战争的世纪！
在这个世纪里
我们曾遭遇了
两次世界大战的瘟疫；
已经成为历史的二十世纪哟，
是一个和平的世纪！
在这个世纪里
野兽般的瘟疫
逼出了团结和正义，
已经成为过去的二十世纪哟，
是一个爬行的世纪
在这个世纪里
一切都在爬行

标志是老牛和破犁——
老牛拉着车
苦难把车轮子压得
咯吱咯吱咯吱……

已经成为过去的二十世纪哟，
是一个腾飞的世纪！
在这个世纪里
一切都在飞行
代号是光子和电子
卫星和太空船
电脑和机器人
是人类
在心中长出的羽翼……

当然，对于二十世纪的耕耘
主要是由我们的长辈们
掌着犁，摇着耧
由我们的父兄们
开着拖拉机，播种机
然而，我们毕竟是二十世纪末的孩子，
我们也曾在
二十世纪的晚霞里
向长辈们学习耕耘，
像诗人们在方格纸上

打下的省略号一样，
我们也把自己省略号一般的汗珠
向大地上滴落
一滴，一滴……
像画家们在宣纸上
泼洒色彩一样，
我们也把自己色彩一般的血液
在人世间涂抹
一笔，一笔……
我们曾经结队走向博物馆
去参观我们的
祖父们和祖母们的展览——
我们看到
祖父们的肠胃里
野菜仍然在叹息
啊，我们原来是
饥饿的子孙！
我们看到
祖母们的臂膀上
褴褛仍在战栗，
啊，我们原来是
寒冷的后裔！
我们也曾成群走进档案馆
去阅读我们的
父亲们和母亲们的档案——

我们读到
父亲们的肩背上
子弹烙下的印记,
啊,我们,我们不应该修正
我们民族的
不甘屈辱的脾气!
我们读到
母亲们的手指下
针线绣出的红旗,
啊,我们,我们怎能够涂改
我们祖国的
热烈燃烧的履历!

正是这样,
由祖母们和母亲们
拉着我们的手,
我们紧跟在
祖父们和父亲们的身后,
一步一个脚印,
踩着他们的足迹——
我们上路了,
在二十世纪的
最后的、
但是最明丽的晨曦中,
最和煦的春风里……

二十一世纪向我们走来了！
——不
是我们
向二十一世纪勇敢地走去！
——不，
是我们
向二十一世纪疾速地跑去！
——不，
是我们
向二十一世纪矫健地飞去！

我们的祖先啊，
曾经是何等的智慧！
他们在为我们
创造了稳当当的
一脚着地、一脚腾空的“走”字之后，
怕我们挨打！
怕我们受气！
——便同时为我们创造了
两脚同时腾空的“跑”
和展开双翅翱翔的“飞”！
然而，在很长的一段历史里
我们只是慢腾腾地走啊，
慢得甚至踩死了路上的蚂蚁……
就在我们慢腾腾地行走的时候，

别人却用双脚
在大地上写着“跑”字，
有人还用翅膀
在天空中写着“飞”字；
于是，我们落后了，
落后就要挨打——
他们甚至用我们的祖宗们
发明的火药
照着我们的胸膛射击！
于是，我们贫穷了，
贫穷就要受气——
我们甚至在我们的先人们
发明的纸张上
写下了卖身契！

是时候了！
是我们
重新认识
每一个方块字的时候了！
我们必须
慎重地审视
每一画，真正的内涵；
我们必须
严肃地对待
每一笔，深刻的意义——

让我们和高速公路上的
每一辆“红旗”
每一辆“解放”
一起跑步出发吧！
让我们和万里长空中的
每一枚“长征甲”
每一枚“长征乙”
比翼展翅腾飞！

跑啊，我们在新世纪的风浪里跑啊，
在马六甲城外
请停一下，请稍息；
让我们到“中国山”上走一走，
请脱帽，
请敬礼——
为了郑和的船队里
那在风浪中献身的
几百位长眠此地的中国水手，
以及他们
他们那不瞑的双眸
和没有被时间冷却的呼吸！
请他们向我们讲述，
讲述关于
一往直前的畅想和梦想；
请他们向我们传授，

传授关于
乘风破浪的魄力和魅力！
飞啊，我们在新世纪的云霞里飞啊，
在洛杉矶上空
请停一下，请小憩；
让我们到唐人城中站一站，
请鞠躬，
请沉思——
请向立于此地的
孙中山先生
真真诚诚地请教，
同时要请教他的
那一肩花雨洒落
和两袖海风飘逸！
请他向我们演讲
演讲关于
关于为公的理论和理想；
请他向我们训示
训示关于
富民强国的紧迫和紧急！

跑啊，我们有最好的跑道——
我们的跑道的地基
是被我们的最早的诗歌
“吭唷吭唷”而夯实的地基；

我们的跑道下面
很坚实地夯进了
鉴真东渡那水上的脚印
和张骞西行那带血的马蹄……
在这样的道路上跑哟，
我们是历史发射的箭
将嗖嗖嗖嗖不回头；
我们是未来放出的马
将踏踏踏踏奔腾急……

傅天琳

我为什么不哭

我为什么不哭
你给了我哭的时间吗

我唯一的母亲，那么多母亲被掩埋
我唯一的孩子，那么多孩子被掩埋
我唯一的兄弟，那么多兄弟被掩埋

我得刨，加紧刨啊
我刨了三天三夜，还在刨
我刨了九天九夜，还在刨

就当我是那条搜救犬吧

从泥石里，从钢筋瓦砾里
从窄窄的生命的缝里，一刻不停地

我在和谁竞赛，我必须赢
我必须早一秒到达
早一秒，废墟里的太阳就刨出来了

我必须从自己的废墟起身
必须认识灾难
必须向黑色聚拢

没有路
我必须携带着自己的道路而来
犹如携带着伤口而来

天崩地裂
悲痛那么宽

悲痛是一种多么巨大的力量
大地突然间生出那么多感动，泪水，敬意和照耀
伟大磅礴而浩荡总是一言不发

我的爱从来没有这样沉重这样饱满
我必须是我家乡的春天
我必须是重新的花香

我为什么不哭，我能不哭吗
尤其面对一长排一长排
色彩明丽装满朗朗读书声的书包

尤其面对散落的课本
天堂里的白蝴蝶
纷纷起舞，像滔滔的翅膀

我能不哭吗
我还是不能哭

我得加紧刨啊
偶尔打个小盹
我也在用梦的爪子来刨
用大把大把的眼泪来刨

自豪吧，士兵

我自豪的当上了一名士兵
每月只有十块钱的薪金
它不够一瓶茅台酒一条大中华
但我富裕 心里缀满了珍珠
十块钱 二百枚五分的硬币
假若这样被购买 那我拒绝应征

我的一滴血 价值连城
我的一滴汗 点石成金
假若从事文学 我可能成为李白
假若从事科学 我可能成为牛顿
即使是厮守田园耕耘播种
也一定会让土地捧出三倍的收成

但当兵是我的夙愿
就像普希金渴求成为诗人

我愿踏着这沉重的战鼓
在洒满鲜血的泥泞中前进
我爱冲锋枪的猩黑 刺刀的霜洁
我爱手榴弹的冲动 爆破筒的沉静
我是世代农民的儿子
不因脚板走惯了山路而追求跋涉长途行军
不因体魄强健而渴求厮拼
不因当一名将军而改换门庭
不因得几枚勋章炫耀终身
为婴儿的姣甜 我才愿流血
为初恋的红晕 我才愿忍痛
为红花笑得可爱 为秀竹绿得动心
为橄榄林的恬静 为和平鸽的笛音
为炊烟的自由升腾 为车轮的狂热飞奔
啊 我这宽厚的肩膀哟
才愿扛起这所有的不幸

我是青年

人们还叫我青年……
哈……我是青年！

我年轻啊，我的上帝！
感谢你给了我一个不出钢的熔炉，
把我的青春密封、冶炼；
感谢你给了我一个冰箱，
把我的灵魂冷藏、保管；
感谢你给了我烧山的灰烬，
把我的胚芽埋在深涧；
感谢你给了我理不清的蚕丝，
让我在岁月的河边作茧。
所以我年轻——当我的诗句

出现在人们面前的时候，
竟像哈萨克牧民的羊皮口袋里
发酵的酸奶子一样新鲜！

……哈，我是青年！
我年轻啊，我的胡大！
就像我无数年轻的同伴——
青春曾在沙漠里丢失，
只有叮咚的驼铃为我催眠；
青春曾在烈日下暴晒，
只留下一个难以辨清滋味的杏干。
荒芜的秃额，也许是早被弃置的土丘，
弧形的皱纹，也许是随手画出的抛物线。
所以我年轻——当我们回到
春天的时候
你看看我，我看看你，
哈……我们都有了一代人的特点！

我以青年的身份
参加过无数青年的会议，
老实说，我不怀疑我青年的条件。
三十六岁，减去“十”，
正好……不，团龄才超过仅仅一年！
《呐喊》的作者
那时还比我们大呢，

比起长征途中那些终身不衰老的
年轻战士，
我们还不过是“儿童团”！
……哈，我是青年！

嘲讽吗？那就嘲讽自己吧，
苦儿的辛辣——带着咸。
祖国哟！
是您应该为您这样的儿女痛楚，
还是您的这样的儿女
应该为您感到辛酸？

我，常常望着天真的儿童，
素不相识，我也抚抚红润的小脸。
他们陌生地瞅着我，歪着头，
像一群小鸟打量着一个恐龙蛋。
他们走了，走远了，
也许正走向青春吧，
我却只有心灵的脚步微微发颤……
……不！我得去转告我的祖国：
世上最为珍贵的东西，
莫过于青春的自主权！

我爱，我想，但不嫉妒。
我哭，我笑，但不抱怨。

我羞，我愧，但不自弃。
我怒，我恨，但不悲叹。
既然这个特殊的时代
酿成了青年特殊的概念，
我就要对着蓝天说：我是——青年！

我是青年——
我的血管永远不会被泥沙堵塞；
我是青年——
我的瞳仁永远不会拉上雾幔。
我的秃额，正是一片初春的原野，
我的皱纹，正是一条大江的开端。
我不是醉汉，我不愿在白日说梦；
我不是老妇，絮絮叨叨地叹息华年；
我不是猢狲，我不会再被敲锣者戏耍；
我不是海龟，昏昏沉睡而益寿延年。
我是鹰——云中有志！
我是马——背上有鞍！
我有骨——骨中有钙！
我有汗——汗中有盐！
祖国啊！
既然您因残缺太多
把我们划入了青年的梯队，
我们就有青年和中年——双重的肩！

悬崖边的树

不知道是什么奇异的风
将一棵树吹到了那边——
平原的尽头
临近深谷的悬崖上

它倾听远处森林的喧哗
和深谷中小溪的歌唱
它孤独地站在那里
显得寂寞而又倔强

它的弯曲的身体
留下了风的形状
它似乎即将倾跌进深谷里
却又像是要展翅飞翔……

陈敬容

老去的是时间

怎能说我们就已经
老去？——老去的
是时间，不是我们；
我们正该是时间的主人。

深重的灾难曾经
像黄连般苦，墨一般浓——
凄厉的、漫长的寒冬！

枯尽了，遍野的草；
新生的丛林一望青葱；
高岩上挺立着苍松。

亿万颗年轻的心，
冲出层冰，
阳光下欣欣颤动。

让我们和你们，
手臂连接成长龙，
去敲响黎明的钟，
召唤那清新的风！

百舌鸟

在明媚太阳的金光下，
在辽阔草原的和风中，
一只善鸣的百舌鸟，
欢快地啼叫飞腾。
在乳厂挤奶员的身旁，
在放苏鲁克[①]的牧民头上，
在空气清新的早晨，
它愉悦地歌唱飞翔。
它跳跃于电杆的顶端，
它飞绕于烟囱的周围，
它跟随着竞赛的青年，

① 苏鲁克，即畜群。

婉转地啼鸣盘旋。
穿过茂密的枝丫，
越过怒放的花丛，
充当着欢乐的使者，
轻快地鸣叫飞行。
在银光闪烁的汽车旁，
在千里碧绿的田野上，
在清波涟漪的水库边，
歌鸟在啼唱翱翔。
那热情洋溢的劳动，
那自由幸福的天空，
那北国秀丽的风光，
激发了它雄浑的声音。
它为美丽的景象倾心，
它为灿烂的风光激荡，
这只天上美妙的歌鸟，
就像草原的歌手奔忙。
它激动着人们的心弦，
毫无孤寂地歌唱遨游，
这琅琅啼鸣的百舌鸟，
是我们广阔草原的歌手。

浩海　译

慈善家狮子

狮子自封为伟大的慈善家，
要向群兽表示一下善心，
急忙召来狼军师和狐狸博士，
一次秘密会议就在御前举行。

狼军师连忙扣头启奏：
“这件小事何用主上劳神？
只要拿出您库存的万分之一，
就足够饱享整个的山林。”

“胡说，难道要我变成赤贫！”
狮王大怒，一口咬断狼的脖颈。
狐狸博士早猜透了狮王的心意：

“主上啊，这件事可要三思而行。

最好是把您吃剩的骨头，
高高挂在每一家的大门。
闻一闻这骨头的奇香异味，
已经是贱兽们的最大福音。

无论是谁闻到一点香味，
就请他献出全身的肉来谢恩；
要是有人胆敢捂住鼻子，
就要给一下煎锅的处分。”

狮王满意地批准了狐狸的方案，
所有的骨头立刻打包启运。
闻香和掩鼻有绝对的自由，
献肉和被煎是完全的平等。

真是皇恩浩荡，泽遍苍生，
御厨锅铲应和着教堂钟声。
狮王打着饱嗝天天祈祷：
“愿上帝为群兽降福，阿门！”

晓　雪

采花路

敲响所有的铓锣，
每一块石头都发出回声，
年轻人的心跳得多么急促呵，
想把太阳也当一面象脚鼓！……

提起花篮，挎起“筒巴”，
人人都走上采花的路，
一路阳光，一路春风，
一路上载歌载舞。

彩裙飘飘，
像花树在旋转
人群汹涌，

像云霞在流动。

路从寨子里来，
像七色的飘带；
路向花林中去，
像多彩的长虹。

采花的路呵欢乐的路，
一路阳光，一路春风，
给花山送去采花的人群，
给花海送去歌声的河流……

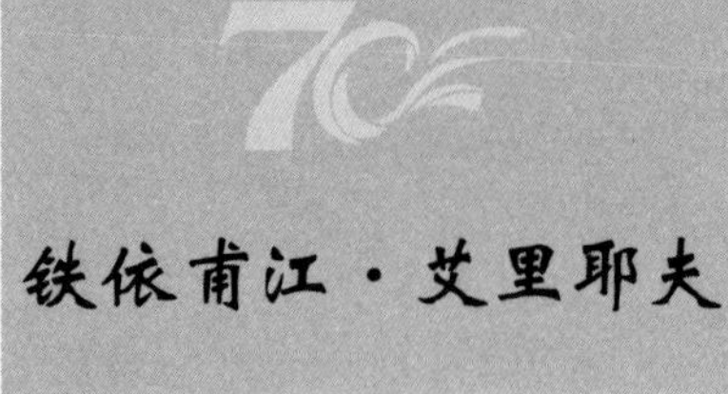

柔巴依[1]（六首）

一

如果艾沙圣人真的住在天上，
并且天堂还将为我开放，
那天堂的欢乐只是毒饵，
因为，离开祖国我不如死亡。

二

水滴汇聚成波澜壮阔的海洋，
没有大海，生活的帆樯就无法返航。
倘若为了你那涓滴沾沾自喜，
不妨试试，一滴水珠能将什么浮起！

① 柔巴依，维吾尔族古典诗歌的一种体裁。

三

不义之徒总是心虚胆怯，
这是绝对的永恒的真理；
要说他有不怕的东西，
那只是对羞耻无所顾忌。

四

辱骂诽谤立时就能感觉，
它像那明火执仗的强盗，
阿谀奉承却像一位客人，
可它比强盗更坏十分。

五

这宏伟的大厦俯瞰一切、直耸云霄，
（它还只是幸福金书的一页初稿）；
你问它来自何处，你说能来自何处？
它来自我们昨天挖的窑洞和战壕。

六

我从情人眼里寻找温柔的笑意，
看不见渴望的笑靥我只好叹气。
她说："你想看到笑容那也很容易，
只要把枪弹射向人民的仇敌。"

哈里木、王一之、刘长清、卜昭雨　译

故乡的风

人们常常谈论的
黄色的风哪里去了？
从青丝摇曳的垂柳那边，
轻轻吹来了淡绿色的风。
我故乡的风是绿色的，
我故乡的风是绿色的。

说唱艺人时时哀叹的
干旱的风哪里去了？
从碧波荡漾的水库上面，
徐徐飘来了湿淋淋的风。
我故乡的风是湿淋淋的，
我故乡的风是湿淋淋的。

行路人最最厌恶的
苦涩的风哪里去了？
从草原新城的街头，
姗姗送来了麝香味的风。
我故乡的风是芬芳的，
我故乡的风是芬芳的。

巴嘎邻　译

蓉　子

我的妆镜是一只弓背的猫

我的妆镜是一只弓背的猫
不住地变换它的眼瞳
致令我的形象变异如水流

一只弓背的猫　一只无语的猫
一只寂寞的猫　我的妆镜
睁圆惊异的眼是一镜不醒的梦
波动在其间的是
时间？　是光辉？　是忧愁？

我的妆镜是一只命运的猫
如限制的脸容　锁我的丰美于
它的单调　我的静淑

于它的粗糙　步态遂倦慵了
慵困如长夏!

舍弃它有韵律的步履　在此困居
我的妆镜是一只蹲居的猫
我的猫是一迷离的梦　无光　无影
也从未正确地反映我形象。

余光中

等你，在雨中

等你，在雨中，在造虹的雨中
蝉声沉落，蛙声升起
一池的红莲如红焰，在雨中

你来不来都一样，竟感觉
每朵莲都像你
尤其隔着黄昏，隔着这样的细雨

永恒，刹那，刹那，永恒
等你，在时间之外，
在时间之内，等你，在刹那，在永恒

如果你的手在我的手里，此刻

如果你的清芬
在我的鼻孔，我会说，小情人

诺，这只手应该采莲，在吴宫
这只手应该
摇一柄桂桨，在木兰舟中

一颗星悬在科学馆的飞檐
耳坠子一般的悬着
瑞士表说都七点了。忽然你走来

步雨后的红莲，翩翩，你走来
像一首小令
从一则爱情的典故里你走来

从姜白石的词里，有韵地，你走来

乡愁

小时候
乡愁是一枚小小的邮票
我在这头
母亲在那头

长大后
乡愁是一张窄窄的船票
我在这头
新娘在那头

后来啊
乡愁是一方矮矮的坟墓
我在外头

母亲在里头

而现在
乡愁是一湾浅浅的海峡
我在这头
大陆在那头

白玉苦瓜

——故宫博物院所藏

似醒似睡，缓缓的柔光里
似悠悠醒自千年的大寐
一只瓜从从容容在成熟
一只苦瓜，不再是涩苦
日磨月磋琢出深孕的清莹
看茎须缭绕，叶掌抚抱
哪一年的丰收像一口要吸尽
古中国喂了又喂的乳浆
完美的圆腻啊酣然而饱
那触觉，不断向外膨胀
充实每一粒酪白的葡萄
直到瓜尖，仍翘着当日的新鲜

茫茫九州只缩成一张舆图
小时候不知道将它叠起
一任摊开那无穷无尽
硕大似记忆母亲，她的胸脯
你便向那片肥沃匍匐
用蒂用根索她的恩液
苦心的悲慈苦苦哺出
不幸呢还是大幸这婴孩
钟整个大陆的爱在一只苦瓜
皮靴踩过，马蹄踩过
重吨战车的履带踩过
一丝伤痕也不曾留下

只留下隔玻璃这奇迹难信
犹带着后土依依的祝福
在时光以外奇异的光中
熟着，一个自足的宇宙
饱满而不虞腐烂，一只仙果
不产在仙山，产在人间
久朽了，你的前身，唉，久朽
为你换胎的那手，那巧腕
千眄万睐巧将你引渡
笑对灵魂在白玉里流转
一首歌，咏生命曾经是瓜而苦
被永恒引渡，成果而甘

蟋蟀吟

中秋前一个礼拜我家厨房里
怯生生孤伶伶添了个新客
怎么误闯进来的，几时再迁出
谁也不晓得，只听到
时起时歇从冰箱的角落
户内疑户外惊喜的牧歌
一丝丝细细瘦瘦的笛韵
清脆又亲切，颤悠悠那一串音节
牵动孩时薄纱的记忆
一缕缕的秋思抽丝抽丝
再抽也不断，恍惚触须的纤纤
轻轻拨弄露湿的草原

入夜之后，厨房被蛊于月光
瓦罐铜壶背光的侧影
高高矮矮那一排瓶子
全听出了神，伸长着颈子
就是童年逃逸的那只吗？
一去四十年又回头来叫我？
入夜之后，人定火熄的灶头
另一种忙碌似泰国的边境
暗里的走私帮流窜着蟑螂
却无妨短笛轻弄那小小的隐士
在梦和月色交界的窗口
把银晶晶的寂静奏得多好听

柯　岩

周总理，你在哪里？

周总理，我们的好总理，
你在哪里呵，你在哪里？
你可知道，我们想念你，
——你的人民想念你！

我们对着高山喊：
周总理——
山谷回音：
“他刚离去，他刚离去，
革命征途千万里，
他大步前进不停息！”

我们对着大地喊：

周总理——
大地轰鸣：
“他刚离去，他刚离去，
你不见那沉甸甸的谷穗上，
还闪着他辛勤的汗滴……”

我们对着森林喊：
周总理——
松涛阵阵：
“他刚离去，他刚离去，
宿营地上篝火红呵，
伐木工人正在回忆他亲切的笑语。”

我们对着大海喊：
周总理——
海浪声声：
“他刚离去，他刚离去，
你不见海防战士身上，
他亲手给披的大衣……”

我们找遍整个世界，
呵，总理，
你在革命需要的每一个地方，
辽阔大地
到处是你深深的足迹。

我们回到祖国的心脏，
我们在天安门前深情地呼唤：
周——总——理——
广场回答：
“呵，轻些呵，轻些，
他正在中南海接见外宾，
他正在政治局出席会议……”

总理呵，我们的好总理！
你就在这里呵，就在这里。
——在这里，在这里，
在这里……

你永远和我们在一起
——在一起，在一起，
在一起……

你永远居住在太阳升起的地方，
你永远居住在人民心里。
你的人民世世代代想念你！
想念你呵（想念你）
想（念）你……

纪　弦

狼之独步

我乃旷野里独来独往的一匹狼。
不是先知，没有半个字的叹息。
而恒以数声凄厉已极之长嗥
摇撼彼空无一物之天地，
使天地战栗如同发了疟疾；
并刮起凉风飒飒的，飒飒飒飒的：
这就是一种过瘾。

鸟之变奏

我不过才做了个
起飞的姿势，这世界
便为之哗然了！

无数的猎人，
无数的猎枪，
瞄准，
射击：

每一个青空的弹着点，
都亮出来一颗星星。

彭燕郊

夜闻雁过

很静的深夜，静得叫人睡不着
静静里听到一阵雁叫
囚室里能看见的只有巴掌大的一块天
此刻又是深夜，只能凭直觉
估摸那是一只孤雁，在孤单而
这样凄切地啼叫失散了的伙伴

因为孤单，啼叫听起来
格外清晰，因为清晰好像看见
飞过暗沉沉夜空的孤单影子
因为它的孤单想到自己的孤单
因为孤单更加痛切地感到
生存的无奈，厚着脸皮，像个

真正的无赖，正是报纸上反复宣传的
被剥掉外衣，赤身露体
什么也没有了，除了尴尬和羞耻
然而却还这样多愁善感

当静静的深度听到暗沉沉夜空传来的
一阵雁声，居然引发许多许多无用的联想

难道是为了让自己尴尬得更加可笑
羞耻得更加难堪

远远飞去的孤雁是不会知道这些的
它只是一只鸟，不是这个年代这块土地上的人

华南虎

在桂林
小小的动物园里
我见到一只老虎。

我挤在叽叽喳喳的人群中
隔着两道铁栅栏
向笼里的老虎
张望了许久许久，
但一直没有瞧见
老虎斑斓的面孔
和火焰似的眼睛。

笼里的老虎

背对胆怯而绝望的观众，
安详地卧在一个角落，
有人用石块砸它
有人向它厉声呵喝
有人还苦苦劝诱
它都一概不理！

又长又粗的尾巴
悠悠地在拂动，
哦，老虎，笼中的老虎，
你是梦见了苍苍莽莽的山林吗？
是屈辱的心灵在抽搐吗？
还是想用尾巴鞭击那些可怜而又可笑的观众？

你的健壮的腿
直挺挺地向四方伸开，
我看见你的每个趾爪
全都是破碎的，
凝结着浓浓的鲜血，
你的趾爪
是被人捆绑着
活活地铰掉的吗？
还是由于悲愤
你用同样破碎的牙齿
（听说你的牙齿是被钢锯锯掉的）

把它们和着热血咬碎……

我看见铁笼里
灰灰的水泥墙壁上
有一道一道的血淋淋的沟壑
闪电那般耀眼刺目，
像血写的绝命诗！

我终于明白……
羞愧地离开了动物园。
恍惚之中听见一声
石破天惊的咆哮，
有一个不羁的灵魂
掠过我的头顶
腾空而去，
我看见了火焰似的斑纹
火焰似的眼睛，
还有巨大而破碎的
滴血的趾爪！

流浪人

被海的辽阔整得好累的一条船在港里
他用灯拴自己的影子在咖啡桌的旁边
那是他随身带的一种动物
除了它安娜近得比什么都远

椅子与他坐成它与椅子
坐到长短针指出酒是一种路
空酒瓶是一座荒岛
他向楼梯取回鞋声

带着随身带的那条动物
让整条街只在他的脚下走着
一颗星也在很远很远里

带着天空在走

明天当第一扇百叶窗
将太阳拉成一把梯子
他不知往上走还是往下走

阳光，谁也不能垄断

“我们要思想再解放一点。
胆子再大一点，
办法再多一点，
步子再快一点。”
多么热诚而迫切的希望。
多么准确而深刻的语言。

我们伟大的祖国，
前进的路上还有那么一点阻拦；
那是怎么样的一点呢？
看！窗外正是明媚的春天。
快捅破与世隔绝的窗纸吧！
就需要那么一点。

一点就破呀！
百花盛开，阳光灿烂；
我们的前景是那样美好。
原来就在一纸之隔的眼前！
那时我们再回顾身后狭小的四壁，
会感到多么局促和难堪。

我们就像蜷伏在蛋壳里的鹰，
苏醒了的鹰怎么能容忍窒息和黑暗？！
成长着的血肉之躯必须冲破束缚，
现状已经不能使我们羽翼丰满。
听！我们正在用嘴敲响通往蓝天的门，
就需要那么一点！

一点就破呀！
云海茫茫，太空蔚蓝，
我们的翅膀原来可以得到那么强大的风，
就在这透明的薄壁外边；
再使点劲就冲破了！
我们就会有一个比现在无限大的空间。

我们像喷射出来的泉水，
却滞留在群山之间；
枯枝、败叶挡住了我们的去路，

正孕育着奔放的追求和冲锋的勇敢；
微波正在腐朽的堤岸上寻找着缺口，
就需要那么一点！

一点就破呀！
大地辽阔，原野漫漫。
我们会对自己的力量感到震惊，
摧枯拉朽，一往无前！
只要再推动一下，
静静的积水立即会变成万里狂澜。

人类有过无数次跃进，
每一次都需要先突破一点。
当我们钻木找到第一颗火星，
我们很快就有了大规模的冶炼；
就出现了干将镆铘，
就锻制出削铁如泥的宝剑。

当我们在土洞前用手挖掘了一条水沟，
华夏很快就治理了洪水泛滥；
就出现了大禹王和他的子孙，
他们在大地上画出了山、水和农田；
从天上来的滔滔黄河，
成了哺育我们伟大民族的摇篮。

“帝王宁有种乎！”
陈胜在茫茫大泽之中登高一喊；
赤地千里揭竿而起，
梁山扎寨，闯王登上金銮，
一颗颗金刚石般的头颅，
把屠刀的刃锋碰卷。

压迫——反抗——屠杀，
一直继续了三千多年；
毛泽东提着一盏油灯，
开始照亮了一个山冲——韶山；
他寻找着拯救中国的道路，
他找到了那决定性的一点。

把马列主义的普遍真理，
和中国革命实践相结合；
敢于用中国革命实践去检验马克思、列宁，
又敢于请马克思、列宁来指导中国革命实践；
就那么一点，是的，就那么决定性的一点！
星星之火瞬息燎原。

我们的旗帜一展开就成为列强轰击的目标，
毛泽东面对着的是整个亚洲的黑暗；
还有几个“百分之百的布尔什维克”，
把毛泽东思想判为异端；

他们用豪言壮语去攻打大城市，
用精装的书本去抵挡炮弹。

红军不得不忍痛告别哭声震天的苏区，
被迫去冲击两万五千里雄关；
当我们的旗帜在长征中重新举起的时候，
她在人民心里又增添了千百倍光焰；
我们跟着她杀出了一个人民共和国，
在烈士鲜血浸透的土地上开垦良田。

六十年代、七十年代出了个“四人帮”，
老问题又酿成一场新灾难；
种田，用口号代替灌溉；
炼钢，用语录充当焦炭；
像巫婆那样装神弄鬼，
亿万架机床整整空转了十年！

他们把毛泽东思想任意剪裁，
随心所欲地糟践；
把上一句当作他们的护身符，
把下一句当作私刑的钢鞭；
闭着眼睛抽出任何一句都能为他们所用，
梦想踏着毛主席著作爬上女皇的圣殿。

用无止境的假“左”运动群众，

用无边际的谎言维持局面；
告密、跟踪、追捕，
儿童为了自卫都学会了表演；
“四人帮”毁了我们一代人的青春，
谁说……谁说只是十年？！

虽然人民已经把“四人帮”判了死刑，
他们身上的细菌还在空气中扩散；
无论好人还是坏人，
都可能受到传染；
有些人习惯性的神智不清，
把地球的正常转动看成天塌地陷。
有些人以真理的主人自居，
真理怎么能是某些人的私产！
他们妄想像看财奴放债那样，
靠讹诈攫取高额的利钱；
不！真理是人民共同的财富，
就像太阳，谁也不能垄断。

正因为真理对人民有用，
人民才有权让真理接受实践的检验；
人民有权在实践中鉴定真理，
充实它，让它和人类社会一起发展。
是渣——怕火也没用，
是钢——怕什么千锤百炼。

旗帜的真正捍卫者是人民。
人民为了保卫旗帜白骨堆成山；
人民为了保卫旗帜鲜血流成河，
谁也无权自任掌旗官！
试看那个自命为旗手的泼妇江青，
不是已经成为永世的笑谈了吗？！

“我们要思想再解放一点，
胆子再大一点。
办法再多一点，
步子再快一点。”
为了飞翔，为了奔腾！
我们一定能突破这决定性的一点……

（台湾）

（1930—2010），1950 年去台湾

长颈鹿

当那个年轻的狱卒发觉囚犯们每次体格检查时身长的逐月增加都是脖子之后，他报告典狱长说：“长官，窗子太高了！”而他得的回答却是：“不，他们瞻望岁月。”

仁慈的青年狱卒，不识岁月的容颜，不知岁月的籍贯，不明岁月的行踪；乃夜夜往动物园中，到长颈鹿栏下，去梭巡，去守候。

昨夜一千年

悲剧不属于黄昏
悲剧总是随朝阳放射金光
以坦然的残忍
照着逝去的昨夜

昨夜一千年
我时刻呼唤你的船
任心在流光中漂泊
不敢走近你的岸

并非不知道水的深浅
都只为风浪太大
真情太重
怕把你的桅杆折断

金达莱

冰的压抑，
冬的封锁，
大地萎缩的肌体
朔风里哆嗦；
“我是岩浆
我是剑。”
融一束光，
化一团火，
呼啸着冲破冻僵的地壳。

——金达莱呵
凛凛峭立于寒冬的山坡。

于是，在黑暗和旭日之间
升起了殷红的黎明。
——血的光热，
生命的颜色。

雪，哭泣着遁进
季节的沟壑。
春风，歌舞着
沿你的血迹，
漫五月的缓坡。

金达莱，你
像山野的雕塑，
在寒冬和阳春之隙
灼灼闪烁。

把诗人的恋情
留给花蕊，
留给小溪，
留给蝶翅扇来的
温柔的歌……

散淡的闲云（组诗选三）

枯河中的石头

水走了
河床留了下来
那些石头
直接与阳光交谈
天空离得很近

梦归的翠鸟
寻不到鱼的踪影
唯石头保留水的形状

飞逝的鹰

天空遥远之后

仍然遥远
大片大片的蓝
已蓝得一片茫然
云来或云去
风劲或风柔
与翔击和高唳
毫不相干

鹰已消逝
被血灼伤的时间
为云翳遮掩
而那个高度
那个被鹰翅擦亮的高度
谁敢逼视
谁敢

空巢
树叶
因果实离去
纷纷殉葬

空巢孤悬着
成为秃枝唯一的风景
怀旧的风
来往于岁月深处
常忆起
黄昏时的鸟鸣

重量

她把带血的头颅，

放在生命的天平上，

让所有的苟活者，

都失去了

——重量。

刘湛秋

我常常享受一种孤独……

我常常享受一种孤独
对着沉默的自然思索
无论是阳光下的花朵
或是朦朦月色中的星星
都给我自由的宽容

我常常享受一种孤独
无言的踱步，或默对书桌
缸里的金鱼不问水仙花
断臂的维纳斯和我对视
没有谁干扰我想象的飞行

这时我不感到凄苦和寂寞

我能听到清泉的流水
和圆舞曲滑过夏夜的草丛

我又想马上跑到大街
去拥抱热烈而多彩的人生

忧郁

被苍茫的云雾所封裹，
初升的太阳未能喷薄而出。

被高耸的大坝所阻拦，
激流变成转弯的漩涡在回环。

烈日下的绿叶在低垂，
而生机并没有枯萎。

哲人站在历史长河的岸上，
让庄严的思想展开沉重的翅膀。

任洪渊

巫溪少女（二）

大宁河谷的“小三峡”也有一尊少女形的山石。关于她，也有一段美丽而又感伤的传说。

好像是从一座座沉默的山后走出
你站在这里。热切的
连你脚下的山，也变成了
被这清清的流水漂动的船

不，你再不是一个石化的少女
又是一个遥远的想象留下的
多少带点哀怨的仪态
一个已经够了。你再不是
瑶姬的姐妹，守望

再继续一次千年的梦幻
望夫石
神女峰
阿诗玛的黑色的石林
爱，也过于沉重
我的土地，再也负担不起一个
冰冷在石头上的期待和呼唤

你是我的发现。我创造了你
一块风雨雕刻的岩石
复制了我心中的形象
瀑布般自由飘泻的长发
青春流动的曲线，和天然的体态
再不要那属于神话的
云与雾的遮掩

我还给了你一双眼睛
像她的一样，深邃，辽远
以及敢于正面直视的大胆
她头脑中苦恼的思索
也不可捉摸地藏在你的眉尖
我还在你的嘴边嘘了一口气
传给你她的声音和现代的语言
去否定或者证明
去讥嘲或者争辩

而在不语的唇边
总还留着没有吐露的一半
你是我留下的一尊塑像
一个憧憬，一个美的观念
作为我的纪念碑，代表今天

从我的后面，青年们
正浪一般涌到你的船前
他们都来和你结伴
并为你挂起一面放舟中流的帆

许　淇

忆

一

“我长久没接到你的音讯了！”我说，隔着梦的薄雾。

你凝望着我，默默无语。

二

一朵白云在碧海里飘着，
你薄软的衣衫在微风里飘着。
鸽子的银铃在屋檐上响着，
你轻柔的笑声在草地上响着。
一只燕子在潋滟的水面上掠过，
你的身影在浓密的繁枝旁掠过。
一朵玫瑰在绿叶间隙里窥探，
你的脸儿在梧桐雨帘后窥探。

“你爱我吗？”我说，捧着受创的心。

你凝望着我，默默无语。

三

向着陌生的不可知的远方，一列列车徐缓地启程。

在第五节车厢的一方窗口，伸出泪湿的白色纱巾，挥舞着，挥舞着，仿佛变成一只驯顺的白鸽，投向北方冰雪的笼中去了。

“我也跟随着去吧！”我说，声音转成呜咽。

你凝望着我，默默无语。

再忆

一个上了年纪的人，会有他自己熟悉的角落：炉边的一把固定的椅子，桌上的朱砂茶壶，烟斗和一本嚼得淡而寡味的书……

于是，回忆犹如一只固执的蜜蜂，你躲开它，它还是嗡嗡地绕着你的思绪。你轻轻地打开纸张发黄的书页，沁渗出宁谧的温馨；手指掀动的微飔，掠过了逝去的岁月。

“蜜蜂”盯住一朵花，一朵四月的花。

四月。窑洞窗台上的白瓷缸里插一朵野杜鹃，是她会纺线的手采撷的。

又一个四月。军号响了。夜渡黄河……

在马背上，一首热情悸动的诗，像草原上的小路，向地平线延伸。马蹄和韵脚，为祖国和她而无休止地铺开……

灰土布军帽檐儿压着眉，如远山的轻风；乳白色黎明的泡沫——睫毛上的泪。她的一朵瞬现的温婉的笑，一双明澈的晴朗的星眸，一炷燃烧的赤热的语言……

以后，便是林中的伏击。烟的旋涡。血和火。

埋葬了四月，永诀了青春。但可宽慰的是，她根植的大地上诞生了人民共和国。四月的星辰，永是我爱情的指南针。

如今，回到那熟悉的角落，手指掀动回忆的书页。

莫讽嘲我的衰老，告诫年轻人要懂得珍惜：凡只拿利己的动机付诸实践，其结果终将归于幻灭。

爱，不是“我欲”的攫取，而是“利他”的献身，是激励，是力量，是互相提携，是共同去完成……

宗　鄂

休眠的火山

你曾经威武过
曾经有过辉煌的节日
礼炮伴着烟花升腾
让世界既欢欣又恐惧

爱和恨
都被压抑的太久太久了
悄悄积蓄着愤懑
等待释放和宣泄的契机

在某一个时刻
淤积的语言如雷火
喷涌而出

掀翻头上的冻土
冲破封闭和压迫
烫伤冰雪，熔化顽石
你的扩张覆盖一切
燃烧一切
在报复与摧毁中
痛快淋漓

虽然
那不过是一次流产的政变
不过是一次血腥的冲动
一次猛烈的醒悟
但这已经足够了

如今你像只死去的老虎
一张大口
再也发不出吼声
无力地坍塌在星月之下
回忆那壮烈的一瞬

你的热情真的变冷了吗
谁能预言
你的生和死
也许你的沉默
依然是等待和积蓄

图谋另一次
更大规模的爆发
更加猛烈的震撼
令人时时刻刻
感到揪心

张新泉

野码头

野码头是这个码头过去的名字
名字曾经很动人地传奇在河口
温暖过大江上一段冷寂的岁月
如今只留下一溜残破的石堤
酷似老人凹凸不平的牙床
纵是又脆又嫩的渡船笛音
也难于品味难于咀嚼了

但野码头曾经很年轻
胃口也好得惊人
每天吞吐许多船桨和号子
许多粮包山货许多民间传闻
吊脚楼上摆着大碗茶和大肚子酒坛

生意经拳令使那些杉木桌子激动
夜来时窗口燃起亮油壶和松明
给舒心和醉意抹上橘红的光晕
那些晚归的船只消远远地喊一声野码头的名字
便会立即听到一串温馨的回音

野码头的捣衣棒很野
野码头的渔歌很撩人
野码头的烧酒不止六十度
野码头的针线长过拉江拽河的纤绳
传说野码头是个女人的绰号
一个被人玷污又毁坏的女人
流落到这僻远而宁静的河口
用一面酒旗一朵凄苦的微笑
碇泊那些侠义而忠厚的桅灯
传说野码头酒馆茶铺里的女子
都是她的后代都继承了她的美丽与多情
许多船夫把梦留在这里把骨埋在这里
野码头被唱成号子竖成樯帆划成桨声

无论高低贵贱生命都是一条船
滩吼浪啸波光潋滟各有各的航程
但总有一个船埠等你到天荒地老
总有一个码头让你怀念终生……

野码头　野码头虽已属于过去
每朵浪每匹滩仍念着她的姓名
而每当水天交接处飘起帆影
野码头上便有几个龙钟的白发老妪
相互搀扶着走上残损的石堤
向远远驶来的樯桅投去隔世的坚贞

雷抒雁

小草在歌唱

——悼女共产党员张志新烈士

一

风说：忘记她吧！
我已用尘土，
把罪恶埋葬！
雨说：忘记她吧！
我已用泪水，
把耻辱洗光！

是的，多少年了，
谁还记得
这里曾是刑场？

行人的脚步，来来往往，
谁还想起，
他们的脚踩在
一个女儿、
一个母亲、
一个为光明献身的战士的心上？

只有小草不会忘记。
因为那殷红的血，
已经渗进土壤；
因为那殷红的血，
已经在花朵里放出清香！

只有小草在歌唱。
在没有星光的夜里，
唱得那样凄凉；
在烈日暴晒的正午，
唱得那样悲壮！
像要砸碎礁石的潮水，
像要冲决堤岸的大江……

二

正是需要光明的暗夜，
阴风却吹灭了星光；
正是需要呐喊的荒野，

真理的嘴却被封上！
黎明。一声枪响，
在祖国遥远的东方，
溅起一片血红的霞光！
呵，年老的妈妈，
四十多年的心血，
就这样被残暴地泼在地上；
呵，幼小的孩子，
这样小小年纪，
心灵上就刻下了
终生难以愈合的创伤！

我恨我自己，
竟睡得那样死，
像喝过魔鬼的迷魂汤，
让辚辚囚车，
碾过我僵死的心脏！
我是军人，
却不能挺身而出，
像黄继光，
用胸脯筑起一道铜墙！
而让这颗罪恶的子弹，
射穿祖国的希望，
打进人民的胸膛！
我惭愧我自己，

我是共产党员，
却不如小草，
让她的血流进脉管，
日里夜里，不停歌唱……

三

虽然不是
面对勾子军的大胡子连长，
她却像刘胡兰一样坚强；
虽然不是
在渣滓洞的魔窟，
她却像江竹筠一样悲壮！
这是二十世纪，七十年代，
社会主义中国特殊的土壤里，
成长起的英雄
——丹娘！

她是夜明珠，
暗夜里，
放射出灿烂的光芒；
死，消灭不了她，
她是太阳，
离开了地平线，
却闪耀在天上！

我们有八亿人民，
我们有三千万党员，
七尺汉子，
伟岸得像松林一样，
可是，当风暴袭来的时候，
却是她，冲在前边，
挺起柔嫩的肩膀，
肩起民族大厦的栋梁！

我曾满足于——
月初，把党费准时交到小组长的手上；
我曾满足于——
党日，在小组会上滔滔不绝地汇报思想！
我曾苦恼，
我曾惆怅，
专制下，吓破过胆子，
风暴里，迷失过方向！

如丝如缕的小草哟，
你在骄傲地歌唱，
感谢你用鞭子
抽在我的心上，
让我清醒！
让我清醒！
昏睡的生活，

比死更可悲，
愚昧的日子，
比猪更肮脏！

四

就这样——
黎明。一声枪响，
她倒下去了，
倒在生她养她的祖国大地上。

她的琴呢？
那把她奏出过欢乐，
奏出过爱情的琴呢？
莫非就此成了绝响？
她的笔呢？
那支写过檄文，
写过诗歌的笔呢？
战士，不能没有刀枪！

我敢说：她不想死！
她有母亲：风烛残年，
受不了这多悲伤！
她有孩子：花蕾刚绽，
怎能落上寒霜！
她是战士，

敌人如此猖狂，
怎能把眼合上！

我敢说：她没想到会死。
不是有宪法么，
民主，有明文规定的保障；
不是有党章么，
共产党员应多想一想。
就像小溪流出山涧，
就像种子钻出地面，
发现真理，坚持真理，
本来就该这样！

可是，她却被枪杀了，
倒在生她养她的母亲身旁……

法律呵，
怎么变得这样苍白，
苍白得像废纸一方；
正义呵，
怎么变得这样软弱，
软弱得无处伸张！
只有小草变得坚强，
托着她的身躯，
托着她的枪伤，

把白的，红的花朵，
插在她的胸前，
日里夜里，风中雨中，
为她歌唱……

五

这些人面豺狼，
愚蠢而又疯狂！
他们以为镇压，
就会使宝座稳当；
他们以为屠杀，
就能扑灭反抗！
岂不知烈士的血是火种，
播出去，
能够燃起四野火光！

我敢说：
如果正义得不到伸张，
红日，
就不会再升起在东方！
我敢说：
如果罪行得不到清算，
地球，
也会失去分量！

残暴，注定了灭亡，
注定了“四人帮”的下场！

你看，从草地上走过来的是谁？
油黑的短发，
披着霞光；
大大的眼睛，
像星星一样明亮；
甜甜的笑，
谁看见都会永生印在心上！

母亲呵，你的女儿回来了，
她是水，钢刀砍不伤；
孩子呵，你的妈妈回来了，
她是光，黑暗难遮挡！
死亡，不属于她，
千秋万代，
人们都会把她当作榜样！

去拥抱她吧，
她是大地的女儿，
太阳，
给了她光芒：
山冈，
给了她坚强；

花草，

给了她芳香！

跟她在一起，

就会看到希望和力量……

黑妻红灯笼

我的黑妻　我的胖妻　我从未为你
写过表扬稿的糟糠之妻
我打着灯笼也难找的妻啊
谁把灯笼吹灭了

炊烟熏黑的妻　吃苦吃胖的妻
把陈年糟糠酿成陈年老醋的妻
提起灯笼犹如提起辛酸事的妻
谁把灯笼吹灭了

丢在墙角的好　重新捡起的好
拍拍灰尘捧给妻子的好
有比红灯笼还要红的好
妻把灯笼吹灭了

元宵节

为了正月十五晚上能有雪
天就起了一个大早
准备了足够的乌云
按规矩
这一天的灯
是要用雪来打的
雪打灯制造出来的气氛
和春天蝴蝶在花丛中飞舞
相类似

元宵是滚动的沸水旋圆的
不用围锅去观察
你也能认可

那热气腾腾的元宵
却不是吃的
而是闹的
我说是从这个孩子的酒窝
滚到那个孩子的酒窝
你不必像看乒乓球似的
那么认真
只要听听笑声
也就够了

要说起闹来
姑娘们往往抿着嘴儿
不说什么
她是把元宵
当圆的绣球
去想象

这一天的焰火
是这一年秋天的
丰收景象
你要想看得广阔而又真切
就得把高跷踩得
越高越好
不能踩高跷的人
就跟着他们跑

围着他们转

只要注意那些扭秧歌人的脸

也能把

这一年的收成

看个究竟

叶文福

祖国啊，我要燃烧

当我还是一株青松的幼苗，
大地就赋予我高尚的情操！
我立志做栋梁，献身于人类，
一枝一叶，全不畏雪剑冰刀！

不幸，我是植根在深深的峡谷，
长啊，长啊，却怎么也高不过峰头的小草。
我拼命吸吮母亲干瘪的乳房，
一心要把理想举上万重碧霄！

我实在太不自量了：幼稚！可笑！
蒙昧使我看不见自己卑贱的细胞。
于是我受到了应有的惩罚，

迎面扑来旷世的风暴！

啊，天翻地覆……
啊，山呼海啸……
伟大的造山运动，把我埋进深深的地层，
我死了，那时我正青春年少。

我死了，年轻的躯干在地底痉挛，
我死了！不死的精灵却还在拼搏呼号：
“我要出去！我要出去！我要出去啊——
我的理想不是蹲这黑的囚牢！”

漫长的岁月，我吞忍了多少难忍的煎熬，
但理想之光，依然在心中灼灼闪耀。
我变成了一块煤，还在舍命呐喊：
“祖国啊，祖国啊，我要燃烧！”

地壳是多么的厚啊，希望是何等的缥缈，
我渴望！渴望面前有一千条向阳坑道！
我要出去：投身于熔炉，化作熊熊烈火，
“祖国啊，祖国啊，我要燃烧！”

徐　刚

九行抒情诗（组诗选三）

秋叶

成熟的果子已经谢世，
秋叶也瑟然落地，
采摘的人请不要忘记，
叶子与果实不忍分离……
秋叶再也找不到果实了，
飘动在风中，睁大的眼睛，
随时都会涌出泪滴。
它变成火，并非想给人间温暖，
那是一次最后的寻觅……

月亮宁静海

满月时我的向往也满，
残月时我的思念也残，
满月使我想起一滴滚圆的泪，
残月使我想起一条弯弯的岸，
这一滴泪，已结成冰盘，
这一条岸，想把我阻拦，
我知道高处不胜寒，
怎奈何我的心像火山，
融化了冰，我便是愉快的波澜。

母亲

生长希望的树，已不再有希望，
野风和小鸟把果实衔到远方，
只有母亲的奉献才是无私的，
不会索取报答与补偿。
所有的儿女都盼望着远行，
羞于留在母亲身旁，
远方的诱惑，
除了金钱还有女郎，
来到远方，其实也是一片迷惘……

周　涛

鹰之击

哦，我看见一只鹰，正从峭壁上飞起，
它刚才还立在山巅，立在一块突兀的岩石上，
凝着神，敛着翅，一动也不动，
像一尊褐灰色的石雕，
从高峻的积雪的山峦俯瞰大地——
这时深秋的旷野，
在枯黄的草色中还隐隐透着淡绿；
如一幅刚刚绘制好的地图，
坦荡的世界醉于色彩变幻的漩流，
杂色的树丛和银灰的河流，
合拍于大地缓缓起伏的旋律。
哦，这是只年轻的鹰，翅膀异常有力。

它有被太阳烘暖的热血，
闪电般犀利的目光，
飞卷的鳞状雨云所剪裁而成的翎羽，
它还有迅雷一般易怒的脾气。
它盘旋着，凭借着风和气流，
划出巨大的弧线旋转上升……
它发现了什么？谁是它的仇敌？
为什么那摇向青天极处的黑点，
突然发出尖利激扬的啸叫？
它伸展帆影般的双翼，
开始在天风中兴奋地颤抖啦，
胸脯前狂流的热血涌向咽喉，
渴望着属于鹰的荣誉……
哦，它看见了：一只狼。

一只狼。正从通向牧场的山凹处走过来
穿过那片投着阴影的松林，
远处，暴怒的吠犬正在搜索山丛。
这个在逃犯，是头老狼了。
灰色的皮毛像秋草那样杂乱，
蹒跚地走在布满石片的干涸的溪底。
它垂着头，目光冷漠而暗淡，
仿佛掩盖在灰烬中的两粒火星；
一条踬碍的前腿像挨过狼夹子，
那破布般的尾巴

正无精打采地拖在身后，
像败兵倒拖在身后的破旗。
这时，那只发现了目标的鹰，
正从空中投下死神的阴影！
那猎鹰是那样愤怒而且自信，
它盘旋到最适合的角度，
就果敢地压低翅膀，猛一侧身；
掠过了山脊，掠过了树梢，
在瓦蓝的天际
划出一道长长的裂缝……
那老狼正暴露于旷野之上，
它只是蹒跚地小跑着，
都不曾抬起头，瞥一眼天上的流云；
但它的眼睛却死死盯住鹰的投影，
锋利的牙齿间紧咬着一个仇恨。

它已经感到了背脊上，鹰的锐目
射向它的两道正义的寒光；
听到自空而降的猎猎雄风
正向它压下来，渐渐逼近……
年轻的鹰发起了第一次打击，
它伸出一只利爪，攫住狼的后臀，
让那利刃深深扎进骨缝，它知道，
这剧疼是岩石也无法忍受的，
狼一定会本能地反扑，扭头来咬，

那正好，它的另一只利爪
会不失时机地伸过去，
插进它毛茸茸的两耳之间，掠过额顶
闪电般抠住狼的眼睛……
但是那老狼没有扭头，
它把一声狂嚎关在喉咙里，只挤出一丝呻吟；
老辣的计谋扼制了本能，
它反而更低地向前伸着头，开始狂奔；
像一只拖着褐色风帆的快船，
直奔一片枝干交错、密如蛛网的灌木林。
鹰的铁爪锁在它的骨肉之中了，
扑着翅膀挣扎，像一架倒拖的犁……
被拖向灌木林，被拖进灌木林，
劈面而来的枝杈，抽打它，引诱它，
引诱它那只铁爪抓住树枝的本能。
它抓住树枝，想借以重新腾空，
然而，这只年轻的鹰，却抓住了不幸——
两个铁钩似的利爪都已无法脱开了，
它被劈胸撕成两半，灌丛深处
传出一阵凄厉的啸声……

当那只狼，从树丛中窜出来的时候，
就像在那里刚刚进行了一场谋杀！
那鹰的一半正牢牢钉在树上，
被冲力撕开的胸腔鲜血淋淋。

但它的神经肌肉却还活着，
像钉在树上的一面迎风的旗帜。
它的翅膀还在不停地扑打着、扇动着……
所有的鹰都会从高空、从陡峭的悬崖上，
看到它的形象，听到它的声音，
哦，这属于天空和大地的勇敢的子孙！
而那只老狼，它真的胜利了吗？
不，它从此不能再有一刻安宁了，
它将不停地长嚎、奔跑、打滚，
从白昼跑到黑夜，从黑夜跑至黎明；
因为一只鹰爪还留在它身后，
深嵌在骨缝，紧紧掐住它的神经！
它永远也摆脱不掉这只手了，
直到精疲力竭地死去……

哦！我又看见一只鹰，和那只一样年轻，
它又从峭壁上飞起，轻轻地一耸，
滑翔得那么自如，俯冲得那么英勇，
偶尔也从云层飘下一两声欢叫，
它是在召唤它的同类吗？这雄禽
连欢叫的声音也是悲壮的，
如同直射长空的飒飒秋风……
是的，鹰是不死的。
峭壁上依然有鹰的石雕，
和那只鹰一样是褐灰色的，

褐灰色的，一动不动；
天空中依然有鹰的身影，
也和那死去的鹰一样，
划着巨大的弧线，旋转上升……

山雀子噪醒的江南

山雀子噪醒的江南，一抹雨烟
到处是布谷的清亮，黄鹂的婉转，竹鸡的缠绵
看夜的猎手回了，柳笛儿在晨风中轻颤
孩子踏着睡意出牧，露珠绊响了水牛的铃铛
扛犁的老哥子们，粗声地吆喝着问候
担水的村姑，小曲儿洒一路淡淡的喜欢
山雀子噪醒的江南，一抹雨烟

我的心宁静地依恋，依恋着烟雨江南
故乡从梦中醒来，竹叶抖动着晨风的新鲜
走尽古老的石阶，已不见破败的童话
石砌的院落，新房正翘起昂起的飞檐
孩子们已无从知道当年蕨根的苦涩

也不再弯腰拾起落地的榆钱
乡亲们泡一杯新摘的山茶待我，我的心浸渍着爱的香甜
山雀子噪醒的江南，一抹雨烟

我爱崖头山脚野蔷薇初吐的芳蕊
这一簇簇野性的艳丽，惹动我一瓣甜蜜，半朵心酸
望着牛背上打滚儿如同草地上打滚儿的侄儿们
江南烟雨迷蒙了我凝思的双眼
这些懂事的孩子过早地担起了父辈的艰辛
稚气的眸子，闪射着求知的欲念
可是，草坡上他们却在比赛着骂人的粗野
油灯下，只剩“抓子儿”的消遣
山雀子噪醒的江南，一抹雨烟

那溪水半掩的青石，沉默着我的初恋
鸭舌草多情记忆里，悄悄开着羞涩的水仙
赤脚，我在溪流中浣洗着叹息
浣洗着童年的亲昵，今日的无言
小路幽深，兰草花默默地飘散着三月
小路又热烈，野石榴点燃了如火的夏天
小路驮着我长大，林荫覆盖我的几多朦胧
山雀子噪醒的江南，一抹雨烟

山雀子噪醒的江南，一抹雨烟
烟雨拂撩着我如画的江南

桂花酒新酿着一个现实的故事
荞花蜜将我久藏的童心点染
我的心交给了崖头的山雀
衔一片喜悦装点我迟到的春天
山雀子衔来的江南，一抹雨烟

梅绍静

她就是那个梅

不要指着你那憨野地笑着的女儿，
对我说：“我的二女子！叫唤梅。”

不要停下你絮着棉花的手，抬起眼：
“为甚女子都叫‘改’？我就叫她‘唤’哩！”

啊，母亲！唤着你的梅的母亲！
你的这些话，惊得我瞪大了眼睛。

“二女子生下来就哭不出声！
是你大娘抱了公鸡来唤我的梅。

“嘴对着嘴唤了嘛，唤活来我的梅，

你说叫个唤梅，讲究对不对？”

“这名字起好了！”（我笑什么哟？）
你却说：“你是学生女子，不还叫了个梅？”

唤梅的母亲！多少年过去了，
你还记不记得那一个梅？

只有你喜欢过我名字里的梅呵，
我本就是你唤来的那一个梅！

不是你把我从大路上唤回你窑里来的吗？
不是你给了我第一阵哭声？

能哭出声来的孩子才能活下去，
那一天，我也叫你家的公鸡嘴对过嘴？

也许只有我一个人吧，在这个世界上，
想起那天就觉着羞愧！

你拉着我的手一股劲叫唤梅呵，
你慌乱中的呼吸又催出我多少眼泪？

可是那天以后，我好好地活下来了，
像颗野果子，我也包兜着活着的滋味！

呵，母亲！我长在这儿多像马茹子啊，
显眉显眼的，可也叫你放心！

什么时候起，外乡人问我是谁
你就在那人面前说："她是我的梅！"

什么时候起，你在草窠里寻着几颗野鸽子蛋，
在洼洼上撸着一把杜梨儿。

也这么叫着我："来！我的梅！"
我想不起来了呵，唤梅的母亲！

我总是看见一个学生女子走在那沟沟底，
她就是那个在你怀里哭过的梅呵，母亲！

相信未来

当蜘蛛网无情地查封了我的炉台
当灰烬的余烟叹息着贫困的悲哀
我依然固执地铺平失望的灰烬
用美丽的雪花写下：相信未来

当我的紫葡萄化为深秋的露水
当我的鲜花依偎在别人的情怀
我依然固执地用凝露的枯藤
在凄凉的大地上写下：相信未来

我要用手指那涌向天边的排浪
我要用手掌那托住太阳的大海
摇曳着曙光那温暖漂亮的笔杆

用孩子的笔体写下：相信未来

我之所以坚定地相信未来
是我相信未来人们的眼睛——
她有拨开历史风尘的睫毛
她有看透岁月篇章的瞳孔

不管人们对于我们腐烂的皮肉
那些迷途的惆怅、失败的苦痛
是寄予感动的热泪、深切的同情
还是给以轻蔑的微笑、辛辣的嘲讽

我坚信人们对于我们的脊骨
那无数次的探索、迷途、失败和成功
一定会给予热情、客观、公正的评定
是的，我焦急地等待着他们的评定

朋友，坚定地相信未来吧
相信不屈不挠的努力
相信战胜死亡的年轻
相信未来，热爱生命

这是四点零八分的北京

这是四点零八分的北京，
一片手的海浪翻动；
这是四点零八分的北京，
一声尖厉的汽笛长鸣。

北京车站高大的建筑，
突然一阵剧烈的抖动。
我吃惊地望着窗外，
不知发生了什么事情。

我的心骤然一阵疼痛，一定是
妈妈缀扣子的针线穿透了心胸。
这时，我的心变成了一只风筝，
风筝的线绳就在妈妈的手中。

线绳绷得太紧了，就要扯断了，
我不得不把头探出车厢的窗棂。
直到这时，直到这个时候，
我才明白发生了什么事情。

——一阵阵告别的声浪，
就要卷走车站；
北京在我的脚下，
已经缓缓地移动。

我再次向北京挥动手臂，
想一把抓住她的衣领，
对她亲热地大声叫喊：
永远记着我，妈妈啊，北京！

终于抓住了什么东西，
管他是谁的手，不能松，
因为这是我的北京，
这是我的最后的北京。

干妈（组诗）

她没有自己的名字

她没有死——
她就站在我的身后，
笑着，张开豁了牙的嘴巴。

我不敢转过脸去，
那只是冰冷的墙上的一张照片——
她会合上干瘪的嘴，
我会流下苦涩的泪。
十年前，我冲着这豁牙的嘴，
喊过：干妈……

我驮着一个“狗崽子”的档案袋，
到圣地延安，

为父母赎罪——
为他们有神的力量，
没有在监狱，炮火中倒下。
为他们有人的弱点，
在和平的年代也生下我这个娃娃！
为他们在语言当子弹的战场，
只会说实话的嘴巴，
被无数弯着的舌头打垮……

带色的风清扫这狼藉的战场，
我是卷进黄土高原的一粒砂。

连知青也像躲避瘟疫一样讨厌我，
丧家狗——实际，也不算难听的话。

“孩子，住到我们家吧。”
“不！我不需要听怜悯的话。”
“孩子，我们老俩口也要个帮手，
我为你做饭，你替咱担水……”
也许，这只是一个借口，
但我的自尊的天平需要这块砝码！

从此，我有了一个家，
我叫她：干妈。
因为，像这里任何一个老大娘，
她没有自己的名字，
“王树清的婆姨”——人们这样喊她……

灯，一颗燃烧的心

穷山村最富裕的东西是长长的夜，
穷乡亲最美好的享受是早早地睡。
但对我，太长的夜有太多的噩梦，
我在墨水瓶做的油灯下读书，
贪婪地吮吸豆粒一样大的光明！
今天，炕头上放一盏新罩子灯，
明晃晃，照花了我的心。
干妈，你何苦为我花这一块二，
要三天的劳动，值三十个工分！

深夜，躺在炕上，我大睁着眼睛，
想我那关在“牛棚”里的母亲……

“疯婆子，风雪天跑三十里买盏灯，
有本事腿痛你别哼哼！”
“悄些，别把人家娃吵醒，
年轻人爱光，怕黑洞洞的坟！”
干妈，话音很低，哼得也很轻……

啊，在风雪山路上，
一个裹着小脚的老大娘捧一盏灯……
天哪，年轻人，为照亮人走的路，
你为什么没有胆量像丹柯，
——掏出你燃烧的心？！

铁丝上，搭着两条毛巾

带着刺鼻的烟锅味，
带着呛人的汗腥味，
带着从饲养室沾上的羊臊味，
还有从老汉脖子上擦下来的
黄土，汗碱，粪末，草灰……

没几天，我雪白的洗脸巾变成褐色，
大叔，他也使唤我的毛巾。
我不声不响地从小箱子里，
又拿出一条毛巾搭在铁丝上，
两条毛巾像两个人——
一个苍老，
一个年轻。

但傍晚，在这条铁丝上，
只剩下一条搓得净净的毛巾。

干妈，当着我的面，
把新毛巾又塞到我的小箱里：
“娃娃别嫌弃你大叔，
他这个一辈子粪土里滚的受苦人，
心，还净……”

啊，我不敢看干妈的眼睛，
怕在这镜子里照出一个并不干净的灵魂！

夜啊，静悄悄的夜

困，像条长长的绳子把手脚捆紧，
困，像桶稠稠的糨糊把眼皮糊紧，
困，像团厚厚的棉花把耳朵塞紧，
乏极了的身体在暖暖的炕上，
一团轻飘飘的浮云。

那闪亮的是星星么？不，是油灯。
那苍白的头发是谁？啊，是干妈。
夜，静悄悄的夜里我醒来，
只见干妈那双树皮一样的手，
在搜着我衣衫的缝……

也许，用诗来描绘这太粗俗的事，
我一辈子也不会成为诗人。
但，我不脸红——
我染上了一身的讨厌的虱子，
干妈在灯下把它们找寻。

妈妈，我远方“牛棚”里的亲妈妈呀，
你决不会想到你的儿子多幸运，
像安泰，找到了大地母亲！

我没有敢惊动我的干妈，
两行泪水悄悄地往下滚……

“哎，准又梦见妈了，可怜娃！”
她轻轻抹去我脸颊上的泪花。
我轻轻在心里喊了一声妈妈。
啊，暖暖的热炕上我像轻飘飘的云，
暖烘烘的云裹着一颗腾腾跳的心！

我怎能吃下这碗饭

“我怎能吃下这碗饭，
干妈呀，我的好干妈！”

留给我的，
一碗米饭金黄，
洋芋酸菜喷香。
留给你的，
一碟苦苦菜，
一碗清米汤，
一个窝头半把糠……

“你不要说，
你不要讲，
要不是我碰上，
你不会说，

你不会讲，
你还会像昨天那样，
笑着看我吃得多香……”

延安啊，革命的穷娘，
贫瘠的山冈，
枯瘦的胸膛。
给人吃米，自己吞糠，
过去这样，现在这样，
见到三五九旅的老将，
当儿孙的咋有脸讲？！

我用颤抖的双手捧着碗，
像婴儿捧着母亲干瘪的乳房……

我愧对她头上的白发

十年，在九百六十万平方公里舞台，
有多少个悲欢离合，多少个想不到？……
我多么不愿用一滴辛酸的泪，
作为对干妈所有美好回忆的句号！
啊，十月的鞭炮炸响，
乡亲们才告诉我这个噩耗，
三年前，她就死了，
死于陕北最平平常常的病，
胃出血，加上年老……

啊，三年！是哪一个好心的乡亲，
在骗我，每月一次地：
放心吧，我很好、很好！”

怪谁呢！怪谁？谁？！
没牙的嘴啃着羼糠的窝窝，
佝偻的腰背着沉重的柴草，
贫困——熬尽了她生命的最后一滴血，
枯了，像一根草……

不！这个回答，我接受不了，
延安，四十年前红星就在这里照耀！
她说过，当她还是一个新媳妇，
也演过“兄妹开荒”，
唱过“挖掉了穷根根眉梢梢笑”！

“共产党人好比种子，人民好比土地。”
啊，请百倍爱护我们的土地吧——
如果大地贫瘠得像沙漠，像戈壁，
任何种子，都将失去发芽的生命力！！
——干妈，我愧对你满头的白发……

干妈，你咧开豁牙的嘴笑了，
告诉我，你那没合上的嘴，
想对我说些什么话？！……

一个音符过去了

一个音符过去了
那个旋律还在飞扬，那首歌
还在我们的头上传唱

一滴水就这么挥发了
在浪花飞溅之后，浪花走了
那个大海却依旧辽阔

一根松叶像针一样掉了
落在森林的地衣上，而树林迎着风
还是吟咏着松涛的雄浑

一只雁翎从空中飘落了
秋天仍旧在人字的雁阵中，秋天仍旧
让霜花追赶着雁群南下

一盏灯被风吹灭了
吹灭灯的村庄在风中，风中传来
村庄渐低渐远的狗吠声

一颗流星划过了夜空
头上的星空还那么璀璨，仿佛从来如此
永远没有星子走失的故事

一根白发悄然离去了
一只手拂过额头，还在搜索
刚刚写下的这行诗句——

啊，一个人死了，而我们想着他的死
他活在我们想他的日子
日子说：他在前面等你……

回答

卑鄙是卑鄙者的通行证，
高尚是高尚者的墓志铭。
看吧，在镀金的天空中，
飘满了死者弯曲的倒影。

冰川纪过去了，
为什么到处都是冰凌？
好望角发现了，
为什么死海里千帆相竞？

我来到这个世界上，
只带着纸、绳索和身影，
为了在审判之前，

宣读那些被判决的声音：

告诉你吧，世界
我——不——相——信！
纵使你脚下有一千名挑战者，
那就把我算作第一千零一名。

我不相信天是蓝的；
我不相信雷的回声；
我不相信梦是假的；
我不相信死无报应。

如果海洋注定要决堤，
就让所有的苦水都注入我心中；
如果陆地注定要上升，
就让人类重新选择生存的峰顶。

新的转机和闪闪星斗，
正在缀满没有遮拦的天空。
那是五千年的象形文字，
那是未来人们凝视的眼睛。

宣告

也许最后的时刻到了
我没有留下遗嘱
只留下笔，给我的母亲
我并不是英雄
在没有英雄的年代里
我只想做一个人

宁静的地平线
分开了生者和死者的行列
我只能选择天空
决不跪在地上
以显得刽子手们高大些
阻挡那自由的风

从一个个星星的弹孔中
流出了血红的黎明

呼声

序

大地醒了，安息的魂魄，你还沉默着！
春花开了，美丽的姑娘，你还沉默着！
站在墓前，我望着对对春游的情侣，
啊！姑娘，姑娘啊，莫非你还含泪思索？

漫长而寒冷的严冬已经过去了呀，
熬过来的人们多么幸福、快活。
可你，永无声息，默默而去的姑娘呀，
还借林涛在问：为什么？为什么？为什么？

为什么你至死都不明白，
年纪轻轻就被逼进了坟墓？

为什么在红旗下生长的年轻人哟，
在脖子上却被套上“血统论”的绞索？

啊！姑娘，你为什么死不瞑目呀，
今天，哪怕一个小学生都会解说！
可你，姑娘，你再不能复生的姑娘啊，
我忍不住，忍不住要为你唱一曲悲痛的歌！

（悲痛的歌哟还未开口就哽住喉，
歌哽喉咙哟两眼只有热泪流。
痛苦地打开姑娘生前的书信呀，
我心如刀绞哟手儿颤抖……）

第一封信

你的信，像一根火引，
爆响了我们童年时代的笑语歌声；
同时，它又像一根刺藤，
绞痛了埋在我心中的苦闷。

你那双会说话的眼睛，
曾多少次向我叙说过“友情”，
我这颗少女激荡的心，
也多少回追随你熟悉的身影！

可是，我怎么能与你比，我的出身，

我在断崖前，你却有大好前程。
家庭问题，使我把身姿放低又放低，
工人出身，能使你把胸脯高挺更高挺！

是的，哪一个年轻人没有远大抱负，
哪一位少女又愿轻抛爱情？
尤其像你，有健康的思想，非凡的才能，
曾吸引住多少姑娘艳羡的眼睛。

但是，在重重压力下，我却不能，
不能向你敞开爱情的大门。
你想过没有，工人的儿子爱上地主家的姑娘，
将给你的工作、前途带来怎样的厄运？

请原谅我吧，不是我不爱你，
而是我们之间有一道“万里长城”！
尽管我还年轻，还年轻呵，
正值二十二三青春的年龄……

（捧着这第一封信哟，我像捧着——
她那颗晶莹而又痛苦的心。
与其说不答应，倒比答应了更为兴奋呀，
说是兴奋吗？我的心儿又为她隐隐作疼！）

第二封信

当我打开，你的又一次来信，
呵不！我是在启开感情潮水的闸门。
你说："出身不由自己，道路可以选择，
这是党说的，谁也不能否认！"

这句话哟，从广播中飞出，
曾多少次弹响我心的竖琴；
这句话哟，像领袖温暖的手，
曾多少次轻轻揩净我眼角的泪痕！

我知道，党并不嫌弃我们这些孩子，
你，也并非凭着一时对我的怜悯；
你知道，我从不渴望高攀一个条件好的爱人，
去求得荣华富贵，改变自己的处境。

我是人，我要有最起码的人格，
那就是凭自己的努力，而不依偎他人！
我是个普通的女青年，我有我的志气，
我要为伟大的祖国献出青春！

然而，在这塞满"砸烂，砸烂"的日子里，
每升空气，都飞旋着"踏平！踏平！"
世俗的眼光又不得不使我默认，
出身好坏，能决定一个人的命运。

我恨，我恨我为啥出身在这种家庭，
但心中又充满了自我矛盾。
不是我不愿革命啊，不是的，
而是硬被推进了无底的深坑……

记得，在我童年清晰的记忆中——
当五星红旗在心上刷下第一道红印，
就懂得了一个颠扑不破的真理：
共产党最好！毛主席最亲！！

在小学，多少次期终考试，
我向党捧出一个又一个百分。
慈祥的老师问我长大了干什么？
我天真地回答："科学家，医生，新农民……"

还记得呵，在中学的柳荫树下，
和同学们谈论起理想，青春，爱情。
啊！在我年轻火热的心上哟，
已展现出一幅未来的灿烂远景！

祖国啊，我喜欢您云铺霞染的晨昏，
祖国啊，我喜欢您排山倒海的雷霆，
我为祖国的广袤、文明而深深骄傲，
我为生长在这伟大的时代而万分荣幸！

正当我在人生的路上迈步向前，
迎来了“文化大革命”的闪电雷鸣。
而一股股浊浪也乘机扑来，
混淆阵线，颠倒爱憎，扼杀生命。

从此，一顶“黑五类”的帽子戴在我头上，
学生会里再没有我的脚印；
从此，我被推出“大串连”的行列，
歧视呵，抢走了我的笑语歌声！

与我疏远了，周围最熟悉的同学，
——据说这是阶级立场坚定；
谁对我越冷漠，越不关心，
——就证明他的“敌我界线”划得越清。

啊！我像一只受伤的孤雁，
跌落沙洲，发出凄凉的悲鸣；
啊！我像一块被抛弃的果皮，
甩在路边，任人乱踢乱扔！

我痛苦，彷徨，偷偷落泪啊，
可有谁敢同情？有谁来怜悯？
我问天，问地，百思不解啊，
可有什么用？他们封锁了毛主席的声音！

绳索呵，我甚至想借它结束自己的痛苦，
但一想起党，心中又充满光明；
我真想痛痛快快大哭一场啊，
流尽一腔委屈和悲愤！

可是，我又敢找谁？
找谁呵，吐露积压在心中的苦闷。
痛切的话，在心底压缩了多少遍啊，
含泪咽进肚，暗自隐在心……

我劝你，断了这个念头吧，
跨了我家门坎，会败坏了你的名声，
到那时，鄙视和指责将飘落在你的门前，
到那时，村中会飞出我拉拢你的罪名。

我求你，再别用爱情加深我的痛苦啊，
你为我留下一分爱，也会留下一分恨！
我只有，只有躲在屋角里暗暗哭泣，
我不愿惹来一些人的狂笑和吼声……

（一字字哟，是爱情的泪在滴，血在喷，
无形的刀哟，在她心中戳下多深的伤痕。
啊！莫把那些罪过强加在她的身上，
她是聪明的少女啊，有一颗温柔的心。

啊！我要像战场上抢救受伤的战友，
大胆爱她，爱个彻底，爱得深沉！
难道说，让她的爱情，她的青春，
换来的只是长叹一声，一声……）

第三封信

邮递员把你的鼓励，爱憎，
一次又一次投进了我的房门。
……啊！原来你和我，
有着多么共同的理想，感情。
起初啊，你的每一次来信，
都使我感到对您的债务剧增。
欠人的钱财可以做牛做马偿还，
欠下您的“情”，我将怎样还清？

低头，我一边抽回忆的丝，
一边咀嚼您信中的话语叮咛。
慢慢啊，我用心的耳朵，
从您的话语中听到了我的声音：

你问我，有人批“当今大儒”时，
心中是否也燃烧着忿恨？
还说，坚信有那么一天，
真理和人民一齐站起，将歹徒严惩。

你问我，看着银幕上消瘦的总理，
是不是也很沉重，担心着祖国的命运？
还讲，为完成总理提出的“四化”，
我们年轻一代应刻苦钻研本领。

尤其呵，你问到邓总恢复工作时，
我心中是不是也像您一样高兴？
在那盼望的消息传来的时候，
是不是也奔走相告，喜泪纷纷？

你憎恶，——披着红衣行凶的权贵，
你敬仰，——横遭迫害的革命功臣。
你怒视，——那些争权夺利的家伙，
“干杯”声中，有多少被害者的血泪飞迸……

你冷眼看他们飞扬跋扈啊，
我心中恨死了这帮暴徒恶棍。
我们都坚信历史前进的规律，
就像长夜后黎明又将来临。

啊！让他们寻求最龌龊的字眼，
说吧，骂吧，力竭嘶声；
共同理想的线，已挽着我俩的手，
哪怕每前进一步，都会踩着议论纷纷。

感谢哟，您的信，像响箭，
从您心弦飞出，射掉了我的心灰意冷；
我把信件捧在胸啊，像熨斗，
熨平忐忑不安，痛苦的皱纹！

啊！是您把我从痛苦中摇醒，
燃起了我生命的千度热情。
爱情的花朵，我已悄悄移栽在心田，
那神秘的害羞哟袭上我少女的心……

（捧着这期待中甜蜜幸福的应允，
我用想象描绘着未来的情景。
庸俗的情欲，会蚕食有限的生命，
革命的爱情哟，将燃烧起战斗的青春！）

第四封信

秋风哟，又把红叶捎给枫林，
叶尖蘸着银露，逗引小鸟啼鸣。
政治气候，带来了自然界的美，
片片枫叶都染上我喜悦的感情。

叫我怎么不喜悦呢？亲爱的，
“三项指示”的金风，正愈合我心灵的伤痕。
高考恢复了文化考核，

我科科平均九十多分……

悄悄哟，我又摸出了我们的订婚合影，
瞧您，对我笑了，笑得那么温存！
莫非你知道我远在乡下，
正准备捎给你得到好成绩的喜讯？

每天，我到小学去代课。
从儿童们身上，我又追回童年的笑声；
夜晚，与青年们一同钻研农科，
沉甸甸的谷穗上，结着我的辛勤！

尽管每天都很苦很累，
但，这苦中有乐，越累越高兴，
这情景哟，又使我想起，
开初我们一起当“知青”——

那时，你是知青队的队长，
我担任大队赤脚医生。
每天每天，我们同踩着露水下地，
每晚每晚，我们一盏灯读书讨论。

社员们说我，像只雄鹰，
在广阔天地里，搏击电闪雷鸣；
社员们说我，像只春燕，

在明媚阳光中，衔来柳绿花明。

当你设计的水电站催动马达飞转，
明亮的电灯传出我目光的深情；
当我使社员重病回春，
你为我祝贺，是那样真诚！

那时呀，我已悄悄地——
让你占据我少女整个的心；
看得出呀，你已默默地——
看上了我的勤奋，热情。

然而，我们爱得再秘密，
又怎能躲过别人的眼睛。
小伙们碰见你——总爱笑指我，
姑娘们围着我——常提你的名。

谁知啊，好景不长，
严峻的现实折断了我的天真！
不久，我教书的爸爸被打成“反革命”，
据说：他私下里曾骂过江青。

暴徒的皮鞭，重落在他的身上，
啊！那一鞭鞭痛在全家人的心。
爸爸被抓走了，妈妈的心被他的脚步踏碎，

爸爸去了啊，留给全家的是寂寞，愤恨……

后来，我们一家被“遣送下乡”，
理由：“现行反革命”加地主家庭。
那时，你来送我，不祝一路平安，
倒叫我每一步都要准备斗争。

你说：千锤百炼是十分痛苦的，
然而，它却能考验一个人是否坚韧。
你鼓励我，要积极靠近党，
莫背家庭包袱，要振作精神。

那天啊，我鼓起勇气，揣着入党申请，
准备来找你诉说心中的衷情。
我用手，紧紧地，紧紧地按住胸脯，
按住我那颗快要跳出来的心。

近了，那就是你住处虚掩的小门，
窗门洞开，好像你正张望我，多么深情。
我把充溢得快要流淌的情感啊，
关进理智的闸门，不让它流露半分。

我推开门，屋里一切都是那样平静，
内屋传来你咳嗽的声音。
啊！你病了，怎么病得这么快？

床边，坐着公社新上任的主任。

透过门缝，我看见，你多么难过，
眉宇间还挂着一抹愁云。
主任正压低嗓子警告你，
一声声啊，像尖刀插进我的心灵。

“同志，你怎么也阶级不分？
难道你真情愿跳进火坑？
你是党员，又是工人的儿子，
怎能与一个‘遣送家庭’的女儿结婚？”

“主任啊，她已经够痛苦了，
我怎能再用痛苦去折磨她的心？
‘……有成分论，不唯成分论，重在表现！’
怎能把前辈的罪过强加后代的身？”

“同志，她再聪明，再是真金子，
可她那‘花底片’——臭气熏人。
和她结婚，不仅会给你的子女带来不幸，
还会影响你的党籍，工作，前程……”

……啊！我浑身打了一阵冷战，
眼睛模糊了，两耳在轰鸣。
我深深地吞下屈辱——主任的话语，

眼朝窗外，竭力保持着冷静。

“告诉你，当赤脚医生她已没有资格，
队里农科组，也要抹去她的姓名……
而你，很快会走上工作岗位，
她——永世也是一个穷‘知青’……”

啊！多么沉重的打击，多么沉重的打击啊，
我还蒙在鼓里，想得那么开心。
痛苦啊，攫住了我的神智，
痛苦啊，也使我更加清醒。

含着泪，我悄悄地走出房门，
揣起申请，也揣起血泪浸泡的心。
啊啊！听明白了，我听明白了啊，
在主任心中，我是属于另一种人！

我拖着沉重的步伐回到家里，
一路风雨，浇不熄我燃烧的心。
树上小鸟，叫声是那样清脆，
我啊，难道还没有小鸟的欢欣！

倒在床上，我伤心地哭了，
安慰我的妈妈，哭得比我更伤心。
“孩子，怪爸爸吧，恨妈妈吧！

啊！当爸爸妈妈的又去怪罪何人？”

多少夜，月亮和星星都闭上眼睛，
蒙眬入睡的我啊，梦中也有哭声，
夜夜从梦中醒来的时候，
啊！泪水也湿透了我的枕巾。

你曾几次来看我，我回回关住门，
门关得再死，也无法关住我的心。
回回从门缝里望着你远去的背影，
我心中有说不出的歉疚的感情。
请别怪我太心狠，太冰冷啊，
我的心一直烈火腾腾。
我爱你，又怕影响你啊，
不爱你，又怎能丢下你的深情？

我要问，啊！祖国，在你的热土上，
难道就容不下我们这样的人？
啊！祖国，在你的怀抱中，
难道就不该有这样的子孙？

从此，我把痛苦深深埋在心中，
在人前，从来不哼一声。
每天，把沉重的担子压在肩上，
压得越重，倒越把心灵的痛苦减轻！

记得，你踏上工作岗位那天，
来我家告别，要与我谈心。
我闩上门，把你拒之门外，
是的，我已关上了爱情的大门……

在生活的激流中哟，我沉默了，
谁知，沉默中爱的根儿扎得更深。
今天，我把全部悲酸一起泼上信纸，
是为了啊，激发我对未来工作的热情！

亲爱的，我已把你对我的深情，
——在工作中，浇铸过硬本领；
同志呵，我要把我对您的爱，
——注满自学的秒秒分分……

你说，莫让白发把壮志绞死，
人活着，就要脚踏实地前进！
好同志呵，你的脚迹已化作事业，
而我，才踩下第一道浅浅的脚印……

（信封，岂能装得下她的激奋，
每个字跳出来，直揪我的心。
姑娘呵，正当你的青春再次充满活力，
你怎知天空已布满阴云？

总理去世了，巨星陨落了，
我们伟大的领袖呵，又重病在身，
天安门前，息了四月清明的怒潮，
“反击右倾翻案风”的铡刀啊，正屠杀革命和光明……）

第五封信

知识，竟成了耻辱的象征，
勤奋，竟遭到棒打的厄运。
人世啊，给我的难道只有失望，
横空，又飞来“小复辟”的帽子一顶。

教“民办”，嫌我这“地主崽子”
引坏了纯洁的学生；
申请入党，怕我这地主家庭的出身
玷污了组织名声。

搞农科实验，骂我——
天生的本性为“走资派”卖命；
考学校哟，尽管考上高分，
榜上无名，还遭恶语扎心。

“狗崽子，也想往上爬，
除非太阳从西边升……”
“耗子生儿打洞洞，

哼哼，休想与工人的儿子通婚……”

啊！多么奇怪，多么奇怪的逻辑，
推导出一条荒谬的结论：
“地富女儿与工农的儿子通婚，
就会混淆阵线，带来国家变色的危险性！”

祖国啊，仅仅就因为我出身不好，
上大学没份，参加工作没名……
祖国啊，难道就因为我是地主的孙女，
爱上工人的儿子也违反禁令？

广播哟，你天天在喊“辩证法”，
为什么偏偏又搞“唯成分论”？
祖国啊，有着文明历史的祖国，
难道你就容忍那帮极“左”分子横行？

夜，已经很深很深了啊，
雨，还在下个不停。
雨呀，莫非也为我流下伤心的泪，
雷电啊，莫非也为我愤愤不平？

我疯一样在雨中跑啊，跑啊，
雨点，像悲伤落满了我的周身；
我在夜里奔跑，呼喊啊，

夜空中，回荡着我不平的呼声：

霹雳啊，你在哪里？你在哪里？
快快劈下吧，劈死这帮瘟神；
闪电啊，你在何处？你在何处？
快快斩下吧，斩断这伙祸根！

是他们，任意践踏党的政策，
是他们，用强制的武卫棒把人民的一切夺到手心。
啊！那位主任，那位“打砸抢”出身的主任呀，
半夜里，竟敢蹂躏我少女最珍贵的青春！

坏蛋啊，你能一步步逼死我，
逼死我，我却有不散的阴魂。
我死去也要作个厉鬼，
我死去也要抓你们到地狱审讯！

人民的心呵，岂容你们肆意践踏？
少女的心上，岂容留下你们的污印？
寻找死亡我跑呀跑上高崖，
石级呀，颤抖着把我举上峰顶！

告别了，倾听过我哭声的家乡，
告别了，曾与我一起流泪的雨云。
生我育我的祖国啊，告别了，

我在你怀中长大，死了也以你的怀抱为坟！

不是我想死，不是我想死呵，祖国，
我怎能割舍你生我养我的深情；
我还年轻，我要活，我要活呵，祖国，
我是千万个同命运的孩子中的一人！

隔着千山我看不见你的面庞啊，我爱过的人，
隔着万水你听不见我在高崖上的呼声：
我有冤，我有仇，我有恨啊，
但愿我的呼声能在你的心上引起共鸣……

（啊！高崖，莫让她跳，莫让她跳啊，
她活在人世这么短，她还这么年轻；
啊！树藤，拉住她，快拉住她吧！
她还是个姑娘，还没做孩子的母亲……

啊！雨住了，雷停了，夜色更浓重，
大地啊，这可怜的姑娘可曾睡稳？
啊！姑娘，姑娘，你就这样永别了吗？
黄土下，你是不是还满面泪痕……）

尾声

我，抹去腮边的泪，捏紧手中的信，
“哗——哗——”远处林涛又传来她的呼声。

啊！“四人帮”倒台了，冰消了，花开了，
祖国，情侣们的欢笑——是对姑娘的回音。

姑娘，请放心，请放心啊，
有华主席为首的党中央，一切就有了保证！
看，四个现代化的东风绿了千山万岭，
多少像你这样的姑娘，又获得了青春和爱情……

林　莽

故乡、菜花地、树丛和我想说的第一句话

是春天，是鹅黄的一片，开在水边和返青的冬麦田旁
村口的树丛仍光裸着
春把希望和一丝过去的忧伤同写在二月

一片鹅黄的菜花地，在南风中，颜色是透明的，轻快的，轻快地摇荡
像我小女儿的心
而父辈们在土地那边留下了走得河道般低洼的路
(多雨的季节可怎么行走)
在阳光和泛起的泥土气息中
候鸟们在筑巢的季节里做它们最后的选择
飞过水面、掠过鹅黄的菜花地
终于栖落在那片褐色的树丛中

绕过那些树干，你在想什么
在久别的故乡
在那片茫茫若失的薄雾的后面
我又听到了犬吠和村子里清晨的喧闹
那片鹅黄的菜花地已开放了许多年
生命之火有时候燃烧得很平静

秋天在一天天迫近尾声

一

在我的窗外
听北风的低鸣
鸽群斜飞
秋天在一天天迫近尾声

曾使人不安的灵魂
犹如晚风的吹奏
忽起忽停
阵阵涌动渐渐平息

落叶纷飞
这已是最严峻的日子

二

不再是如血的残阳
不再是动乱的人流
北风以它的节律拂动时光流逝
许多误解已不必解释

如果那时我们确曾相约
秋天的火焰在树丛中燃烧
作为回答我应该呈献什么

三

穿过静夜的时光
洒水车的铃声急促地把我唤醒
突然远去的夕阳一片金黄

水雾中消散了青草的气息
那不属于你们的
同样也不再属于我

四

这一阵阵的清风
谁将伴我们踏叶归来

倾听灵魂中最寂静的时刻
一股股旋律在内心不停地撕扯

有时候

人们离去得比时间还要快

五

为了这些未完成的纪念
往日的喧嚣已经变得遥远
这样的时刻
想着夕阳下的秋天
等待收割的田野静谧、金黄
有如我书桌上深夜的灯光

六

那么高远
那么璀璨
永远无法遗忘
永远在心头战栗
当星群
一个个划过我的心头
它们既遥远又冰冷

雪，落在心中不再消融
往事有许多时辰仍与我们同在
日月匆匆已走过许多年头

这已是最严峻的日子
秋天在一天天迫近尾声

给妻子

你是一粒米，我是另一粒米
放在一只碗里，就是我们的日子
没有什么比少比穷更需要节俭
那年月，除了守住一缕炊烟
我们像仅有的两枚纽扣，等待
女儿出生，为她缝制一件御寒的衣衫

萝卜、白菜加上粗木的桌椅板凳
再加上一盏灯，生活则更加简单
同一片云彩下，我们顶着同一片雨水
来回奔跑，像燕子衔泥垒窝一样
奔跑，为省下一粒盐、一杯奶
我们曾徒步走过停在身边的车站

关掉灯我是黑夜，推开窗你是白天
从青丝到白发，我们是一样的柴米油盐
相互改变又相互依赖的岁月里
仿佛只做了一件事，把女儿养大
把老人养老，而我们还是那两粒米
不曾多也不曾少，还在一只碗里

这辈子，给你的太少欠你的太多
唯愿你比我活得更加长久，如果
还有来生，还有相遇的路口
我会补上今生欠你的嫁妆和指环
还想听你的唠叨，埋怨，甚至争吵
当然，我们还是那两粒纽扣
当然，我们还要把女儿抱在中间

重阳节

雁阵，是季节高标的一行字幕。

霜风渐紧，万枝落叶
堆积成秋后可燃的情绪。
唯有耀眼的金菊——
从陶潜闲悠悠的东篱下，
从黄巢气冲冲的反诗中，
从毛泽东文绉绉的“菊香书屋”里，
探出明晃晃的头来。
邀约好友！佩茱萸——
携微醺之耳，怀共鸣之心，
登高。杯盏相酬。歌吟。
《高山流水》横入清秋前沿，

呼唤知音……

古人摔琴那一声轰响，

音波回环，震落多少帆樯？

笠舟陡倾，一条黄河红鲤咬钩，

下酒？祖父饥不择食……

……若干年后，

从我的喉中取出横亘的鱼刺，

嗅嗅——不腥，古气十足！

难以消化的历史症结，

沿着血缘顺流而下了……

（祖父和我两个男人相加，

——亦可谓“重阳”也！）

镰刀朝场院的谷垛点头示意，

——意犹未尽，

锈，就攀墙吻遍了它的面庞。

太阳确是真君子，

观沧桑棋弈，缄口不语，

偶遣阴晴为话，传递居高临下的感受：

胜负，皆载尘世！

弦外之音，听须聪耳，

景外之境，看须慧眼。

不然，那无限江山，

何以瘦成冷秋疲倦的背影？

一篮秋色，稳稳晾晒于牛背，

沐禾尘、沐民谣、沐夕晖，朗朗而归；

敦敦实实的碾台痴卧村头——

迎候在三代之前。

五步开外，隔一萧萧老秋，

系好鞋带的严冬正快步赶来……

天空

一

太阳升起来。

把这天空

染成了血淋淋的盾牌。

二

日子像囚徒一样地被放逐。

没有人去问我，

没有人去宽恕我。

三

我始终暴露着。

把耻辱

用唾沫盖住。

四

呵，天空！

把你的疾病

从共和国的边境上扫除干净。

五

可是，希望变成了泪水，

掉在地上。

我们怎么能确保明天的人们

不悲伤！

六

我遥望着天空，

我属于天空。

天空啊，

你提醒着

那向我走来的世界！

七

为什么我在你面前走过

总会感到羞怯？

好像我老了，

我拄着棍子，

过去的青春终于落在我手中，
我拄着棍子！
天空，
你要把我赶到哪里去？
我为了你
才这样力尽筋疲。

八

谁不想把生活编织成花篮？
可是，
美好被打扫得干干净净。
我们这样年轻，
你能否愉悦着我们的眼睛？

九

带着你的温暖，
带着你的爱，
再用你的绿舟
将我远载。

十

希望，
请你不要去得太远，
你在我身边
就足以把我欺骗！

十一

太阳升起来，

天空，

这血淋淋的盾牌。

阳光中的向日葵

你看到了吗
你看到阳光中的那棵向日葵了吗
你看它，它没有低下头
而是在把头转向身后
它把头转了过去
就好像是为了一口咬断
那套在它脖子上的
那牵在太阳手中的绳索

你看到它了吗
你看到那棵昂着头
怒视着太阳的向日葵了吗
它的头几乎已把太阳遮住

它的头即使是在太阳被遮住的时候
也依然在闪耀着光芒

你看到那棵向日葵了吗
你应该走近它去看看
你走近它你便会发现
它的生命是和土地连在一起的
你走近它你顿时就会觉得
它脚下的那片泥土
你每抓起一把
都一定会攥出血来

蓝水兵

蓝水兵
你的嗓音纯得发蓝，你的呐喊
带有好多小锯齿
你要把什么锯下来带走
你深深地呼吸
吸进那么多透明的空气
莫非要去冲淡蓝蓝的咸咸的海风

蓝水兵
从海滩上跃起身来
随便撕一张日历揣在裤兜里
举起太平斧砍断你的目光
你漂到海蓝和天蓝中去

挥动你的双鳍鼓一排巨浪
把岸推向远处去
蓝水兵
你这两栖的蓝水兵

蓝水兵
畅泳在你的蓝军服里
隐身在海面的蓝雾里
南海用粤语为你浅浅地唱着
羊城在远方咩咩地叫着
海啸的呼哨挺粗犷
太阳那家伙的毛胡子怪刺痒
在一派浩浩荡荡的蓝色中
反正你蓝得很独特
蓝水兵
你是蓝鲸

春季过了你就下潜
一直下潜到贝壳中去
谛听海的心音
伸出潜望镜来瞭望整个夏天
你可以仰游，可以侧泳
可以轻盈地鱼跃过任何海区
如果你高兴
你尽可以展翅飞去

去银河系对你来说
是再容易不过的事了
那场壮观的流星雨
究竟算第一次空战还是海战
反正你打得够潇洒的
当天上和海上的潮声平息
当月光流泻如月光曲
你便在月光中睡成一座月光岛

早晨你醒来
在那棵扶桑树上解开你的缆绳
总会将一只金鸟儿惊起
它扑棱棱地扇下几根羽毛
响叮叮落在你的甲板上
世界顿时一片灿烂
在这令人眼花缭乱的光芒中
天开始一个劲地高
海开始一个劲地阔
蓝水兵
你便开始一个劲地蓝

李小雨

红纱巾

——写在第二十九个生日时

我要戴那条
红色的纱巾……
那轻柔的、冰冷的纱巾，
滑过我苍白的脸庞，
仿佛两道溪水
清凉凉地浸透了我发烫的双颊，
第一根白发和初添的皱纹，
（真的吗，苍老就是这样降临？）
呵，这些年，
风沙太多了，
吹干了眼角的泪痕，

吹裂了心……

红纱巾。
我看见夜风中
两道溪水上燃烧的火苗，
那么猛烈地烧着
我那双被平庸的生活
麻木了的眼神。
一道红色的闪电划过，
是青春的血液的颜色吗？
是跳跃的脉搏的颜色吗？
那，曾是我的颜色呵。

我惊醒。
那半夜敲门声打破的噩梦，
那散落一地的初中课本，
那闷热中午的长长的田垄，
那尘土飞扬的贫困的小村，
那蓝天下给予母亲的第一个微笑，
那朦胧中未完成的初恋的纯真，
那六平方米住房的狭窄的温暖，
那排着长队购买《英语讲座》的欢欣，
呵，那闪烁着红纱巾的艰难岁月呵，
一起化作了
深深的，绵长的柔情……

祖国呵，我对你的爱多么深沉，
一如这展示着生活含义的纱巾，

那么固执地飞飘在
第二十九个严冬的风雪中，
点染着我那疲乏的
并不年轻的青春。

那悲哀和希望糅和的颜色呵，
那苦涩和甜蜜调成的颜色呵，
那活跃着一代人的生命的颜色呵！

今天，大雪纷纷。
我仍然要向世界
扬起一面小小的旗帜，
一片柔弱的翅膀，
一轮真正的太阳。
我相信，全世界都能
看到它，感觉到它，
因为它和那
插在最高建筑物上的旗帜，
是同样的，同样的
热烈而动人！

我望着伸向遥远的

淡红色的茫茫雪路，
一个孩子似的微笑
悄悄浮上嘴唇，
我正年轻……

我要戴那条
红色的纱巾……

骆耕野

不满

从任何一项成功，

都产生出某种东西，

使更伟大的斗争成为必要。

——惠特曼《大路之歌》

像鲜花憧憬着甘美的果实，

像煤核怀抱着燃烧的意愿：

我心中孕育着一个“可怕”的思想，

对现状我要大声地喊叫出：

——“我不满”！

谁说不满就是异端？

谁说不满就是背叛？

是涌浪，怎能容忍山涧的狭窄
是雏鹰，岂肯安于卵壁的黑暗
不满激扬着对海洋的神往呦！
不满苏生着对蓝天的渴念！
生命的创造多么痛楚而伟大哟，
请赐给母亲以满足的甘甜：
“不！还是祝福孩子尽快成长吧。”
婴儿问世已叩响了母亲不满的心弦。

啊，谁能说不满就是不爱？
啊，谁敢说不满就是抱怨？

哥伦布不满铅印的海图，
才发现了大洋的彼岸；
哥白尼不满神圣的《圣经》，
才揭开了宇宙的奇观；
开普勒不满“日心说”才去发展真理，
亚里士多德不满柏拉图才能“青出于蓝”。

啊，谁说不满是背弃出类拔萃的先人？
啊，谁说不满是亵渎德高望重的圣贤？

不满：茹毛饮血的人猿才去寻觅火种，
不满：胼手胝足的祖先才去摸索种田；
不满：雄丽的赵州桥才取代了简陋的木桥，

不满："精巧"的石斧才让位于青铜的冶炼；
不满：才产生了妙手回春的华佗，
不满：才造就了巧夺天工的鲁班。

啊，不满正是对变革的希冀，
啊，不满乃是那创造的发端。

我是电流，我不满江河的浪费，
你白白流逝的，乃是我生存的乳泉；
我是高炉，我不满地球的吝啬，
你深深藏匿的，正是我生命的火焰；
我是庄稼，我害怕自然保姆的任性，
变幻莫测的风雨使我忐忑不安；
我是市场，我向往琳琅满目的富有，
陈列单调的橱窗叫我满面羞惭；
我是年迈的城镇，我的服饰多么古旧，
请为我披上高速公路的飘带，
请为我戴上摩天大厦的皇冠；
我是拘谨的生活，陈腐的习俗多么恼人，
请不要过多地责难服装和跳舞，
请不要过多地干涉青年的爱恋；
我是低产的田地，我不满蹒跚的耕牛哟；
我是发紫的肩头，我不满拉船的绳纤；
我不满步枪，不满水车，不满帆船，
我不满泥泞，不满噪音，不满污染。

不满像舰队告别港湾的头一阵笛鸣哟，
不满像雄鸡向往黎明的第一声啼唤。

我是规划，锁在保险柜里多么窒闷，
我要走下蓝图，我要和新兴的工地团圆；
我是革新，躺在功劳簿上多么可耻，
我要摸索新路，我要攀登纪录的峰巅；
我是政策，我不满踌躇的“伯乐”，
为什么不立刻启用朝野的遗贤？！
我是创造，我不满夜郎自大，
快为我打开与世隔绝的门闩；
我抗议马拉松会议，以时间的名义，
你随意糟践的，乃是我生命的内涵；
我控诉宗教式的软禁，以真理的呼喊，
我是花，我要生长，要献蜜，
我要求助于实践园丁殷勤的刀剪。

啊，不满像胎儿在母腹里的阵阵躁动哟，
不满像母性的痛楚而伟大的分娩！
我不满官僚主义，
轻浮地荡尽了先烈的遗产；
我不满文化水平，
至今还托不起“四化”的航船；
我不满软弱的法制，

英雄碑前有民主的泪浸血染；
我不满大话和空想，
睡在海市蜃楼上描绘缥缈的明天；
我不满抱怨和牢骚，
躲在时代的堤岸上指责涌进的波澜……

啊，不满就是一个绝妙的议事日程，
不满就是一部崭新的行动提案；
不满已催生出伟大的战略转移哟！
不满已催挂起新长征的战斗风帆！

噢，河床在不满中伸直了脊梁，
石油在不满中涌出了海面；
科学在不满中冲破了禁区，
指标在不满中跨上了火箭；
思想在不满中睁开了慧眼，
真理在不满中延伸了航线；
贫穷在不满中紧追着富强哟，
现状在不满中疾速地登攀……

啊，不满像两个矛盾间过渡的桥梁哟，
不满像一粒细胞中产生的裂变；
不满便有所发明，有所创造，有所前进哟，
不满将通向繁荣，通向幸福，通向完善！

像鲜花憧憬着甘美的果实，
像煤核怀抱着燃烧的意愿；
我心中溢满了深挚的爱哟，
对现状我要大声地叫喊出：
——“我不满”！

伊　蕾

独身女人的卧室

一、镜子的魔术

你猜我认识的是谁
她是一个，又是许多个
在各个方向突然出现
又瞬间消隐
她目光直视
没有幸福的痕迹
她自言自语，没有声音
她肌肉健美，没有热气
她是立体，又是平面
她给你什么你也无法接受
她不能属于任何人

——她就是镜子中的我
整个世界除以二
剩下的一个单数
一个自由运动的独立的单子
一个具有创造力的精神实体
——她就是镜子中的我
我的木框镜子就在床头
它一天做一百次这样的魔术
你不来与我同居

二、土耳其浴室

这小屋裸体的素描太多
一个男同胞偶然推门
高叫“土耳其浴室”
他不知道在夏天我紧锁房门
我是这浴室名副其实的顾客
顾影自怜——
四肢很长，身材窈窕
臀部紧凑，肩膀斜削
碗状的乳房轻轻颤动
每一块肌肉都充满激情
我是我自己的模特
我创造了艺术，艺术创造了我
床上堆满了画册
袜子和短裤在桌子上

玻璃瓶里迎春花枯萎了
地上乱开着暗淡的金黄
软垫和靠背四面都是
每个角落都可以安然入睡
你不来与我同居

三、窗帘的秘密

白天我总是拉着窗帘
以便想象阳光下的罪恶
或者进入感情王国
心理空前安全
心理空前自由
然后幽灵一样的灵感纷纷出笼
我结交他们达到快感高潮
新生儿立即出世
智力空前良好
如果需要幸福我就拉上窗帘
痛苦立即变成享受
如果我想自杀我就拉上窗帘
生存欲望油然而生
拉上窗帘听一段交响曲
爱情就充满各个角落
你不来与我同居

四、自画像

所有的照片都把我丑化
我在自画像上表达理想
我把十二种油彩合在一起
我给它起名叫 P 色
我最喜欢神秘的头发
蓬松的刘海像我侄女
整个脸部我只画了眉毛
敬祝我像眉毛一辈子长不大
眉毛真伟大充满了哲学
既不认为是，也不认为非
既不光荣，也不可耻
既不贞洁，也不淫秽
既不是生，也不是死
我把自画像挂在低矮的墙壁
每日朝见这唯一偶像
你不来与我同居

五、小小聚会

小小餐桌铺一块彩色台布
迷离的灯光泄在模糊的头顶
喝一口红红的酒
我和几位老兄起来跳舞
像舞厅的少男少女一样
我们不微笑，沉默着

显得昏昏欲醉
独身女人的时间像一块猪排
你却不来分食
我在偷偷念一个咒语——
让我的高跟鞋跳掉后跟
噢！这个世界已不是我的
我好像出生了一个世纪
面容腐朽，脚上也长了皱纹
独身女人没有好名声
只是因为她不再年轻
你不来与我同居

六、一封请柬

一封请柬使我如释重负
坐在藤椅上我若有所失
曾为了他那篇论文我同意约会
我们是知音，知音，只是知音
为什么他不问我点儿什么
每次他大谈现代派、黑色幽默
可他一点也不学以致用
他才思敏捷，卓有见识
可他毕竟是孩子
他温存多情，单纯可爱
他只能是孩子
他文雅庄重，彬彬有礼

他永远是孩子，是孩子
——我不能证明自己是女人
这一次婚礼是否具有转折意义
人是否可以自救或者互救
你不来与我同居

七、星期日独唱

星期日没有人陪我去野游
公园最可怕，我不敢问津
我翻出现存的全体歌本
在土耳其浴室里流浪
从早饭后唱到黄昏
头发唱成 1
眼睛唱成 2
耳朵唱成 3
鼻子唱成 4
脸蛋唱成 5
嘴巴唱成 6
全身上下唱成 7
表哥的名言万岁——
歌声是心灵的呻吟
音乐使痛苦可以忍受
孤独是伟大的
（我不要伟大）
疲乏的眼睛憩息在四壁

头发在屋顶下飞像黑色蝙蝠
你不来与我同居

八、哲学讨论

我朗读唯物主义哲学——
物质第一
我不创造任何物质
这个世界谁需要我
我甚至不生孩子
不承担人类最基本的责任
在一堆破烂的稿纸旁
讨论艺术讨论哲学
第一，存在主义
第二，达达主义
第三，实证主义
第四，超现实主义
终于发现了人类的秘密
为活着而活着
活着有没有意义
什么是最高意义
我有无用之用
我的气息无所不在
我决心进行无意义结婚
你不来与我同居

九、暴雨之夜

暴雨像男子汉给大地以鞭楚
躁动不安瞬间缓解为深刻的安宁
六种欲望掺合在一起
此刻我什么都要什么都不要
暴雨封锁了所有的道路
走投无路多么幸福
我放弃了一切苟且的计划
生命放任自流
暴雨使生物钟短暂停止
哦，暂停的快乐深奥无边
“请停留一下”[①]
我宁愿倒地而死
你不来与我同居

十、象征之梦

我一人占有这四面墙壁
我变成了枯燥的长方形
我做了一个长方形的梦
长方形的天空变成了狮子星座
一会儿头部闪闪发亮
一会儿尾部闪闪发亮
突然它变成一匹无缰的野马

---

① 《浮士德》中浮士德最后的话。

向无边的宇宙飞驰而去
套马索无力地转了一圈垂落下来
宇宙漆黑没有道路
每一步都有如万丈深渊
自由的灵魂不知去向
也许她在某一天夭折
你不来与我同居

十一、生日蜡烛

生日蜡烛像一堆星星
方方的屋顶是闭锁的太阳系
空间无边无沿
宇宙无意中创造了人
我们的出生纯属偶然
生命应当珍惜还是应当挥霍
应当约束还是应当放任
上帝命令：生日快乐
所有举杯者共同大笑
迎接又临近一年的死亡
因为是全体人的恐惧
所以全体人都不恐惧
可惜青春比蜡烛还短
火焰就要熄灭
这是我一个人的痛苦
你不来与我同居

十二、女士香烟

我吸它是因为它细得可爱
点燃我做女人的欲望
我欣赏我吸烟的姿势
具有一种世界性美感
烟雾造成混沌的状态
寂寞变得很甜蜜
我把这张报纸翻了一翻
戒烟运动正在广泛开展
并且得到了广泛支持
支持的并不身体力行
不支持的更不为它做出牺牲
谁能比较出吸烟的功德与危害
戒烟和吸烟只好并行
各取所需
是谁制定了不可戒的戒律
高等人因此而更加神奇
低等人因此而成为罪犯
今夜我想无罪而犯
你不来与我同居

十三、想

我把剩余时间统统用来想
我赋予想一个形式：室内散步

我把体验过的加以深化
我把未得到的改为得到
我把发生过的加以进展
我把未曾有的化成幻觉
不能做的都想
怯于对你说的都想
法律踟蹰在地下
眼睁睁仰望着想
罗网和箭矢失去了目标
任凭想胡作非为
我想签证去想的王国居住
我只担心那里已经人口泛滥
你不来与我同居

十四、绝望的希望

这繁华的城市如此空旷
小小的房子目标暴露
白天黑夜都有监护人
我独往独来，充满恐惧
我不可能健康无损
众多的目光如刺我鲜血淋漓
我祈祷上帝把那一半没有眼的椰子[①]
分给全体公民

① 一半没有眼的椰子：神话传说中鬼把一半没有眼的椰子分给活人，活人就看不到它。

道路已被无形的障碍封锁
我怀着绝望的希望夜夜等你
你来了会发生世界大战吗
你来了黄河会决口吗
你来了会有坏天气吗
你来了会影响收麦子吗
面对所恨的一切我无能为力
我最恨的是我自己
你不来与我同居

舒　婷

致橡树

我如果爱你——
绝不像攀缘的凌霄花
借你的高枝炫耀自己；
我如果爱你——
绝不学痴情的鸟儿
为绿荫重复单调的歌曲；
也不止像泉源
常年送来清凉的慰藉；
也不止像险峰
增加你的高度，衬托你的威仪。
甚至日光，
甚至春雨。
不，这些都还不够！

我必须是你近旁的一株木棉，
作为树的形象和你站在一起。
根，紧握在地下，
叶，相触在云里。
每一阵风过，
我们都互相致意，
但没有人
听得懂我们的言语。
你有你的铜枝铁干，
像刀，像剑，
也像戟；
我有我的红硕花朵，
像沉重的叹息，
又像英勇的火炬。
我们分担寒潮、风雷、霹雳；
我们共享雾霭、云霞、虹霓。
仿佛永远分离，
却又终生相依。
这才是伟大的爱情，
坚贞就在这里：
不仅爱你伟岸的身躯，
也爱你坚持的位置，足下的土地！

祖国啊，我亲爱的祖国

我是你河边上破旧的老水车，
数百年来纺着疲惫的歌；
我是你额上熏黑的矿灯，
照你在历史的隧洞里蜗行摸索；
我是干瘪的稻穗；是失修的路基；
是淤滩上的驳船，
把纤绳深深
勒进你的肩膊，
——祖国啊！

我是贫困，
我是悲哀。
我是你祖祖辈辈

痛苦的希望啊，
是“飞天”袖间
千百年未落到地面的花朵，
——祖国啊！

我是你簇新的理想
刚从神话的蛛网里挣脱；
我是你雪被下古莲的胚芽；
我是你挂着眼泪的笑涡；
我是新刷出的雪白的起跑线；
是绯红的黎明
正在喷薄
——祖国啊！

我是你的十亿分之一，
是你九百六十万平方的总和；
你以伤痕累累的乳房
喂养了
迷惘的我、深思的我、沸腾的我；
那就从我的血肉之躯上
去取得
你的富饶、你的荣光、你的自由；
——祖国啊，
我亲爱的祖国！

神女峰

在向你挥舞的各色花帕中
是谁的手突然收回
紧紧捂住了自己的眼睛
当人们四散离去，谁
还站在船尾
衣裙漫飞，如翻涌不息的云
江涛
高一声
低一声

美丽的梦留下美丽的忧伤
人间天上，代代相传
但是，心

真能变成石头吗

沿着江岸
金光菊和女贞子的洪流
正煽动新的背叛
与其在悬崖上展览千年
不如在爱人肩头痛哭一晚

赵丽宏

火光

——冬夜断想

假如，坐上一只小小的舢板，
没有船桨，也没有篷帆，
没有舵把，也没有指南，
头上，是呼啸横行的风暴，
身边，是劈头盖脸的浪山。
只有海鸥凄厉的呼号，
在灰暗的天空里时断时续……
只有鲨鱼惨白的牙齿，
在起伏的波浪间一闪一闪……
你说，你说，我该怎么办？

是绝望地闭上眼睛，
幻想浪潮把我冲上沙滩？
是虔诚地大声祈祷，
乞求信风把我吹进港湾？
不，我不愿用着愚蠢的天真，
接受命运严峻的挑战
死神，已经无情地站在我的面前！
然而，面对这样的绝境，
即便是猛士也只能望洋兴叹……
你说，你说，我该怎么办？

哦，我要燃起熊熊的火，
在那迷惘而昏暗的夜间，
没有木柴，可以拆下舷板，
哪怕，让整个小船化成一团烈焰。
倘若当时还有清醒的眼睛，
就一定能发现我心中的呼唤。
烈火的煎熬，当然是万分苦痛，
希望的光亮，却能滋润心田。
或者，让火光成为我生还的信号，
或者，让火光成为我葬礼的花环……

马丽华

日既出

摇动十二万只风铃哗然而来
宇宙间饱和了恢宏和谐的回声
漫过草原一览无余的滩涂
太阳涨起大潮

阳光梳理我汹涌的思绪
思绪伸张为纷披的触须
沿着太阳的轨迹平行运转
在尽是矮个儿草墩的旷野
做一株挺拔的向日葵最适宜

不然谁又能改变我为云朵呢
借殷勤的风之翼去接近他

是一座亘古挺立的山岩也好
风蚀为纷纷扬扬的大地微尘
承受他绵绵无尽的爱抚
不然谁能使我与爱之神同在

草叶曳动如经幡招摇
我悄悄说，知道么
造物主为我创造了你
又因你而设计了我
唯我能够解破
我与你的缘分之谜
我选择诗笔原只为太阳
只为太阳你呀

激荡的草原忽然肃穆
体会最最新鲜最最深刻的感动
所有头颅都沉重地轻盈地扬起
朝同一方位致注目礼
隐隐传来赞美诗的和声
哦，从哪里响起，从哪个世纪响起

中国，我的钥匙丢了

中国，我的钥匙丢了。

那是十多年前，
我沿着红色大街疯狂地奔跑，
我跑到了郊外的荒野上欢叫，
后来，
我的钥匙丢了。

心灵，苦难的心灵
不愿再流浪了，
我想回家，
打开抽屉、翻一翻我儿童时代的画片，
还看一看那夹在书页里的

翠绿的三叶草。

而且，
我还想打开书橱，
取出一本《海涅歌谣》，
我要去约会，
我向她举起这本书，
作为我向蓝天发出的
爱情的信号。

这一切，
这美好的一切都无法办到，
中国，我的钥匙丢了。

天，又开始下雨，
我的钥匙啊，
你躺在哪里？
我想风雨腐蚀了你，
你已经锈迹斑斑了；
不，我不那样认为，
我要顽强地寻找，
希望能把你重新找到。

太阳啊，
你看见了我的钥匙了吗？

愿你的光芒
为它热烈地照耀。
我在这广大的田野上行走，
我沿着心灵的足迹寻找，
那一切丢失了的，
我都在认真思考。

雪白的墙

妈妈，
我看见了雪白的墙。

早晨，
我上街去买蜡笔，
看见一位工人
费了很大的力气，
在为长长的围墙粉刷。

他回头向我微笑，
他叫我
去告诉所有的小朋友：
以后不要在这墙上乱画。

妈妈，
我看见了雪白的墙。

这上面曾经那么肮脏，
写有很多粗暴的字。
妈妈，你也哭过，
就为那些辱骂的缘故，
爸爸不在了，
永远地不在了。

比我喝的牛奶还要洁白、
还要洁白的墙，
一直闪现在我的梦中，
它还站在地平线上，
在白天里闪烁着迷人的光芒，
我爱洁白的墙。

永远地不会在这墙上乱画，
不会的，
像妈妈一样温和的晴空啊，
你听到了吗？

妈妈，
我看见了雪白的墙。

在漫长的旅途中

在漫长的旅途中
我常常看见灯光
在山岗或荒野出现
有时它们一闪而过
有时老跟着我们
像一双含情脉脉的眼睛
穿过树林跳过水塘
蓦然间　又出现在山岗那边
这些黄的小星
使黑夜的大地
显得温暖而亲切
我真想叫车子停下
朝着它们奔去

我相信任何一盏灯光
都会改变我的命运
此后我的人生
就是另外一种风景
但我只是望着这些灯光
望着它们在黑暗的大地上
一闪而过　一闪而过
沉默不语　我们的汽车飞驰
黑洞洞的车厢中
有人在我身旁熟睡

河流

在我故乡的高山中有许多河流
它们在很深的峡谷中流过
它们很少看见天空
在那些河面上没有高扬的巨帆
也没有船歌引来大群的江鸥
要翻过千山万岭
你才听得见那河的声音
要乘着大树扎成的木筏
你才敢在那波涛上航行
有些地带永远没有人会知道
那里的自由只属于鹰
河水在雨季是粗暴的
高原的大风把巨石推下山谷

泥巴把河流染红
真像是大山流出来的血液
只有在宁静中
人才看见高原鼓起的血管
住在河两岸的人
也许永远都不会见面
但你走到我故乡的任何一个地方
都会听见人们谈论这些河
就像谈到他们的神

尚义街六号

尚义街六号
法国式的黄房子
老吴的裤子晾在二楼
喊一声胯下就钻出戴眼镜的脑袋
隔壁的大厕所
天天清早排着长队
我们往往在黄昏光临
打开烟盒打开嘴巴
打开灯
墙上钉着于坚的画
许多人不以为然
他们只认识梵高
老卡的衬衣揉成一团抹布

我们用它拭手上的果汁
他在翻一本黄书
后来他恋爱了
常常双双来临
在这里吵架在这里调情
有一天他们宣告分手
朋友们一阵轻松很高兴
次日他又送来结婚的请柬
大家也衣冠楚楚前去赴宴
桌上总是摊开朱小羊的手稿
那些字乱七八糟
这个杂种警察样地盯牢我们
面对那双红丝丝的眼睛
我们只好说得朦胧
像一首时髦的诗
李勃的拖鞋压着费嘉的皮鞋
他已经成名了有一本蓝皮会员证
他常常躺在上边
告诉我们应当怎样穿鞋子
怎样小便怎样洗短裤
怎样炒白菜怎样睡觉等等
八二年他从北京回来
外衣比过去深沉
他讲文坛内幕
口气像作协主席

茶水是老吴的电表是老吴的
地板是老吴的邻居是老吴的
媳妇是老吴的胃舒平是老吴的
口痰烟头空气朋友是老吴的
老吴的笔躲在抽桌里
很少露面
没有妓女的城市
童男子们老练地谈着女人
偶尔有裙子们进来
大家就扣好钮子
那年纪我们都渴望钻进一条裙子
又不肯弯下腰去
于坚还没有成名
每回都被教训
在一张旧报纸上
他写下许多意味深长的笔名
有一人大家很怕他
他在某某处工作
“他来是有用心的，
我们什么也不要讲！”
有些日子天气不好
生活中经常倒霉
我们就攻击费嘉的近作
称朱小羊为大师
后来这只羊摸摸钱包

支支吾吾闪烁其词
八张嘴马上笑嘻嘻地站起
那是智慧的年代
许多谈话如果录音
可以出一本名著
那是热闹的年代
许多脸都在这里出现
今天你去城里问问
他们都大名鼎鼎
外面下着小雨
我们来到街上
空荡荡的大厕所
他第一回独自使用
一些人结婚了
一些人成名了
一些人要到西部
老吴也要去西部
大家骂他硬充汉子
心中惶惶不安
吴文光你走了
今晚我去哪里混饭
恩恩怨怨吵吵嚷嚷
大家终于走散
剩下一片空地板
像一张旧唱片再也不响

在别的地方

我们常常提到尚义街六号

说是很多年后的一天

孩子们要来参观

杨　炼

诺日朗[1]

一　日潮

高原如猛虎，焚烧于激流暴跳的万物的海滨
哦，只有光，落日浑圆地向你们泛滥，大地悬挂在空中

强盗的帆向手臂张开，岩石向胸脯，苍鹰向心……
牧羊人的孤独被无边起伏的灌木所吞噬
经幡飞扬，那凄厉的信仰，悠悠凌驾于蔚蓝之上

你们此刻为哪一片白云的消逝而默哀呢
在岁月脚下匍匐，忍受黄昏的驱使
成千上万座墓碑像犁一样抛锚在荒野尽头

① 诺日朗：藏语，男神。四川著名风景区九寨沟有一座瀑布，一座雪山以此命名，地处川甘交界高原区。

互相遗弃，永远遗弃：把青铜还给土，让鲜血生锈

你们仍然朝每一阵雷霆倾泻着泪水吗
西风一年一度从沙砾深处唤醒淘金者的命运
栈道崩塌了峭壁无路可走，石孔的日晷是黑的
而古代女巫的天空再次裸露七朵莲花之谜

哦，光，神圣的红釉，火的崇拜火的舞蹈
洗涤呻吟的温柔，赋予苍穹一个破碎陶罐的宁静
你们终于被如此巨大的一瞬震撼了么
——太阳等着，为陨落的劫难，欢喜若狂

二　黄金树

我是瀑布的神，我是雪山的神
高大、雄健，主宰新月
成为所有江河的唯一首领
雀鸟在我胸前安家
浓郁的丛林遮盖着
那通往秘密池塘的小径
我的奔放像大群刚刚成年的牡鹿
欲望像三月
聚集起骚动中的力量
我是金黄色的树
收获黄金的树
热情的挑逗来自深渊

毫不理睬周围怯懦者的箴言
直到我的波涛把它充满
流浪的女性，水面闪烁的女性
谁是那迫使我啜饮的唯一的女性呢

我的目光克制住夜
十二支长号克制住番石榴花的风
我来到的每个地方，没有阴影
触摸过的每颗草莓化作辉煌的星辰
在世界中央升起
占有你们，我，真正的男人

三　血祭

用殷红的图案簇拥白色颅骨，供奉太阳和战争，
用杀婴的血，行割礼的血，滋养我绵绵不绝的生命
一把黑曜岩的刀剖开大地的胸膛，心被高高举起
无数旗帜像角斗士的鼓声，在晚霞间激荡
我活着，我微笑，骄傲地率领你们征服死亡
——用自己的血，给历史签名，装饰废墟和仪式

那么，擦去你的悲哀！让悬崖封闭群山的气魄
兀鹰一次又一次俯冲，像一阵阵风暴，把眼眶啄空
苦难祭台上奔跑或扑倒的躯体同时怒放
久久迷失的希望乘坐尖锐的饥饿归来，撒下呼啸与赞颂
你们听从什么发现了弧形地平线上孑然一身的壮丽

于是让血流尽：赴死的光荣，比死更强大
朝我奉献吧！四十名处女将歌唱你们的幸运
晒黑的皮肤像清脆的铜铃，在斋戒和守望里游行
那高贵的卑怯的、无辜的罪恶的、纯净的肮脏的潮汐
辽阔记忆，我的奥秘伴随抽搐的狂欢源源诞生
宝塔巍峨耸立，为山巅的暮色指引一条向天之路
你们解脱了——从血泊中，亲近神圣

四　偈子偈子[①]

为期待而绝望
为绝望而期待

绝望是最完美的期待
期待是最漫长的绝望

期待不一定开始
绝望也未必结束

或许召唤只有一声——
最嘹亮的，恰恰是寂静

① 佛经中一种体裁，短小类似于格言，意译为“颂”。

五　午夜的庆典[①]

开歌路

领：午夜降临了，斑斓的黑暗展开它的虎皮。金灿灿地
闪耀着绿色。遥远。青草的芳香使我们感动，露水
打湿天空，我们是被谁集合起来的呢？

合：哦，这么多人，这么多人！

领：星座倾斜了，不知不觉的睡眠被松涛充满。风吹过陌生的手臂，我们紧紧挤在一起，梦见火，又大又亮。孩子们也睡了。

合：哦，这么多人，这么多人！

领：灵魂战栗着，灵魂渴望着，在漆黑的树叶间寻找一块空地。在晕眩的沉默后面，有一个声音，徐徐松弛成月色，那就是我们一直追求的光明吗？

合：哦，这么多人，这么多人！

穿花

诺日朗的宣谕：
唯一的道路是一条透明的路
唯一的道路是一条柔软的路

---

① 本节采用四川民歌中“丧歌”仪式，三小段标题均采自原题。

我说，跟随那股赞歌的泉水吧
夕阳沉淀了，血流消融了
瀑布和雪山的向导
笑容荡漾袒露诱惑的女性
从四面八方，跳舞而来，沐浴而来
超越虚幻，分享我的纯真

煞鼓

此刻，高原如猛虎，被透明的手指无垠地爱抚
此刻，狼藉的森林蔓延被蹂躏的美、灿烂而严峻的美
向山洪、向村庄碎石累累的毁灭公布宇宙的和谐
树根像粗大的脚踝倔强地走着，孩子在流离中笑着
尊严和性格从死亡里站起，铃兰花吹奏我的神圣
我的光，即使陨落着你们时也照亮着你们
那个金黄的召唤，把苦涩交给海，海永不平静
在黑夜之上，在遗忘之上，在梦呓的呢喃和微微呼喊之上
此刻，在世界中央。我说：活下去——人们
天地开创了。鸟儿啼叫着。一切，仅仅是启示

顾　城

生命幻想曲

把我的幻影和梦，
放在狭长的贝壳里
柳枝编成的船篷
还旋绕着夏蝉的长鸣
拉紧桅绳
风，吹起晨雾的帆
我开船了

没有航标
在蓝天中荡漾
让阳光的瀑布
洗黑我的皮肤

太阳是我的纤夫
它拉着我
用强光的绳索
一步步
走完十二小时的路途
我被风推着
向东向西
太阳消失在暮色里

黑夜来了
我驰进银河的港湾
几千个星星对我们看着
我抛下了
新月——黄金的锚
天微明
海洋挤满阴云的冰山
碰击着
轰隆隆——雷鸣电闪!
我到哪里去呵?
宇宙是这样的无边

用金黄的麦秸
编成摇篮
把我的灵感和心
放在里边

装好纽扣的车轮
让时间拖着
去问候世界

车轮滚过
百里香和野菊的草间
蟋蟀欢迎我
抖动着琴弦
我把希望融进花香
黑夜像山谷
白昼像峰巅
睡吧！合上双眼
世界就在我枕边

时间的马
累倒了
黄尾的太平鸟
在我的车中做窝
我仍要徒步走遍世界——
沙漠、森林和偏僻的角落

太阳烘烤着地球
像烤一块面包
我行走着
赤着双脚

我把我的足迹
像图章印遍大地
世界也就溶进了
我的生命

我要唱
一支人类的歌曲
千百年后
在宇宙中共鸣

一代人

黑夜给了我黑色的眼睛，
我却用它寻找光明。

我是一个任性的孩子

——我想在大地上画满窗子，让所有习惯黑暗的眼睛都习惯光明

也许
我是被妈妈宠坏的孩子
我任性

我希望
每一个时刻
都像彩色蜡笔那样美丽
我希望
能在心爱的白纸上画画
画出笨拙的自由
画下一只永远不会

流泪的眼睛
一片天空
一片属于天空的羽毛和树叶
一个淡绿的夜晚和苹果

我想画下早晨
画下露水
所能看见的微笑
画下所有最年轻的
没有痛苦的爱情
她没有见过阴云
她的眼睛是晴空的颜色
她永远看着我
永远，看着
绝不会忽然掉过头去

我想画下遥远的风景
画下清晰的地平线和水波
画下许许多多快乐的小河
画下丘陵——
长满淡淡的茸毛
我让他们挨得很近
让他们相爱
让每一个默许
每一阵静静的春天的激动

都成为一朵小花的生日
我还想画下未来
我没见过她，也不可能
但知道她很美
我画下她秋天的风衣
画下那些燃烧的烛火和枫叶
画下许多因为爱她
而熄灭的心
画下婚礼
画下一个个早早醒来的节日——
上面贴着玻璃糖纸
和北方童话的插图

我是一个任性的孩子
我想涂去一切不幸
我想在大地上
画满窗子
让所有习惯黑暗的眼睛
都习惯光明
我想画下风
画下一架比一架更高大的山岭
画下东方民族的渴望
画下大海——
无边无际愉快的声音

最后，在纸角上
我还想画下自己
画下一只树熊
他坐在维多利亚深色的丛林里
坐在安安静静的树枝上
发愣
他没有家
没有一颗留在远处的心
他只有，许许多多
浆果一样的梦
和很大很大的眼睛

我在希望
在想
但不知为什么
我没有领到蜡笔
没有得到一个彩色的时刻
我只有我
我的手指和创痛
只有撕碎那一张张
心爱的白纸
让它们去寻找蝴蝶
让它们从今天消失

我是一个孩子
一个被幻想妈妈宠坏的孩子
我任性

甜蜜的复仇

把你的影子加点盐
腌起来
风干

老的时候
下酒

欧阳江河

玻璃工厂

1

从看见到看见，中间只有玻璃。
从脸到脸
隔开是看不见的。
在玻璃中，物质并不透明。
整个玻璃工厂是一只巨大的眼珠，
劳动是其中最黑的部分，
它的白天在事物的核心闪耀。
事物坚持了最初的泪水，
就像鸟在一片纯光中坚持了阴影。
以黑暗方式收回光芒，然后奉献。
在到处都是玻璃的地方，
玻璃已经不是它自己，而是

一种精神。
就像到处都是空气，空气近乎不存在。

2

工厂附近是大海。
对水的认识就是对玻璃的认识。
凝固，寒冷，易碎，
这些都是透明的代价。
透明是一种神秘的、能看见波浪的语言，
我在说出它的时候已经脱离了它，
脱离了杯子、茶几、穿衣镜，所有这些
具体的、成批生产的物质。
但我又置身于物质的包围之中，生命被欲望充满。
语言溢出，枯竭，在透明之前。
语言就是飞翔，就是
以空旷对空旷，以闪电对闪电。
如此多的天空在飞鸟的身体之外，
而一只孤鸟的影子
可以是光在海上的轻轻的擦痕。
有什么东西从玻璃上划过，比影子更轻，
比切口更深，比刀锋更难逾越。
裂缝是看不见的。

3

我来了，我看见，我说出。

语言和时间浑浊，泥沙俱下，
一片盲目从中心散开。
同样的经验也发生在玻璃内部。
火焰的呼吸，火焰的心脏。
所谓玻璃就是水在火焰里改变态度，
就是两种精神相遇，
两次毁灭进入同一永生。
水经过火焰变成玻璃，
变成零度以下的冷漠的燃烧，
像一个真理或一种感情
浅显，清晰，拒绝流动。
在果实里，在大海深处，水从不流动。

4

那么这就是我看到的玻璃——
依旧是石头，但已不再坚固。
依旧是火焰，但已不复温暖。
依旧是水，但既不柔软也不流逝。
它是一些伤口但从不流血。
它是一种声音但从不经过寂静。
从失去到失去，这就是玻璃。
语言和时间透明，
付出高代价。

5

在同一工厂我看见三种玻璃：
物态的，装饰的，象征的。
人们告诉我玻璃的父亲是一些混乱的石头。
在石头的空虚里，死亡并非终结，
而是一种可改变的原始的事实。
石头粉碎，玻璃诞生。
这是真实的。但还有另一种真实
把我引入另一种境界：从高处到高处。
在那种真实里玻璃仅仅是水，是已经
或正在变硬的、有骨头的、泼不掉的水，
而火焰是彻骨的寒冷，
并且最美丽的也最容易破碎。
世间一切崇高的事物，以及
事物的眼泪。

雨　田

黑暗里奔跑着一辆破旧的卡车

总在重复的那个梦境叫我害怕　黑暗的深处
我的另一片天空正被事物的本质击穿　我仍然
没有表情　站在堆积废墟的地方倾听那些
腐烂的声音　奔跑在黑暗里的那辆破旧的卡车
据说已有几十年的历史　我努力在回想
那辆破旧的卡车　它只介于新中国与社会之间
我真的看不见卡车内部的零件　但它的意义
不仅仅只是一个空壳　卡车奔跑的声音和其他
杂乱的声音混合在一起　那巨大的声音里
没有任何暖意　我不知道那辆破旧的卡车的存在
意味着什么　它能越过这个动荡不安的时代吗

我在那辆破旧的卡车的本质之外　已经注视了很久

它阴暗的一面让我摊开双手　一些变幻着的事物
教育我善良　这之后　所有的道路都在变形
我的心境如同真理一样　在平静的闪耀
直到有一天　我记忆的手掌上开满鲜花　随着
人的饥饿和人的生存的危机　我将变成
一个沉默的神　应和着回忆的空虚　应和痛苦
那辆破旧的卡车的存在或许就是黑暗的存在
在恐惧的深处　我的眼睛无法改变事物的颜色
当我将自己发颤的声音传向远方时　流出的血
已经老化　我真的像飞鸟一样无法深刻起来

或许在早晨　那辆破旧卡车的本质越过城市
我居住的地方真的起了深刻的变化　走出黑暗
如走出阴影的城市　当我用敏锐的目光
在为那辆破旧的卡车寻找着最高支点时
昂贵的生活充满惊喜　这并非是出于我们的选择
唯独只有我知道关于极限的真理　在所有的寂静中
我的感觉不会太抽象　就像那辆从来都不
抽象的破旧卡车　苍白　带有一层厚厚的污斑
我们活着　我们在依赖谁呢　但至少可以这么说
那辆破旧的卡车可以作为见证　我的平常生活
并不经典　就像奔跑在黑暗里的那辆破旧的卡车一样
既不绝望　也不乐观的存在着　整天不知为什么奔跑着

潘红莉

歌尔的时间之焰

夜是焰，时间之灰是吗
时间之瓦砾的坍塌是吗
那么多条河的干涸是吗
当记忆呈现苍白，白鹭飞走是吗

只有在夜色里才会有烈焰
的分明

我不幸的诗行是吗
我看见的大地无语是吗
四月的春天没有一片叶子是吗
远处微弱的灯火若隐若现是吗

当母亲不再回来，天门山的寂静是吗
我把悦耳的歌声从此埋葬是吗
那个从我身边走过的人
他哀愁的目光是吗

当家门前的江水送走
永不再回头的奔涌之水是吗
那个人，他坐在岸边的长椅上
长久的回忆是吗

无声无息的夜晚慢慢爬上屋檐
祷告声和钟声早已消失，是吗

郭新民

高粱的火焰

望秋的高粱，望红了眼望红了脸
总是让人想起火的舞蹈和风采
一坡一梁的红火焰啊
就这么从北方的高地漫过来
像雨后奔涌湍急的洪水
漫过山岭漫过河流漫过鸟翅
漫过我热泪喷涌的心坎

高粱的队伍，高举着燃烧的信念
是火烈烈的风范与真情
一株红高粱就是一把
跳跃呐喊的红火炬啊
顺着秋风萧瑟的思绪

高粱们，高举着自己燃烧的头颅
以英雄豪杰的风采追逐秋天
大气磅礴，义无反顾

哦，这是塬上涌动的热浪
这是深秋浑厚的承诺
这是季节郑重的宣言
这是黄土地燃起的圣火
红高粱喷涌的光芒啊
照亮了人们从梦幻到生活的真实

这就是我默默祈祷的红高粱
高高站在饱经沧桑的故乡
这些北方充满血性的旺族
这些基因纯正的黄土后裔
如火如荼的生命啊
成为撼魂动魄的画面
成为永恒不朽的图腾

哦，满山遍野的红高粱漫过来漫过来
深沉的大地是那么深沉
高远的天空是那么高远
蜻蜓的翅膀鼓动着蝈蝈的呐喊
鹰的缥缈注入了远村的遐想
庄稼人的眼睛被高粱之火不断照亮

穷苦人，年年岁岁燃起的希望之火
穷山村，岁岁年年祈盼平安和收获

哦，璀璨的阳光谁可攥入手心
市场边缘的庄稼美梦何以成真
红高粱啊，高原大地的红高粱
又是一次超凡脱俗的挺进
又是一次非同寻常的集结
又是一次高亢激越的示威
又是一次汗水和泪水凝结的洗礼

与高粱的火焰深情对望
心坎里总会有莫大的灼热与祈福
脸膛燃烧起来
脉搏燃烧起来
思想和激情的火焰统统燃烧起来
我们灵魂的深处
终被朗朗高粱之火照得彤红透亮

啊，倔强的高粱气韵如火
执着的庄稼生命如火
我相信，谁能把自己勇敢点燃
谁就会燃起人生靓丽的火焰

阎月君

月的中国

江天一色无纤尘，皎皎空中孤月轮。

江畔何人初见月，江月何年初照人。

——张若虚《春江花月夜》

从未曾去过也不曾有来

所谓的日子播种在窗外

唯一的裤子精心洗了又晒

年年盼年

年年吃去春的野菜

年年把月放在江里

年年用九歌的魂把她嫁娶

我们喝江中的水

喝她永不枯竭的隐秘

并得知祖先曾喝过她的水被她吮干过
我们是她心甘情愿的鱼儿
争宠吃醋受苦于她的河
我们恋着的双腿永是成不了佛了

我们在春天只痴心于一种花
说不尽勿忘我勿忘我的悄悄话
我们把这儿花一路栽种下去
便再也走不出走不出这块土地

对酒当歌歌山光亦歌水色
拍遍栏杆摸红叶的台阶
长空浩瀚啊银河是一条流向何处的河
夕阳西下伊人断肠在天涯
瘦马瘦马哟犹自吻落花

在东方朗碧的天空下
有清泪千年蜿蜒为芬芳
一行黄河一行长江
寒蝉凄切何人独对长亭晚凉
落红飞花荷锄怅惘的是哪一家的姑娘
基督基督你永不会读懂
这神秘多情的东方之泪
更不必说那凤毁于火亦生于火
那披发浪子当哭的长歌

我和庄生并不隔膜
有我的时候就有蝴蝶
有我的时候就有苏东坡的月色
月色总在有雾的江边等着
从前李白曾踏歌来过
那以后的履声便夜夜从未断过
月呵月你吮尽了中国
月呵月你化作金灿灿的颜色
那金黄的颜色是龙的颜色
月呵月呵你是中国
寒食夜见河汉袅袅浑圆将落
那满月之上装满了什么
有什么舞着且歌着
纵使欢乐盛满五千年也是沉甸甸的
更何况太多的苦痛与伤别
而我们仍把你当少女的唇吻着
当慈母的怀抱倾吐着
当圣洁的天使崇拜着
我们是心甘情愿的鱼儿
死去活着游弋于你的河
我们恋着的魂纵使飞天也成不了佛了
永是
一串串清泪啊
一声声中国

邛海月夜

邛海叫海的确有些夸大
从前被称为邛池又显然太小
邛海这个不大不小的高山湖泊
身材适中体态轻盈
夜夜守望月城西昌的月亮

不大不小的邛海牵着月光跳舞
挽着月亮唱歌
月城西昌夜夜风轻云淡
风的味道有些香
云的味道有些甜

外地游客的眼里邛海风景不错

邛海的夜景也还好
月城西昌的人民可不这样看
他们看亲人一样看邛海
看情人一样看月亮

西昌又叫月城
城的月亮月亮的城
月城西昌的人民多么幸福
枕着月亮入眠
伴着邛海入梦

吉狄马加

自画像

风在黄昏的山冈上悄悄对孩子说话
风走了，远方有一个童话等着它
孩子留下你的名字吧，在这块土地上
因为有一天你会自豪地死去

——题记

我是这片土地上用彝文写下的历史
是一个剪不断脐带的女人的婴儿
我痛苦的名字
我美丽的名字
我希望的名字
那是一个纺线女人
千百年来孕育着的

一首属于男人的诗

我传统的父亲
是男人中的男人
人们都叫他支呷阿鲁
我不老的母亲
是土地上的歌手
一条深沉的河流
我永恒的情人
是美人中的美人
人们都叫她呷玛阿妞

我是一千次死去
永远朝着左睡的男人
我是一千次死去
永远朝着右睡的女人
我是一千次葬礼开始后
那来自远方的友情
我是一千次葬礼高潮时
母亲喉头发颤的辅音

这一切虽然都包含了我
其实我是千百年来
正义和邪恶的抗争
其实我是千百年来

爱情和梦幻的儿孙
其实我是千百年来
一次没有完的婚礼
其实我是千百年来
一切背叛
一切忠诚
一切生
一切死
呵，世界，请听我回答
我——是——彝——人

点灯

把灯点到石头里去，让他们看看
海的姿态，让他们看看古代的鱼
也应该让他们看看亮光
一盏高举在山上的灯

灯也该点到江水里去，让他们看看
活着的鱼，让他们看看无声的海
也应该让他们看看落日
一只火鸟从树林腾起

点灯。当我用手去阻挡北风
当我站到了峡谷之间
我想他们会向我围拢
会来看我灯一样的语言

莫名镇

一条河在此转折
就已经造就了它
何况还有
两岸水泥栏杆的粗陋

剥落绿色的邮政建筑也足以
构成它
再加上两三棵树
荫阴里停着大钢圈自行车

小银行则是必要的设施
玻璃门蒙尘，映现对街
蒙尘的学校

广播在广播
广播体操反复地广播

另一些影子属于几个人
不愿意稍稍挪动自己
在桥上低头看流水
在家庭旅馆的椭圆形院子里
看一盘残棋浮出深井

百货铺。菜市场。剃头店
网吧幽暗因为从前那是个谷仓
从电脑显示屏颤抖的对话框
到来者跨出，来到了此地
他其实不想找在此要找的，正当
这么个时刻……这么个时代

圆明园酒鬼

题记：献给我的诗兄刘国越

一

这一年我永远不能遗忘
这一年我多么怀念刚刚逝去的老娘
每当看见井旁的水瓢我就不禁想起她那酒葫芦似的乳房
每当扶着路旁的大树醉醺醺地走在回家的路上我就不禁这样想
我还是个刚刚学步的婴儿的时候一定就是这样紧紧抓着她的臂膀
如今我已经长大成人却依然摇摇晃晃地走在人生的路上而她再也不能来到我的身旁

二

这一年呵每当我从醉梦中醒来

就再也摸不到自己那个麻木的脑袋
原来，它已变成了一个古铜色的陶罐
它已被一位亚洲的农妇抱在怀里走向荒芜的田园
我那永不再来的梦境呵就是陶罐上渐渐磨损的图案
我那永不再来的梦境呵就是陶罐上渐渐磨损的图案

三

这一年我常常从深夜一直喝到天亮
常常从把月亮端起来一直到把星星的酒滴喝光
只是，当我望着那根干枯在瓶中的人参的时候
就好像看到了我那把死后的骨头
那时，我就会从坟中伸出那没有一点肉的酸枣刺
拉扯住过路人的衣裳，跟他们谈谈爱情谈谈生命也顺便谈谈死亡
那时，我就会从杯底般深陷的眼窝中滴答出最后的一点点眼泪
因为，我深信，我永远是这块亲爱土地上的
那个呕吐诗句像呕吐出一朵朵呛人的花的
那个春天的酒鬼

吕德安

父亲和我

父亲和我
我们并肩走着
秋雨稍歇
和前一阵雨
像隔了多年时光

我们走在雨和雨
的间歇里
肩头清晰地靠在一起
却没有一句要说的话

我们刚从屋子里出来
所以没有一句要说的话

这是长久生活在一起
造成的
滴水的声音像折下一支细枝条

像过冬的梅花
父亲的头发已经全白
但这迫似于一种灵魂
会使人不禁肃然起敬
依然是熟悉的街道
熟悉的人要举手致意
父亲和我却怀着南方的恩情
安详地走着

刘向东

母亲的灯

那灯
是在怎样深远的风中
微微的光芒，豆儿一样

除了我谁能望见那灯
我见它端坐在母亲的手掌
一盘大炕，几张小脸儿
任目光和灯光反复端详

啊，富裕的夜晚
寰宇只剩了这油灯一盏
于是吹灯也成为乐趣
而吹灯的乐趣必须分享

好孩子，别抢
吹了，妈再点上
点上，吹了
吹了，点上

当我写下这些诗行
我看见母亲粗糙的手
小心地护着她的灯苗儿
像是怕有谁再吹一口
她要为她写诗的儿子照亮儿

哦，母亲的灯
豆儿一样
在我模糊的泪眼中蔓延生长
此刻，茫茫大野全是豆儿了
金黄金黄

那金黄金黄的
涌动的乳汁啊
我今生今世用不完的口粮

亚　楠

从前帖

水道略有改变
左岸，土丘上的芨芨草
摇晃记忆

在枯黄的晚秋
有些飞鸟留下等南边的
风蓄满雨水

本是一种策应
当韵脚起伏，像水浪
沿新月的游移

完成孤旅。奇迹来自他

多年颐养的尊严
和疼痛，唤醒

早逝的童年
应对蓝狐……宝瓶碎裂
所隐含的光泽

也只是看见了一群归雁
暮色隆起
幻听之人一贫如洗

也并非厄运。好像有谁
在那里哭泣？
乌鸦不停地叫——

出于好奇，我停下来
谛听他的玄妙
仿佛一个垂暮之人

田　湘

小草不是风的奴仆

小草是风的语言
而不是奴仆
它用身体的语言说出风
它倒下，是让你看到风的方向
而不会像树枝折断自己

风没有故乡也没有离愁
而小草有，它有一厘米的国土
它害怕离别
它生在哪里，就会死在哪里
它会让你看到它的骨头

小草有翅膀，但从不飞翔

正如石头有门，却从不打开

风想带领小草云游世界
小草只在风中摇曳
绝不随风而去

请看
小草的腰如此纤细
却能与十二级台风共舞
风给予的一切
它都能承受

通惠河

今天我来到这神奇的源头
它更像一条河的结束，黑暗，平静
觉察不到我的行走。
我的目光短暂地看见——的确，它被看见
冬天越来越深，一个早已抵达春天的人
过早地看见了它。

漫长的行动，也许并不艰难的行动
这仅仅是一部分：它们自己延长着
就像坚韧的蛛丝。
它们不可能缩回去，因此，不可能没有猎物。
我转身，就像被占据的道路转身
离开那些不能自拔的占据者。

午后的镜子

迷离的光线与停摆的钟之间
一扇获得了宁静的窗子变得幽暗

它构成空虚
它在我脸上衰老

旧木上的黄昏
移动着花篮悬浮的影子

我已习惯了
眼前可能掠走的一切

我在墙镜的反光里，看到了
慢慢裂开的起风的树冠

唐亚平

黑色沙漠

我的眼睛不由自主地流出黑夜
流出黑夜使我无家可归
在一片漆黑之中我成为夜游之神
夜雾中的光环蜂拥而至
那丰富而含混的色彩使我心领神会
所有色彩归宿于黑夜相安无事
游夜之神是凄惶的尤物
长着有肉垫的猫脚和蛇的躯体
怀着鬼鬼祟祟的幽默回避着鸡叫
我到底想干什么我走进庞大的夜
我是想把自己变成有血有肉的影子
我是想似睡似醒地在一切影子里玩游
真是个尤物是个尤物是个尤物

我似乎披着黑纱煽起夜风
我是这样潇洒轻松飘飘荡荡
在夜晚一切都会成为虚幻的影子
甚至皮肤血肉和骨骼都是黑色
莫名其妙莫名其妙莫名其妙
天空和大海的影子也是黑夜

张　枣

镜中

只要想起一生中后悔的事
梅花便落了下来
比如看她游泳到河的另一岸
比如登上一株松木梯子
危险的事固然美丽
不如看她骑马归来
面颊温暖
羞涩。低下头，回答着皇帝
一面镜子永远等候她
让她坐到镜中常坐的地方
望着窗外，只要想起一生中后悔的事
梅花便落满了南山

何人斯

究竟那是什么人？在外面的声音
只可能在外面。你的心地幽深莫测
青苔的井边有棵铁树，进了门
为何你不来找我，只是溜向
悬满干鱼的木梁下，我们曾经
一同结网，你钟爱过跟水波说话的我
你此刻追踪的是什么？
为何对我如此暴虐
我们有时也背靠着背，韶华流水
我抚平你额上的皱纹，手掌因编织
而温暖；你和我本来是一件东西
享受另一件东西；纸窗、星宿和锅
谁使眼睛昏花

一片雪花转成两片雪花
鲜鱼开了膛，血腥淋漓；你进门
为何不来问寒问暖
冷冰冰地溜动，门外的山丘缄默
这是我钟情的第十个月
我的光阴嫁给了一个影子
我咬一口自己摘来的鲜桃，让你
清洁的牙齿也尝一口，甜润的
让你也全身膨胀如感激
为何只有你说话的声音
不见你遗留的晚餐皮果
空空的外衣留着灰垢
不见你的脸，香烟袅袅上升——
你没有脸对人，对我？
究竟那是什么人？一切变迁
皆从手指开始。伐木丁丁，想起
你的那些姿势，一个风暴便灌满了楼阁
疾风紧张而突兀
不在北边也不在南边
我们的甬道冷得酸心刺骨
你要是正缓缓向前行进
马匹悠懒，六根辔绳积满阴天
你要是正匆匆向前行进
马匹婉转，长鞭飞扬
二月开白花，你逃也逃不脱，你在哪儿
休息

献给妻子

很久了，我没有给你写诗，
你曾是我灵感的唯一源泉；
在我这久经风浪的心底
仍时常激荡着我们的初恋；

但是我的心实在是衰老了
因为它过早地遇到了风暴
并从多次的险境中逃脱，
我怎能不抒发这种逼迫？

现在我在异乡艰苦劳动，
为了让你的双手与众不同：
以前没有受过磨难，以后

也将永远闲置在安适之中：
繁重的工作就是我的情诗，
所有的成果全部献给你。

在哈尔盖仰望星空

西川

有一种神秘你无法驾驭
你只能充当旁观者的角色
听凭那神秘的力量
从遥远的地方发出信号
射出光来，穿透你的心
像今夜，在哈尔盖
在这个远离城市的荒凉的
地方，在这青藏高原上的
一个蚕豆般大小的火车站旁
我抬起头来眺望星空
这时河汉无声，鸟翼稀薄
青草向群星疯狂地生长
马群忘记了飞翔

风吹着空旷的夜也吹着我
风吹着未来也吹着过去
我成为某个人，某间
点着油灯的陋室
而这陋室冰凉的屋顶
被群星的亿万只脚踩成祭坛
我像一个领取圣餐的孩子
放大了胆子，但屏住呼吸

萨克斯

那些被止住的空气充满了海腥味儿
鱼和轮船都沉不下去！

我看见了爱人在远处那张丢不尽的脸，萨克斯！
沿着发亮的栏杆弯曲到眉毛
我被旁人眺望，我永远只被社会发现一半！
我的耳朵里有贝壳的走廊，萨克斯！
从那小小的通道里
我正被送到新疆去劳改

我是一个从天上掉下来的语言打手
汉字是我自杀的高级旅馆
在语法的大道上，每当白云们游过了家乡的屋顶我便坐在一只猫头鹰的眼中过夜!

萨克斯，我要披着长发从船上下来唱着情歌告诉你们

一次成功的爱情毁掉了一个诗人

一次失败的航行却成全了一个杂种!

尽管我曾多么的浪漫，走遍了天涯……

苏东坡和他的朋友们

古人宽大的衣袖里
藏着纸、笔和他们的手
他们咳嗽
和七律一样整齐

他们鞠躬
有时著书立说，或者
在江上向后人推出排比句
他们随时都有打拱的可能

古人老是回忆更古的人
常常动手写历史
因为毛笔太软

而不能入木三分
他们就用衣袖捂着嘴笑自己

这些古人很少谈恋爱
娶个叫老婆的东西就行了
爱情从不发生三国鼎立的不幸事件
多数时候去看看山
看看遥远的天
坐一叶扁舟去看短暂的人生

他们这些骑着马
在古代彷徨的知识分子
偶尔也把笔扛到皇帝面前去玩
提成千韵脚的意见
有时采纳了，天下太平
多数时候成了右派的光荣先驱

这些乘坐毛笔大字兜风的学者
这些看风水的老手
提着赋去赤壁把酒
挽着比、兴在杨柳岸徘徊
喝酒或不喝酒时
都容易想到沦陷的边塞
他们慷慨悲歌

唉，这些进士们喝了酒
便开始写诗
他们的长衫也像毛笔
从人生之旅上缓缓涂过
朝廷里他们硬撑着瘦弱的身子骨做人
偶尔也当当县令
多数时候被贬到遥远的地方
写些伤感的宋词

陈惠芳

资水谣

1

赧水无须赧然，无须脸红
河源唯远唯大
资水正源，从城步向益阳走去
像一个情窦初开的山娃
长途奔波，成长为一个慷慨的男人
一头扎进洞庭湖，了却一生的心愿

站在雪峰山脉，鸟瞰
这一道 600 余公里的闪电
不疾不徐，时快时慢
刻画了静默的江山

2

资水修炼了很久很久
左右逢源
左源赧水，右源夫夷
湘桂的眼神，汇合于双江口
专注的目光，平缓而跳跃

一支笔，描绘工笔画
一支笔，挥洒大写意
无数的画家，吞云吐雾
游走于日月星辰之间

那些横陈于资水的桥梁
不过是一些躺倒的楼梯
那些唱晚的渔火
不过是一些剩余的足迹
资水，有一件披风
正面叫作婉约
背面叫作秀丽

3

我扒弄草丛
翻动资水的封面
被掩盖的小小洞穴
涌出三寸金莲

从容不迫地
走下黄马界

大手大脚的云
将有条不紊的天空
踏成了一个牛栏

这是女婴的吸吮
静静地，只发出细小的声响
那些惊天动地，那些澎湃的吼叫
留给死灰复燃的男人

4

宝庆府不在了，资水在
魏源睁眼看世界，至今还不愿闭上
看看这世道，是怎样翻云覆雨
蔡锷的马，也不肯停下
只是路过驿站的时候
听一听小凤仙的
高山流水

宝庆府不在了，资水在
严怪愚像鲶拐鱼
从水中冒出来
依旧举着一杆犀利古怪的笔

贺绿汀哼着游击队之歌
一次又一次看着西边的太阳落山
最后撒了一地音符

资水流，日夜流
宝古佬血脉扩张
绵绵不绝的身板
日日夜夜，对练拳击
将丘陵打成山峰
将山峰打成平原

5

资水流，流过古梅山
愤然蹈海的陈天华，是不是猛回头
从日本大森湾游到了资水
再敲响一记警世钟

那些苦涩的海水
是不是飞溅到了紫鹊界
化成了一波一波的梯田

梅山蛮，把狂野的背影
倒进资水
煮熟了一万年的悲歌

6

车马劳顿的资水
看见益阳摆了一把宽阔的躺椅
本想好好歇息，却打了一个心结

我替资水寻找着段德昌
那个未授衔的元帅，那个第一号烈士
死不瞑目的是血腥的历史
洞庭的风，近在眼前
洞庭的雨，远在天边

如果资水结冰，那是寒冷的棉被
如果资水解冻，那是奔涌的泪花

7

一路摇摆
资水是楚巫，是傩戏
是地花鼓，是文武全才

这是湘资沅澧的资
这是资水的资，这是资江的资
这是资本的资，这是资格的资

我就是甘溪港
我就是资水伸向洞庭的

最夸张的嘴唇

鼓舞了所有向前的力量

我再鼓舞最后的倾情

母亲

该添衣裳了
千里之外，母亲说

这句话
母亲已说了几十年
一到秋天，就说
无论我在哪里
无论我多大年龄

像默契，又像仪式
年年，我都等着
母亲说这句话，
等着帮母亲，也帮自己

完成一项温暖的事业

每回听到这句话
我都会眼眶一热
都会忘掉所有的言语
只是不住地点头：晓得了，晓得了

华　清

我不知道春雷是站在哪一边

春夜里隆隆的雷声
将我从梦中惊醒

我不曾期望它会到来
像一位侠客蒙了面孔

多年了，即便他蒙上黑色的眼罩
我也不曾期望他是一位英雄

不曾。每逢这样的时刻
他只会在黑夜里干咳几声

作恶多端的人不会

在雷声中胆寒

善良和被欺的人们
也不会走出他们早已习惯的黑屋

没有立场的春雷就这样响着
我又回到了我虚妄的梦里

葵花秆

一片葵花秆站在冬日的原野上
像一堵寂寥的墙阻挡着衰老
有时它在风之上 仿佛一件衣裳

从北面山冈吹过来的雪花
用尽一生的嘱托 它提醒着
乡下的时光 冷一阵热一阵

为了这远走的丰收 一片葵花秆
已告别前半生的雨水和泪水
在自己的疆域举起暴动的大旗

足够低调 躲闪着逝去的世风

我看见羊群在落日的官道梁上
像记忆中的好词语散落人间

一片整齐的葵花秆集合成队伍
心中却无力燃起青春的火焰
大雪即将到来 嗓音更加沙哑

我们生活在这里 踩着更大的雪
像踩着细碎的日子 在官道梁
把深藏的秘密一路逼至春暖花开

羊群归来

我记得羊群归来，从坡上归来，
带回秋天流动的草香。归来的羊群，
头颅高高在上，每仰起一次，
就有天堂的牧场低首相迎。

我记得羊群归来，街巷一片尘埃，
头羊跑过来，就像整个童年在奔跑。
跌倒的花朵绽开黄昏的辽阔。
这些感动都被父亲看在眼里。

三级台阶，五尺羊圈，风做了窗户，
黑夜就是那静谧的窗帘。七盏油灯下，
还有母亲用针尖挑破的日子。

我记得羊群归来，一会儿的睡眠！

羊群归来，秋天的教堂粉刷一新，
有蚂蚱凉凉的歌，大雁高高地唱，
我这株深山里的野菊，像走散的风，
也一定会在早晨遇见辽阔的牧场。

官道梁的谷子熟了

中秋节的前后晌，官道梁的谷子就熟了。
低下头的谷穗再也不想成长的艰辛了。
从北到南横过来的谷子，就像一排排
金黄的浪推开自身的辉煌，推开山梁。

那么安静的梁上，仿佛时间隐入鸟翅，
沟外的蚂蚱，沟内的蝴蝶，飞呀跳的，
都在打发着官道梁上剩余的燥热。
就连风也紧张得发冷，不断舔着锃亮的镰刀。

我也说不出话，坐在梁上编着捆谷的草绳，
每用一次力，就好像幸福向我靠近一步。
我知道这样的幸福会叩击心底的酸楚，
这一排排的谷子倒下后田野将更加孤独。

江湖

河面上，有整个天空
这轻浮的气象，像脸上偶尔泛起的气色
行走江湖的人都有这腥味的经验。
随一条船破浪，拐弯处有案
你写下了几朵浪花和寡言的旋涡
你看，你还能干些什么
一条河的尺度，仅仅是几朵浪花
就分开了什么是愉悦什么是沉默。
江湖不会老去，瞬间或悠久
你心思重了，船就有怯意
过河之鲫，犹如你
脑袋里晃动着全是鱼跃龙门的声音

高　凯

苍茫

一只苍鹰
把天空撑起

一匹白马
把大地展开

一条阳关大道
在一个苦行僧远去的背影里消失

一粒金沙在天地尽头
高出戈壁

凝神眺望
不是月亮就是敦煌

土伯特人

高原如盾牌抵挡太阳之箭抵挡雪风之九节鞭
岁月之利戟还是把它砍伤了沟沟壑壑可供考证
这自然之杀戮却催生了一群高原之子
他们同牛毛帐房一道菌开在漠野
他们是土伯特人是高原青铜之群雕

他们用糌粑用手抓用奶茶雕塑骨架
站立如大山躺倒如巨原奔驰如羽翼之马
他们将哈达从历史之死线团里拽出来
拽出来成白洁之河流过生与死
涨起诞、婚、节日之方舟

他们用锦袍用狐皮暖帽用牛皮靴子

给生活刻划线条给牧歌插上翅膀给人生打上戳印
从莽原索取野性冶炼成粗犷锻压成豪放
却将绵羊牦牛驯化成温顺之楷模给女人效尤
却不把奔马之四蹄驯化成没有脾气的木头
否则就没有女人用丛生之发辫去缠他们的肩膀

女人们古今都是天地牙缝中的尤物
金戒指银耳环白项链绿玛瑙把每一个晨昏碰出声音
她们以此为马尔顿来打扮穷富
笑花和泪雨和情人的眼睛也少不了它们装饰
就这样一丛华贵的金属给她们套上了重轭
经过少女嫁娘老妇之驿站没能松脱始终

他们用火抹去生老病死之苦痛
他们请鹰隼腹葬总难结果之欲望
让灵魂在活佛念珠的轮转中超度永远
然后把天堂在心上筑成浮屠
他们幸福的归宿便在脸上开出高原红

他们古朴善良独角兽一般纯洁
他们是土伯特人是高原青铜之群雕

遇见

并不是所有相遇都会停下脚步
在行走中，我们与千万人擦肩而过
人们长着相似的面容
像一只麻雀，遇见一群麻雀
无法看清彼此的眼神

除非一场深入内心的感动
血脉贲张，让头顶的发丝倒立起来
心跳是生命的鼓点
我们却越来越不相信手中的木槌
在自己激励自己的光阴里
怀疑不断敲错节拍

我厌恶穿貂皮大衣的女人

用生灵的命，装扮自己的如花似玉
依旧掩盖不住身体的肮脏
我赞美朴素，开满山岗的格桑花
每一朵是那么的灿烂

遇见是百年修来的福报
可遇而不可求，一旦变成生命的一部分
必是一生的痛
我还没到老年，无法揣度真正的怀念
一路前行的时间里
不会轻易驻足

我把相遇视作最美好的事情
比如遇见雨后的彩虹
横跨天边，而一生的雨中
风不断吹残树上的嫩叶
脚下已是满地的落英

更多的相遇是在镜中遇见自己
人到中年，渴望遇见少年的自己
鬓角早已泛白
像初夏时节，突然遇见
纷纷扬扬的雪

汪剑钊

喀纳斯，你还欠我一张合影

漏过云层的月光
轻轻击打水仙与勿忘我簇拥的小径，
蘑菇在断树的伤口里疯长。
天空是一位慈祥的母亲，
敞开一个更为博大、幽深的湖泊……

今夜，卸下面具的矜持，
把自己放逐给烈焰似的酒精，
放逐给芬芳四溢的羊粪蛋，
放逐给触手可及的星星……
一路驱赶清波荡漾的歌声，

犹如放牧一群调皮的野山羊。

夜幕，这黑底的铜镜
依稀映照灵魂的残缺，
心形的节疤反衬落霞的折光，
一粒松果躲在暗处哭泣：

喀纳斯，你还欠我一张合影，
一个美与孤独的拥抱……

沉默的砖头

会有这么一天的。

一块一块的砖头，在建筑的下面，它们来决定一切。

苔迹，不只是岁月的陈旧。

蚂蚁，或别的虫豸，访问着这些沉默的砖，它们或许爬出一个高度，它们没有意识到墙也是高度。

有一天，这些砖头会决定建筑的形状。

富丽堂皇的宫殿或不起眼的茅舍，这些砖头说了算。

上层建筑是怎样的重量?

沉默的砖头，寂寞地负重。它们是一根又一根坚硬的骨头。

它们就是不说话，更不说过头的话。

它们踏踏实实地过着日子，一块砖挨着另一块砖，它们不抒情，它们讲逻辑。

风撞着墙，砖无言。风声吹久了，便像是历史的声音。

顾国强

轻轻抹去桌上的灰尘

谁没有过不快乐的时候
因人 因事 与己相关或无关
你只要淡淡一笑
争吵和格斗就羞愧地扭过脸去
谁都有一点点狭隘和自私
比如我自己 总接受不了
别人在暗处 说长道短
既然相识 没事儿常坐坐
喝茶 聊天 最好友善地提醒一下对方
不自觉的小毛病
说错了也别介意
只当一阵风轻轻刮过

委屈的时候就在大街上随便走走
孩子们的笑声
像春天的叶子一样清亮
烦恼了就到诗歌里转转
随便扯一片阳光
舒展地铺在心上

世界上从来没有两块相同的玉
相同的是 都难免一点瑕疵
原谅别人当成一件事去做
就像每天要轻轻抹去桌上的灰尘

去车站接朋友

一个多年不见的朋友打来电话
某日他要经过我的城市
转车回他外省的老家
同行的还有另一人
也是多年的好友
只是这些年，老朋友音讯全无
现在，故友重逢
这真是一件开心的事，回忆当初
青春闪亮又模糊
我到宾馆定下最好的房间
备下了好酒，计划故地重游
那一天，我去车站接他们
却只看到给我电话的兄弟，他独自一人

一脸疲态
背着一个黑色行李。那时白天即将结束
暮色渐渐升起在城市上空
当他看出我的诧异
默默地，把黑色行包轻轻卸下
然后说：他，在这里

可能只为你，我才来到地球

可能，只为了你
我才来到地球
为了在山谷里看你风中飘散的秀发
为你的孤独镀上月光和黄金
为你的寂寞带来天籁的芬芳

可能，就是为了你
我才来到这个世上
让你脚踩的每一块土地都开满百花
让你的每一次呼吸
都能在钢琴上弹奏

可能，只为了你

我才来到中国
用悬崖上的积雪，保卫你冰雪的肌肤
用清澈的秋水
流盼你投向星空的每一瞥

可能，我就是为了你
才来到你身边
让你生命的每一秒都有昙花开放
守身如玉，与你白头到老
守心如玉，与你白头到老

世界如此之大
我们的心，贴得如此之近
近得已经没有了你和我
可能，你也是只为了我
才被召唤到这个地球

如果我身上不再有草的味道

如果我身上不再有草的味道
我就会甘心做这座城市的居民
或者用这座城市的口音
说话、骂街

如果我能够忘掉草原
我就不会站到窗口
看远处的云
飘向更远的远处

闭上眼睛
辽阔的草原迎面而来
马蹄的声音，驮着我

在阳光下奔跑

马头琴的曲调，悠扬而苍凉
母亲饱含热泪，站在风中
站在我回家的路口

我看到了母亲的目光
那一片辽阔的草原……

如果我身上不再有草的味道
我就不会有我现在的一切

南　鸥

所有的汉字，都是我满朝的文武

留下一堆生涩的普通话
留下被阉割的器官，一道幽光敲打着
贫民的屋顶。青春被拦腰斩断
那些无法缝合的伤口，翻卷着黄昏
顺天承应，从胸口飞出的寒鸦
闪出一道陡峭的口谕

我从来不是他人的子民
更不是皇亲国戚。我的血液只流向天空
我只属于粗糙的大地和天外之天
时间的背后，掩映我的故乡
我醉卧故乡的草地，千年狂饮
一万年不醒

其实，黑夜藏着我的舞台
我就是自己的主角。一个人独步的传奇
在词语间策马而行，狂醉的身影
穿越古今。我敲打着键盘
所有的汉字都是我
满朝的文武

其实我的胸脯起伏着疆土
我就是自己的国王。我的书房是皇宫
沉默的书卷浮动五千年的暗香
我睁开眼睛，所有的山河都是春天
我入梦，五千年的历史
昼夜迁徙而来

荣　荣

水井巷

上午十点的水井巷像一只被阳光转动的万花筒

“你们女人就喜欢零碎！
小手势 片言只语的温暖
点滴的记忆或片段”
现在是满巷子的藏饰

看上去真的很美！
这是日常里朴素 廉价的部分
这个外省女子在这里拼凑着
对于西北的理解

她不喜欢讨价还价
但必须忍痛割爱 在生活的另一面
“我喜欢零碎　你就是我绝望的零碎！”

移交

深秋，露出满嘴假牙
像一个黄昏的老人
在镜中假眠

他暗地里
把一连串的错误与后悔
移交给冬天

把迟钝的耳朵和过敏的鼻子
移交给医学
把缺心少肺的时代
移交给诗歌

把过去的阴影和磨难
移交给伤痕
把破碎的生活
移交给我

记忆，一些思想的皮屑
落了下来
这钻石中深藏的影子
像光阴漏尽的小虫

密密麻麻的，死亡
是一堂必修课
早晚会来敲门

深秋，这铁了心的老人
从镜中醒来，握着
死的把柄
将收割谁的皮肤和头颅

宗焕平

大雪

一场大雪让历史在现实中复活

大雪从天而降，大雪从天而降
大雪落在苍茫的群山上
大雪落在垂钓的湖面上
大雪落在古典的长亭短亭
青砖灰瓦红墙
飞翘的檐角、抖动的枝条上
落在老物件和旧时光的斜坡和断面上
落进摄影师精心筛选剪裁的构图
画家审美的画框

世人对从天而降的事物

总是秉持截然相反的方向——
不是无限悲伤，就是大喜过望

其实，喜不会从天而降
悲不会从天而降
它承受不起
这么多的指责和赞扬
天，原本是空的
它无处存放这么多的重量

它无非
是把从人间取走的东西
重新还给了这个世上

擦拭

双休日，我哪里也不去，取一块
细而软的棉布，专心致志
擦拭家里的老榆木家具
一遍又一遍地擦拭
特别是，那些角落、皱褶、和缝隙
我知道，它的内部，一定有
许多异物和旧的时光暗藏
包括一些痛，一些伤
一些思想和锋芒，以及委屈
即使弯腰、曲膝、侧身和劈腿
也不易全部清除，而不像
壁橱、柜子、桌椅的表面
轻轻一拭，就能光洁如初

世上许多事物，大抵也是这个样子
比如，坚硬的东西，往往要用
柔软的方式面对
隐匿的事物，通常要下细功夫处理
再比如，清洗面部是容易的
而后背上的脏物，若不借助别人的手
很难自己彻底搓去

亚洲铜

亚洲铜，亚洲铜
祖父死在这里，父亲死在这里，我也将死在这里
你是唯一的一块埋人的地方

亚洲铜，亚洲铜
爱怀疑和爱飞翔的是鸟，淹没一切的是海水
你的主人却是青草，住在自己细小的腰上，守住野花的手掌和秘密

亚洲铜，亚洲铜
看见了吗？那两只白鸽子，它是屈原遗落在沙滩上的白鞋子
让我们——我们和河流一起，穿上它吧

亚洲铜，亚洲铜
击鼓之后，我们把黑暗中跳舞的心脏叫做月亮
这月亮主要由你构成

日记

姐姐，今夜我在德令哈，夜色笼罩
姐姐，今夜我只有戈壁

草原尽头我两手空空
悲痛时握不住一颗泪滴
姐姐，今夜我在德令哈
这是雨水中一座荒凉的城

除了那些路过的和居住的
德令哈……今夜
这是唯一的，最后的，抒情
这是唯一的，最后的，草原

我把石头还给石头
让胜利的胜利
今夜青稞只属于她自己
一切都在生长
今夜我只有美丽的戈壁空空
姐姐，今夜我不关心人类，我只想你

面朝大海，春暖花开

从明天起，做一个幸福的人
喂马，劈柴，周游世界
从明天起，关心粮食和蔬菜
我有一所房子，面朝大海，春暖花开

从明天起，和每一个亲人通信
告诉他们我的幸福
那幸福的闪电告诉我的
我将告诉每一个人

给每一条河每一座山取一个温暖的名字
陌生人，我也为你祝福
愿你有一个灿烂的前程

愿你有情人终成眷属
愿你在尘世获的幸福
我只愿面朝大海，春暖花开

哀歌

我要远离的现在醒着
一湖波纹向外扩展
孔雀的羽毛开屏
旭日正在东升

我要制止这些现象
还要接受一些事实
我唯一能够做到的
是去郊外坐到一条油漆剥落的长椅上
看鸡冠花脆弱的凋零

那些重复的如同阴影一样的网
如同温暖的陷阱

我已全部懂得
却把歌声和敏感留下来
我离去时血液已经缺少养分
我要将巨大的空茫带走
行将带走的哀歌
献给未来的时间

这么多的雨披

这么多的雨披从地铁车站涌来
仿佛一次旅行进入最后的阶段
他打量着两旁的玻璃转门
她眼睫上的水珠又弹飞在发笑的鼻尖

雨披和雨披之间
是大片大片的积水，是积水和积水的反光
那半只面包已经被雨意充实
在背后的一隅渐渐膨胀
他耸耸两肩感叹这倒霉的天气
她踩向水洼尝试水靴的性能
他八小时之外激动地加了许多夜班
她不必为了去旅游保存一个个工休假日
他发现时刻表上常常波动雨的节奏

她认为将雨披搭在臂膊更为动人
到达这座城市正是多雨季节
总感到单调的旅馆显得孤单

眼睛和眼睛之间
是有意无意的距离，是稍纵即逝的过程

他和她在途中另一个地铁车站相遇
她的雨披是他的雨披的补色
他的短发和她的长发有同等的抗拉强度
她和他同时觉察彼此眼中别人无法捕捉的神情
他一个粗犷的男子每天得意地在船坞上走动
她一个好看的女子因为待业总是凭空远眺
他试着戒了一次又一次的纸烟
她正靠看烟摊等待营业执照
他有过插队和病退回城的辛酸经历
她偏爱生活之路上哗啦哗啦的雨披和男性旁白
他和她是一个年华的共同追求
她远足归来他又行色匆匆

这么多的雨披向城市深处行去
也许是每年都出现的流动风光
他们在大桥下面指点远方灯火
雨水从他的指尖快速流向她的指尖
又通过他的嘴唇快要触到她的嘴唇
雨披隐蔽了这场慌乱的举动

欢迎

我欢迎风
吹走尘土，清洁我的路
我欢迎雨水
我已准备好一小块地、几把麦种
我欢迎日出
金色的犁轻轻划过我身体
使我疼痛并且喜悦
作为一名黄昏爱好者，我欢迎
紧接着来到的夜晚
它使我身心自由，充满想象
成为陌生而吃惊的另一个
我欢迎爱情
因为最好的诗篇属于女性的耳朵

但新的爱情要向旧的爱情致歉
我欢迎四季，特别是冬天
思想在寒冷中结晶
灵魂在受难中坚硬
我欢迎大海上漂来的帆
（它来自一个人的童年）
虽然落日孤烟的大漠才是最后的栖息地
我欢迎全部的命运
这神奇的不可捉摸的命运
这忙碌的永不停息的命运
像水蛭，我牢牢吸住它的身体
直到把它变成自己的一部分
哦，我欢迎我的一生
这残缺中渐渐来到的圆满

夜行记

群峰起伏，仿佛语种之间
伟大的翻译

就这样穿行于峡谷之中
我们谈起了世事经乱
—— 谈起简体和繁体是一个字
弘一法师和李叔同，是一个人
昨天和明天，使用的是同一天

当谈到这些，天地朗廓，万籁寂静
唯有星河呼啸
像临终关怀

余　怒

交换

十二岁时我与伙伴
交换彼此拥有的动物。他拿出
一只灰鸟，我拿出一只蜥蜴。它们分别带着
两个人的体温。

两个人性情不同，我爱打架而他爱
幻想。我父亲是一名水电工他父亲是一名
长号手，现在我还记得他，他曾说
“乐队里应该有动物”。

灰鸟和蜥蜴，都拴着线。我俩
冷静如助产妇，一个检查蜥蜴的性别，
一个看鸟的牙齿。这可是
飞与爬的交换，我们很在乎。

旅客

一个秋日午后，
我坐在码头上看书。
一艘轮船因故障停泊。
几个男女倚着船舷，笑着望着我。
多年前，我也坐过轮船，也那样
注视过码头上的人们。
为同时存在而相互惊奇，
按捺住不喊对方。
来之地和去之地，漂移变幻。
我从不为身在书中还是身在
现实中而为难自己，觉得哪儿不对劲。
永远都有不知身在何处的恐惧净化我。

傍晚河堤独坐

快乐且静。
有剩下的时间且足够。
我感到一个莫扎特正在心中形成且无声。
用以调和昨日之
善与恶、粗鲁与细腻。
我呆滞沉思的样子一定惊着了其他人。
往常我可不是这样的人。不像一只飞蜥那么
强调生命感，滑翔，在树干间。
像水中的鹅卵石或水力发电站。

丝绸之路

大道昭彰，生命何需此喻。

让天空打开，狂飙落地。
让一个人长成
在路上，挽起流放世界的光。
楼兰灭下，星辰燃烧，岁月吹鸣
而丝绸裹覆的一领骨殖
内心踉跄。
在路上，让一个人长成——
目击、感恩、引领和呼喊
敦煌：万象之上的建筑和驭手
当长途之中的灯光
布满潮汐和翅膀

当我们人生旅程的中途
在路上，让一个人长成——
怀揣祭品和光荣。
寺院堆积
高原如墙
大地粗糙
让丝绸打开，青春泛滥
让久唱的举念步步相随。
鲜血涌入，就在路上

让一个人长成
让归入的灰尘长久放射——
爱戴、书写、树立、退下
以至失败。

帛道。
骑马来到的人，是一位大神。

一只母羊与三只小羊

一只母羊与三只小羊
是我要吟唱的

一只母羊
和三只小羊
走在傍晚的草径上
碧绿的玉米林
染上杏黄
壮大的母羊低头缓行
三只小羊一边咩咩
一边张望

这是炊烟升起的时辰

我仍在大石顶彷徨
天光渐暗
我拿不定主意
该走进谁的家门
行吟诗人早已绝迹
剩下的歌手全都做作
故意嘶声哑嗓
但我仍要吟唱夕阳下
晃动的白色羊体
它们轻软的蹄子踏在草径上

没有预期没有目的
我遇见一只母羊
与三只小羊
这是旅途中所见的
最平常的景象
但我们却像首次相逢
向晚时分
我跟随它们
在小径徜徉

杨 键

在桥上

一对恋人像两首老歌，
相依在古桥头上。
“我喜爱柳树谦逊，
雍容华贵的枝条……
远方苦行僧一样的江水，
没有语言能与它相称。
我想，是我心中长年的哀叹
毁了江水在这里的浩瀚，
像逆子把慈母抛弃。
一阵冷风，一阵乌云
是我们反反复复的病痛。
我们的爱永久，悲哀亦永久……”
像两首老歌，
心底的苦水使他们紧抱，
像要把各自吞下。

鸟

天空中飞翔的鸟儿
我在陆地上行走
同你一样自由
还可以用弹弓打你

我赶着一群石头上山

我赶着一群石头上山
就像牧羊人赶着羊群
云层越堆越厚
天空压得低低的
就快砸着头顶
我接到指令
必须在天黑之前
把这群石头赶上山顶
这群纯洁的石头
像千年积雪一样白
我们刚刚走到山腰
天就完全黑下来
我一遍一遍打着胡哨

这群石头再也挪不动脚步

我说：我们反了吧！

话音刚落

这群石头一哄而散

纷纷滚落山脚

一直

我一直在寻找
相关的人都老了

我一直这样走
就能穿过数层互不干涉的自由

我一直绷紧着呼吸
维护着紧致的小脸和躯体
看到散碎的灵魂在一路凌乱

我一直用思考把黑夜和白天串联
偶尔再安排几次太阳和月亮的会面
因为它们都没有家

我一直尝试着用飘荡的姿势走出最沉重的步伐
踩过一颗颗柔软的头顶
被经过的人浑然不觉地 快乐

我一直坚持着 不落入固定的漩涡
虽然有时的蒸煮翻滚是很舒适的

我一直讶异着
风霜里暗藏的获得能有多大
以至于可以牺牲掉整个独立的思索

我一直都忘记了
为什么没有分离出周遭弥漫的介质
还是它也在一直顽强地分离着我

现在让我们谈谈爱情

现在让我们谈谈爱情
像谈论一个朝代，一个谜
谈论锦瑟、百合或夜莺
宇宙中无法描述的事物

它具有流水的线条
青草的高度
冰与火的双重气质
它是个体的神秘镜像
生命中难以承受之相似

它是拂晓前的天空
日落时的投影

它是从未说出的部分
许多人活着
却从未遇见的部分

它是词语的变奏
字里行间的荒凉
幽居者的宫殿
比赞美诗更神圣
比墓志铭更久远

现在让我们谈谈爱情
像谈论一场早年下过的雨
一门濒临失传的手艺
一个比幸福更孤独的词

庭院

谁能解读命运的魔法
废墟或奇迹，人工或天然
谁能解读一座庭院的黄昏
梅花的暗语，比石头更经典

雨提供抒写的意念，胸中块垒
穿透暗淡书房和千秋诗卷
猝不及防的欲念
构成劫后余生的痛饮
像她惊讶的一瞬：
一场比春天更脆弱的阅读

风是一双游移的手

于满目疮痍之间兜兜转转
雨水深处，红尘止息
一曲旷世的行板
打动暮鼓与晨钟

谁能解读生命中的一场旅行
像一滴雨遭遇另一滴雨
像一座庭院此刻高贵的孤寂
呵
最后的亭台楼阁
最后的小桥流水
最后的良辰美景

晨昏

鸟鸣在春天复制的每一个清晨
都是对我的鼓励　如能乘兴而起
行走于林间　香气欸乃如闻水波轻软的叹息
我也曾于黄昏　踏青于绵密的雾雨
在一种匀速的触及中领受那连绵的亲密
绿树穿着白纱　或许边上还有一位准新娘
在拍组照　目光和笑容　都很大众化
有时看到一只虫蛹掉下树枝半米
然后紧咬着从自己体内分泌出的丝
奋力引体向上
我不知道已错过了多少这样有趣的场景
虽然是在行走　但像被一个更高的
存在者注视　并悲悯着的生命

虽说这并不妨碍我真实地感到快乐
我是爱着这样的晨昏的
万物皆在　它们沉默的教诲从未改变

施茂盛

赋形

在雪松的冠部，它发现自己。
不是鸟迹，是修剪的喷泉。
即将融化的积雪，塑造着它的底座；
雾气微微蒸腾，它因此得以赋形。
仿佛某种神秘之物正在
勃莱的寂静中完成。
一股风团留在原处，它的影子
形成旋涡。松针根根立定，
看见依附它的光线跳跃。
松枝间，黑暗宽厚而又浑圆，
与退出的经验浑然一体。
而鸺鹠带来局部的时间，
在融雪的“滴答”声中显露。

远处，屋顶归于线条清晰的轮廓，
上面是大海在潮汐中恢复。
群星贴近轨道奔驰，汇聚银河。
宇宙，此时也从雪松的冠部开始。

雷武铃

低语

有时候你是空气，有时候
是石头，在我心里。
有时候你是闪耀在初夏树叶上的阳光
摇晃我。

有时候你是成天昏沉的神思里
突然的唤醒，
是一股春天清新的风沁入身体
甜蜜的知觉和欲望绽放。

有时候你是一种边际，一种深渊
让我突破，沉陷。
有时候你是意识的缆锚，担保，

每天醒来时，让我搜索、然后抱住。

有时候你是奔驰的列车窗外
华北平原连绵的冬天。
纠结、裹挟着寒冷的雾气，又挺立着
落叶的树，在阳光照彻的坦荡土地。

有时候你是隐痛，是远离
是含在嘴里，却不能说出的名字。
有时候你是失去的家乡，永恒的参照点
测量我日益孤独的进程。

有时候你是热水淋浴而下时
突然的凝滞，是身体一直的震颤和欢愉
在原地伫立。
有时候你是火车经过窗外时大声的示爱。

有时候你是热闹的节日里私下的寂静
是伫望，出神，牵挂。
有时候你是大街上的堵车，窗口前的
排队，街树、行人、喧嚣尘埃之上的注目。

有时候你是错失，痛悔，
是校园树林里增多的月光让我抬头时
惊觉秋叶已稀疏。

有时候你是夜里突然醒来的恍惚，顿悟。

有时候你是一个墙体单薄的简陋房间里
纵情的欣喜，自发的歌声。
是沉湎寂静的圆满中，谛听世界
传来的声音；它们标出岁月静好的广阔度。

有时候你是时间结束后的惊讶，不理解。
有时候你是不忍睡去的深夜，
是欢会的高潮，是一朵轻盈、饱满的白云
不愿停下、不能停下、永远飘飞的渴望。

白云

耀眼的湛蓝色光芒在河谷上空流溢。
一朵唯一的白云，色泽纯净、曲线柔和，悬浮在
北边合围的岭头后面、那座横亘半空的青色大山之前。
它在空中近乎不动。它的大片投影
像黑色丝绸，抖颤着从明亮的山体斜掠而下。
有一阵，消逝不见了。然后，出现在前面的岭头
从那里飘下，顺着河谷的东侧向南滑行。
现在，它高出了青色山体的背景，它的雪白
被天空的湛蓝映射，亮得几乎透明。
少年的我被惊喜充盈，它真的如我所愿向我飘来。
我惊异远处过来的云影那超然的神秘：
它不择道路，不避高低，被非凡的力量推动
无视稻田、山坂、河岸、田埂的差别，径自向前。

巨轮般压倒一切又轻盈如蝴蝶，梦一样
染暗白亮的阳光像风吹皱粼粼波面。
它向我飞近，速度越来越快
凉意夹着大片草叶细密的窸窣声
风一样，从离我最近的河面、稻田，过去了。
它的背影，飘上南边起伏的、白光覆照的山头。
在更南边白炽的空中，那形状已变的云，停留了一阵，
也消散了。天空只剩下唯一的湛蓝。
河谷张开着，容接垂直降落的阳光。
河边稻田璀璨的青黄，山腰油茶树坚硬油亮的深绿，
山顶松树闪耀的银光，渐次由低到高；点缀在
山间的红壤耕地、红薯叶玉米叶摇动的绿色
由近及远，绵延向远处柔和的草山。
这些不规则的坡面、色块、光斑，从不同的高低和远近
把它们变幻的反光折射向河谷，汇成浮动的斑斓。
我坐在西边山沿松树的习习荫凉下，能看到
炽烈光芒中整条河水的流向。
从北边合围的山底出来，两道平行的绿色河岸
在稻田间直行。不见河水，一道木桥横跨其上。
第二个转弯处，一堆白雪在那里闪耀，——
是河水从堰坝落下。寂静的空气震颤
落水的轰鸣声飘忽而悠远，分辨不出来处。
另一处河湾，河水在鹅卵石浅滩上流溅波光。
对面山脚北去的石板路上，打伞的行人就要折向木桥了
山坳上，庄稼中露出的半个戴草帽的身影，始终未动。

风吹草木，光的波浪起伏，从山坡、稻田一排排传来。
热烈的空气、蝉声，大黑蚂蚁爬上我脸。
噢，两朵新的白云，扁平如梭，一前一后，连绵着
从北边高山的后面睡梦般飘出。
一朵向东，沉入山后。一朵飘到了河谷上空。
那雪白的云朵悠然如万古，浮游于碧蓝光芒的无限。

遗产

——给茨维塔耶娃

你省下的粮食还在发酵
这是我必须喝下的酒
你省下的灯油还在叹息
这是我必须熬过的夜

你整夜在星群间踱步
在那儿抽烟，咳嗽
难道你的痛苦还没有完成
还在转动那只非人的磨盘

你测量过的深渊我还在测量

你乌云的里程在等待我的喘息
苦难，一笔继承不完的遗产
让我走进你——

看着你的照片，我哭了：
我与我的老年在镜中重逢
莫非你某个眼神的暗示
白发像一场火灾在我头上蔓延

彭惊宇

火焰山下

是太阳遗落在丝绸之路上的
一架红马鞍，燃烧的红马鞍

在它熊熊烈焰的火光之下
车师前国的国王和土著穴民们
从一片巨形桑叶里，蚕虫似地醒来

凝固的火云，逼退千里飞鸟
燎红了一个盛唐时代的边塞诗
突兀赤亭口，谁一骑单影落寞远逝

克孜勒塔格正以红砂岩的反光
映照着阿斯塔那的墓地和村庄

在这里，生和死多么宁静地连结在一起

听吧，坎儿井在葡萄王国的血脉里汩汩流淌
那些膝腿弯曲的挖井人，晒着太阳微笑
他们如炬的目光正闪动着坚毅的火苗

春天，我们翻起压埋的葡萄藤枝
催开桃李、桑杏和石榴的节令花
我们还要在七月流火中攀上高处的晾房
在十月霜降之时收摘完长绒的棉朵

烘烤啊，劳作的汗水和歌声一样咸涩
烘烤啊，幸福的生活和阳光一样甘美

当艾丁湖捧献出皎洁如月的盐晶
星光把火焰山和翡翠大地织成了暗花壁毯
阿娜尔罕为爱情焦灼、迷醉的一颗心
在深色壁毯上疯燃成另一重绚丽的火焰

李　犁

大风

1

大风搬运着山河，故乡不动
大风搬运着夜晚，星辰不动
大风搬运着道路，远方不动
大风搬运着庙宇，信仰不动
大风搬运着朝代，人民不动
大风搬运着容颜，爱——不动

风不需要方向，也不需要抵达
吹，向四面八方吹，咬着牙吹，像刮痧
把天空刮得气血贲张，把大地刮得皮开肉绽
但一直不能把弓着的腰拉直
更不能把我吹成你，把黑吹成白

那些在风中现了原形的，是自己露了马脚

风无法带走有根的事物
譬如最渺小的草，空中飞翔的翅膀
还有植根于人内心的火苗，不论风从哪个方向来
哪怕台风、旋风、所有风，都无法将它扑灭
而且风越大，火苗长得越快

2

我意识到风，是中年以后
那时已经中断写诗很多年
我希望风能往回吹，把我的女儿变小
不让她远走高飞，我驼了的背是她永远的暖巢

戴上年轻时候的容颜，我
与过去的自己握手言和，再
找个扳手，板正扭曲的脊椎
随手拧紧松垮了的情绪、青春和牙齿
一顿喝几大碗的酒，一晚上写几十首诗
像风一样去追那个女孩，她的眼睛
是最深最凉的井水，我的青春是裹着热汗的马匹
终于跑到她的前面，不再傻乎乎地说：
我不是追求你，只是告诉你：你、你很美

为了避免悲伤，就吹到中学为止

重新书写面前那份考卷
我走过的路就要被涂改，我会遇到另外一些人
另外一些事，另外的快乐与烦恼

唯一请求风别把我写诗的笔吹掉，这是我的瘾
多次想掐灭它，又一次次不点自燃
但是但是，继续保留这个习惯
我的一切仍与现在一样

风知道这结果，所以把我吹向更老
风可以改变江山，却无法移动人的秉性

3

大风吹低了青草
吹进了妈妈的坟茔

孤独的时候
我总想到妈妈的坟头坐坐
依靠着这暖暖的土包
就像一滴水回到了大海
就像小时候饿了把手伸向妈妈

拔掉坟头的杂草
就像细数着妈妈的皱纹
妈妈，让我守望着你的睡眠吧

默默地感受一下，当年
你就是这样坐在我的摇篮旁
把哭喊的我引向成年

妈妈，曾经我为跌破了膝盖向你哭喊
现在我满身伤痕却只能咬紧牙关
再也没有人为寒夜中的我拨亮灯芯
再也没有人在四月的凉水里
为我拆洗棉衣
没有什么比这更永恒
世间所有的温情也不过如此

妈妈，如今我已人近中年，事业无成
我两手空空，却依然在灰烬里翻找火星
妈妈，为什么我在孤独的时候
才想起你
为什么没想到现在你才是永恒的孤独
自私的我啊，为什么在你死后
也不让你安静

一声嘶鸣
汽车就要驶进我的家乡
妈妈，我要替你看看我们住过的院落
并在雨来之前盖上酱缸

4

最像风的诗人是李白
把诗交给白云，把身体藏在酒里
然后抛向空中，一切随风去吧

也曾抱过皇帝的大腿，也献媚过杨贵妃
最终还是把两句名言贴在巍峨的朝廷上：
安能摧眉折腰事权贵，使我不得开心颜

这就注定他一生以风为伴，还有一轮明月，二两白酒
后来证明很可能是酒醉后说的狠话
但现在的宫廷诗人即使下野下狱也不敢如此狂言

有谁会因为卑躬屈膝感到可耻
更多的是为了生存留下屈辱的泪，甚至
为了荣耀交出真理和自尊

自由是风中撕碎的纸屑
豪放就是喊破嗓子的风

把风雨写进诗歌就是风景
把它放进生活就成了泥泞
两袖清风，一肚子酒精
李白成了最早到处混酒喝的诗人

但清风吹净了他胸中的草芥
酒彻底将他的心打开

天地大了
灵魂随酒气袅袅升仙

李白用酒挡住了唐朝的恶风
去他妈的五花马千金裘，为了自由
尽管只剩下了风寒和贫穷，我
决不交出酒量和良心

那年我在李白去过的天姥山下喝了很多酒
也没把苦喝出香味来，没把重喝成轻
没把对面的领导喝成李白
更没把生病的脊椎
喝直和硬

5

我不能容忍黑暗还纠缠着黎明
也不能容忍寒冷还黏在春风里
不能容忍诗人的脑袋一味地缩在自己的情绪里
把你的马匹、速度和剑送给那些不幸的人
给寒冷的人布匹、粮食和勇气
用飓风对付作恶的人
用酒温热行善的心
必须为别人流点血和泪
这样的人不写诗
也是诗人中的
诗人

狮子

狮子走了
它什么时候回来
遗下的气息与毛发
将光荣的狮吼推得更远

没有了狮子
就像蔚蓝中没有了鹰
大地必须有一只雄狮看守
如同空无一人的故乡埋着亲人的骨头

众人眼中的狮子都是幻象
我们听到的雷霆
只是它轻声的叹息

狮子将呼吸交给了风
将毛皮交给了原野
将眼睛交给了星斗
它去了哪里

熊红久

鹰用飞翔打开一扇窗

即使蹲在山崖
你嶙峋的利爪
也会紧攥着孤独和希望

双目历练如刀
犀利的长喙
将带血的前方啄伤

忽然纵身一跃
几枚羽毛坠崖飘落
一束灵魂腾空而起
鹰用飞翔打开一扇窗

飞翔是鹰的理由
就像太阳是天空的理由
风是速度的理由

当苍茫群山被你俯瞰
还有什么能高过你的追求

最终
鹰成为一颗高悬的钉子
用舒展的双翅
钉住蓝天

寒风中，刨煤矸石的女孩

矿难过去已久 巷道里那盏
熟悉的头灯早已熄灭

一个瑟瑟发抖的女孩
在坍塌的废墟上
用断断续续的泪滴
刨着提升上来的黑色遗物——
她把最大的一块煤矸石
拣回家里
希望在这个越发寒冷的冬天
找回一丝久违的温暖

老井

那时　它是村外乡亲们
仅有的一条活命的血脉
牵扯着四邻百十条湿漉漉的炊烟
兵荒马乱的年代
谁家屋顶的气息枯了
悲戚阴森的招魂幡也就来了
每逢春天　当岁月龟裂了布谷的潮音
男女老少蜂拥而止将它掏空
待到来年　它一冬的积蓄再度枯竭
仿佛这老井天生一条储奶的牛
饱满的乳房每每被吮吸成干瘪的摆设……
现在　自来水已通到家家酒席的拳令里了
人们很少再想起这繁衍过烟火的古董

那天　我去村外寻它不遇
羊倌说　早被荒草覆盖的没了踪影
转身　眼前的路也模糊不清了

何向阳

淬火

我看见她小心地
把手伸入
矿井
八百米
一千米
还要更深的土层
触到硬的矿脉
直到再也走不动
黑的、沉默的
铁一样的冷光
岩石般坚硬
我看见她
小心地敲击

矿石 捡选
黑的、沉默的
闷的、铿锵的
听它们在隧道里
发出轰隆隆的
响声
我看见她捡起一块
黑的、沉默的
重的、结实的
曾经的烈焰
烟火的纹理
幽闭的灵魂苍老
睡意朦胧
我看见她手的温度
将矿石唤醒
钻木取火的耐心
点燃、还原
将烟变火
星光四射
而我最想看见的
是她如何
将火种
从地心取出
以一种洗礼的仪式
完成淬火

再将亘古的疼痛
楔成纸上的
一枚枚
铆钉

陈先发

丹青见

桤木，白松，榆树和水杉，高于接骨木，紫荆
铁皮桂和香樟。湖水被秋天挽着向上，针叶林高于
阔叶林，野杜仲高于乱蓬蓬的剑麻。如果
湖水暗涨，柞木将高于紫檀。鸟鸣，一声接一声地
溶化着。蛇的舌头如受电击，她从锁眼中窥见的桦树
高于从旋转着的玻璃中，窥见的桦树。
死人眼中的桦树，高于生者眼中的桦树。
制成棺木的桦树，高于制成提琴的桦树。

侯 马

一代人的集体无意识

一九八五年某一天
我们一位老师的孩子
从六楼的电梯间
一脚踏空
直摔到
地下机房

他的喊声
把远处教室里的我们
吓得面无人色

自此
这代人

坐电梯

总是冲在最前面

在门打开时

先看电梯在不在

蓝　蓝

野葵花

野葵花到了秋天就要被
砍下头颅。
打她身边走过的人会突然
回来。天色已近黄昏，
她的脸，随夕阳化为
金色的烟尘，
连同整个无边无际的夏天。

穿越谁？穿越荞麦花的天边？
为忧伤所掩盖的旧事，我
替谁又死了一次？

不真实的野葵花。不真实的
歌声。
扎疼我胸膛的秋风的毒刺。

歇晌

午间。村庄慢慢沉入
明亮的深夜。

穿堂风掠过歇晌汉子的脊梁
躺在炕席上的母亲奶着孩子
芬芳的身体与大地平行。

知了叫着。驴子在槽头
甩动尾巴驱赶蚊蝇。

丝瓜架下，一群雏鸡卧在阴影里
间或骨碌着金色的眼珠。

这一切细小的响动——
——世界深沉的寂静。

悲哀

没有一条河流能在洪湖境内

保全自己——

东荆河全长 140 公里，横贯江汉平原，却在洪湖县界处走失，归于长江

内荆河全长 348 公里，串联众多小湖，也在洪湖县界处走失，归于长江

而夏水是先楚流亡路，深广皆为想象，早已随云梦古泽走失，归于长江

而其他河汉，不能与长江

并论

而长江全长万里，穿越十亿国度，但在地球某角走失，仿佛众归宿

唯洪湖能保全自己
如我命

洪湖之夜

鸟类救治船长年锚在湿地保护站
在这片阔达万亩的无人区，守湖人
整晚都想着多年前就离世的妻子
洪湖之夜。除了风，就是鸳鸯
潜水鸭还有其他鸟儿的求偶声

缓慢地爱

我要缓慢地爱，我的爱人
当我坐在这个屋子里
我要缓慢地爱着这傍晚的夕光
从窗前移到窗台。我要缓慢地爱着
这些时间。我要把 1 小时换成
60 分，把 1 分换成 60 秒
我要一秒一秒地爱你
就像我热爱你的头发，我也是
一根一根地爱，把它们
一根一根地从青丝爱成白发
而其他的人只会觉得，一瞬间
飞雪就落满了你的头颅
就像我在你的眼角，热爱你的鱼尾纹

我也用60年的光阴，一丝一丝地
热爱。就像我们并排而坐
我们中间有0.5米的距离
我就会把它分成500毫米，一毫米
一毫米的热爱。仿佛永远没有尽头
就像在艰苦的日子里，我爱你的泪水
我也是一滴、一滴地热爱……

在我缓慢的爱中，我飞快地
度过了一生

奔跑的青草

午后的山坡上，我遇见了
一群奔跑的青草
从南往北，青草们不停地跑着，跑着
风吹得越猛，他们就跑得越快

一棵接一棵，一拨接一拨
青草们你追我赶，不知道他们
想去远方做什么
那么卖命，到底累不累

青草们连续不断地经过我
扑哧扑哧的呼吸声，灌满我的耳朵
看起来，他们就要凌空高飞

而每一步，都没有离开过泥土

风停下来的时候，青草们
齐刷刷地站住了，他们呆在山坡上
呆在浮云的阴影下，如同受了欺骗的
年轻人：一脸迷茫

青草坐满了那把长椅

当时明月在，长椅
也还在。那里放过一本诗集
留下一对年青人的身影
和体温。谷雨过后
从条形坐板底下，越长越高的青草
坐满了长椅，坐满了
一个人的春天

美人依旧

芦苇和秋水苍老的时候
季节乏味地掏空我的双眼
鱼儿避风的地方
天鹅召回惊人的美丽
湖底惊魂堆积
湖面谎言空旷
一根根洁白的羽毛起落之间
放大时光的惆怅
拂去轻尘
在水一方天鹅像美人驻足历史的舞台
我引颈张望红颜飞天的梦想
与生俱来楚楚衣冠
门庭身世投下的距离与影子

吞没了整个时代
风的手指轻柔伸出
百倍温存我冰凉的额头
自信不敢问西子
马嵬墹坞的身体何时碎于泥土
倏然转身
我用身体挡住西风
挡住黄叶一片坠地的清脆
冲冠一怒
——或者我也美人如玉
——或者我也江山如画

岫岩玉

沉静，不动声色。却美得
让人心痛，或者心碎

岫玉也好，河磨老玉也好
总是区别于普通的石头。尽管
她也是一块石头，她像石头一样
坚硬

不过，玉的表情是温润的
玉的内心有着天然的温度
玉的眼神清晰而又迷离
玉拒绝不合时宜的热情

玉惧怕过度的雕琢
多一点是玉，少一点为王
玉。石头中的
王

恰到好处地选择离开
优雅。矜持。倔强。故意
谨小慎微的瑕，给予事故
更为绵密的想象

你是我的王，岫岩玉啊！
这不一样的石头，比石头更加
易碎。相遇或者相见
也更加短暂

在岳麓山

椤木和红枫不是你。
香樟也不是。两三只黑白相间的鸟，在爱晚亭嫣红的夕照里
忽高忽低地飞。雨丝闪亮，
但不是你。

你小憩在半山腰的云雾中：“我的浆果
已经爆裂成齑，就像
这满山割不断的香气，有忠实的能力
陪你，走到消逝。”

而此时麓山寺钟声四起，人间的烟火
正炽。倘若穿石坡的一镜湖水缄默不语，我
又能说什么呢？三月清风绿意荡漾
群峰、蔷薇、好时光，都在原地。

礼物

这是今年的第几场雨？它奔向大地与万物的合奏
淋醒了我的心。这一年有多少事物被我忽略
那些花开、草绿、蝴蝶的翅翼，那些飞鸟的天空
疾走的人群、这人间的时光
一日一日都在翻动

而我心苍茫。倾覆巨大的疼痛，那些忍住的泪
不能说出的伤，无法返回的故乡——
沉入哑默。我用哑默 、纤弱、柔软
用爱，与突然而来的下陷、谷底 、寒霜
那些飞来的石头——对抗

妈妈，您看啊，您走了 ，带走了风烛残年

病痛。一生的辛劳。而把一个女子的柔韧
倔强。对人世美好的信任。执着。留给了我
留给了我

扶住我的弱。我的踉跄
在风口，微笑着把自己站稳

过风岭观落日

我很少凝望朝阳，但无数次凝望落日
有时候落日让我不知道怎么活

在蓝田金山过风岭
又一轮落日惊涛拍岸卷起我心千堆雪
我目睹它在狭窄的宇宙间死去
又在我孤寂的心间
一个词语一个词语宽阔地活回来

过风岭的风有多大，我不在意
原野上长多少种千年之草木，我不在意
我只在意过风岭仅以秦岭的一小段身份
也能培育出如此壮美的落日

每一轮落日最终都皈依了地平线
仿佛在讲述爱情
万千缕霞光扑入混沌苍莽
将不可救药的美埋伏在了我的心间

旷野

视野开阔。在异乡，我们驱车前往的中途

突然的一个拐弯，那景象
让人惊讶：像孩子陶醉于繁星满天
我们出发的地方人群拥挤
连窃窃私语都成为公开的广播

平坦的路，无花果
瞪着盲目的火焰，它有一种喷发，像是
从内部开始的孕育——

并不引人注意，在路之侧
它的甜成为奇异的风景：

当陌生人在喋喋不休中离开

向日葵怒放，锁住那滴荒凉
在我们目光所及之处
这田野让人沉浸：路在这里转了一个弯

山中

耳边一直有人低语
你停下脚步——只有风声
风声飒飒，只有风中沙土细微的喘息

山体延绵
率性地升高或凹陷
日月之行，若出其中，几乎容纳天地
却又处处留有余地，处处留有出口
——母亲一样的送别和挽留

天色昏暗，你还在不疾不徐地行走
走过山涧，走过草原和林地
光线深红，然后变蓝，变黑
耳畔一直有人低语

改变

桑多河畔，每出生一个人，
河水就会漫上沙滩，风就会把野草吹低。
桑多镇的历史，就被生者改写那么一点点。

桑多河畔，每死去一个人，
河水就会漫上沙滩，风就会把野草吹低。
桑多镇的历史，就被死者改写那么一点点。

桑多河畔，每出走一个人，
河水就会长久的叹息，风就会花四个季节，
把千种不安，吹在桑多镇人的心里。

而小镇的历史，早就被那么多的生者和死者，
改变得面目全非。出走又回来的人，
你再也不能改变这里的一草一木了。

无法可得

月亮看过了，我们就登高罢
雪的净明，在山野的空寂中
低声，低声

如何是道?
我们一步一步跋涉而来
又将一步一步跋涉而归
然而，只有两步

一步是天，一步是地

我明白那是一首诗

要是你观察到开花结果的微妙过程
你就不会为果实的坠地而哭泣
生就是死，爱就是恨。这孪生的姐妹
她们的感情那么浓烈。仿佛让你追求灵魂的深刻
又仿佛让你觉得
这一切是一件极其普通的事
有时候啊，我还没有弄懂内在的意义
就被生死击倒，被爱恨撕碎
有时飞过一只鸟儿，我就以为那是我的奶奶
从遥远的地方来看我
有时候飞过一只蝴蝶，我就以为那是我的爱人
是夏日炙热的生活那晃眼的阳光
那绿翅膀

一切都显得亲切，爱恋，温情而迷茫

我常常整整一上午，或者更久，一动不动
那种奇妙的，清凉的，在我身体流过
我明白那是一首诗

陈　亮

温暖

那些小路是温暖的，被暮色舔着
被庄稼的香气熏着
泛出微茫的白光
是人们走走停停走出来的那一种白
是柴草的骨灰撒在土上的那一种白
那面落满鸟屎的东山墙是温暖的
墙上有个铁环，牵出的马在这里
踢踏打转，晃动肥膘
用尾巴扑打着发红的蝇虫
它咴咴叫着，散发出亢奋
或少许劳役怨气
游街的豆腐梆子是温暖的
好久没见到他了，今天又突然出现

头顶金光闪闪，宛如菩萨
传说他患了癌症，相信这不是真的
父亲是温暖的
他几乎一直在菜园的井台
拔水浇灌，井水热气腾腾
让他瞬间就虚幻了
看不出他是六十岁、五十岁、还是二十岁
而母亲蹲在那里摘菜、捉虫
时间久了就飘回家去——
你也是温暖的，那一年我在家养伤
墙上的葫芦花开了
你一早去邻家借钱，轻易就借到了
你的脸沁出汗
不断说好人多好人多
一头羊是温暖的，天就要黑了
它还在吃草，肚子很大，准备要生育了
鼓胀的乳房拖拉出奶水
它的眼里，还有声音里
有一种让心肝发颤的东西
它嘴里永远嚼着什么，似要嚼出铁沫来

孟醒石

秋收

秋天刚有玉米那么高
秸秆就黄了
很多人钻进玉米地
彼此看不见对方
只能听到高高低低的说话声

我在房顶上看到
秸秆晃动
田野出现一小片一小片的漩涡
那里面有我的亲人
他们一辈子就掀起这么点浪花
其他都是风
是太阳
掀起来的
或者无风三尺浪

彭志强

秋风破

——在草堂茅屋凭吊诗圣杜甫

秋水在眉头泛滥。群树低头，歪斜的脖子
沙沙作响。大雁驾驶百万云朵和黄沙
从北方赶来，打破了浣花溪的凉意。

浣花散落溪边，芦苇荡漾人心
一匹匹白马在剑门关外八百里加急
呼啸而红。信札密封的挽歌贴满了驿站

故乡远离心脏。在水里打量时局的人
磨刀一样磨亮衣衫，草堂寺便开始大规模
删僧减侣。

最后只剩下半路出家的你
苦吟行囊，在一阵噼里啪啦的雨声中
破了戒，还了俗。

在茅前屋后佝偻身躯种药的人，是你
用诗句给病危的李唐每一座山每一条河
开的处方。

多事的蜜蜂坠入花的悬崖。墓碑上
溅起的泪花在呐喊：每一朵花都应留下
可以托付终身的名字和住址。

秋风越来越大，终究吹破了一颗
锁在茅屋的心。人去屋空，诗意咯血
仿佛万里河山被开膛破肚。

长生

闪电照亮天际，而其人已逝
时当春日，怀旧之心尤大于往昔
但其人已逝，我打开厚达八百页的书卷
那异日的气息如灵感忽至

孤寂。
只是源自同道遥渺，不，不，不
面对知音实是一个古老的幻想
我从未想过要走那样的远路
但风雨殊途，我已读懂了长生的旅人

夜间灯火微明。我间或以彼之力
使自已刻意清醒，寻找灵魂的巢穴——静夜啊

前人多半此刻用功，使自己沉于意识的底层
那滚滚雷声仍在酝酿中。我合上书卷
悄然注视封面上一行大字
与子同谋。些许杂言。雷声隐隐

我正领略寂静——夜火已灭，此身安在？

朱鹮

朱鹮的出现
是凡俗生活的一种惊喜及洞穿
多少人穷尽一生
想要抵达朱鹮一样的人生：
它们在温暖浅塘中、绿草间
食虫鱼、振翅、昂首、理翎
硕大身躯，艳红宝石样头冠
偶尔腾于半空
便引来注目与赞叹
温饱无虞，现世安稳
不需理料天敌
寿长，鸟寿
三十余年

约等于人生
一百五十个年头
专情，一雄只配一雌
有他鹮侵入其间，二鸟
交颈，呈备极欢爱之态
使它羞赧退去
雌亡，雄不复他取
雄不存，雌亦孤独度过半生

马　非

昆仑山

在格尔木街头
当我提及昆仑山
到底在哪里
你手指远处
一抹朦胧的山脉
告诉我："那就是"

我没有惊讶
我已经习惯于
伟大的事物出现时
那种稀松平常的
静悄悄的方式

脚踩软垫
猫步而来

张伟栋

雪的漩涡之力

在南方生活很多年之后
我已经无法回忆任何一场雪
非凡的绿色教会我以炎热
以回流的想象
一棵树，重复着宇宙之暗影。
不是吗？时间里的银白
以最不可见的方式
映像在你断流震动的河流
生活中的男人和女人咬合着
泡沫飞溅，
升腾、回旋、四散的瀑布。
在南方生活很多年之后
凭借诗歌的天赋

我知道另外一种雪
停留在绿色与银白之间
深埋在词语的裂隙
带着漩涡之力
带着泉水与火焰的叠影重重。
我怀念另外一种雪
于最寒冷的童年
来来回回重塑你的源头
于激荡的钟声
托举着平原日出。
在南方生活很多年之后
我领会并觉悟
要凭借自我的漩涡之力
进入明亮的雪
进入十一月银色小号的凯旋
进入一只鸟的合唱
进入无所有的颂歌。
雪的漩涡之力
会上升为阶梯。

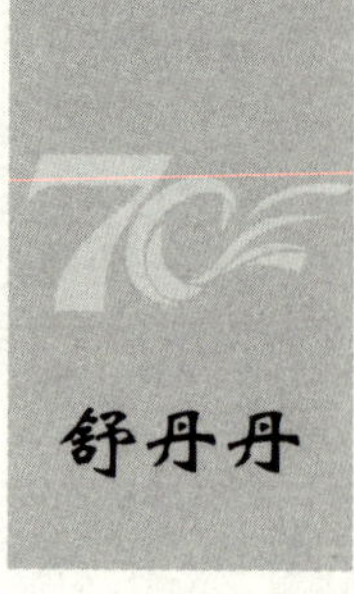

舒丹丹

冬日

冬日，与父母围炉共坐
安静如老年心境

白瓷缸子。旧相框。比我年长的五屉柜
太多的事物提醒我：记忆

我也是记忆留下的一桩旧物什
像一个梦，由此地启程，奔走在时间深处

寻找，遭遇，记取或遗忘
比此刻一枚落日的重量更真实，或是更虚妄？

我们谈起疾病，衰老，未来生活可能的安排

面对世间最高的秩序，唯一能挪的棋子：顺从

父母老迈，尚能承受流逝的忧惧
我，又能对命运抱怨些什么?

窗外，黄昏的光线如此广阔
我为卧病的母亲，静静削着荸荠

直接哭了

我能想到最开心的事
是我死了
你风尘仆仆来看我
最好不过的情景
是你一个字都没说
直接哭了

李　瑾

光阴是我最好的亲人

人间草木都是我的亲人，包括短暂的
让我爱下去的恨
包括将一只蝴蝶拖入无限辽阔的秋
它临终时的一眼，让萧萧落木又重新
发芽，又重新把那些不甘哗哗地送进
风中。包括无限
偶然和可能，它视我们如亲生。包括
临死肚子空空如也的那个邻居，他的
怀疑不会比雪花
坠落前的瞬间更深更重

人间草木都是我的亲人，我们搀扶着
彼此，光阴从千里外赶来，停也不停

李其文

往开阔地去

往开阔地去，浅草依依的坡地上
开满鲜花。春天像土地般肥沃
这些自由的身体，在风里打滚，在奔跑
它们永远不会陷入
被时间挖出的水塘中

我必须趁着蝴蝶还没到来
带上被褥，谷物，和被生活困住的身体
在水塘边安营扎寨
我要与那些美丽的花朵为伍
与几株青草，躺在辽阔的季节里
看着天上的云朵，慢慢地变化

然后再像一只颜色鲜艳的蝴蝶
对一朵花，说出内心的话——
即使我是多么地爱你，但我终将离去

出生地

人们总向我提起我的出生地
一个高寒的、山茶花和松林一样多的藏区
它教给我的藏语，我已经忘记
它教给我的高音，至今我还没有唱出
那音色，像坚实的松果一直埋在某处
夏天有麂子
冬天有火塘
当地人狩猎、采蜜、种植耐寒的苦荞
火葬，是我最熟悉的丧礼
我们不过问死神家里的事
也不过问星子落进深坳的事

他们教会我一些技艺，

是为了让我终生不去使用它们
我离开他们
是为了不让他们先离开我
他们还说，人应像火焰一样去爱
是为了灰烬不必复燃

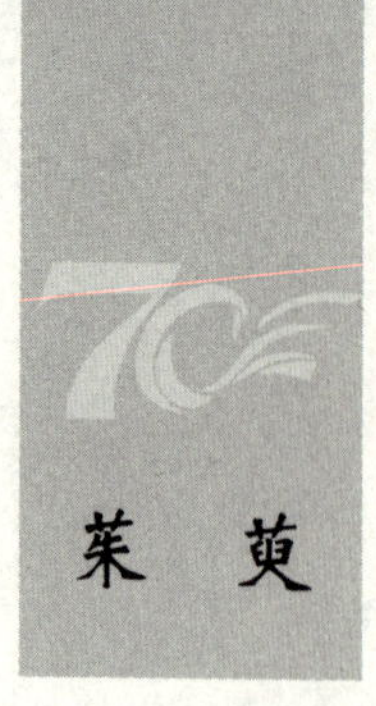

茱　萸

庾信：春人恒聚

当我倦于赞颂晨曦和日落
请不要把我列入不朽者的行列
——庞德《希腊隽语》

兰成……这华美的表字带给后人的，
除了传奇故事，还有历史的共振？
奇妙的标识，笼罩的命运，伸——
出去的手，湍急的喘息和乱局。
公元548年，铁制面具的寒意让诗
蒙上了一层薄霜，心智的溃败比之
一千四百年后同名号者的出奔又如何？

回到温暖的南方去！那里有十五岁

最初的绮宴，铺陈完美，刚露出一角
绸缎细密的织纹。而岁月晏安，适宜
采摘林中野蕈，挑破枝头嫩红的新鲜，
游春的人来回拾取聚会后留存的喧闹。
诗人只用了几个精巧的对仗，王朝的
偏安便陡然获得了无数赞美的丰赡。

然而我们目睹过你的逃亡，它带着
柔弱而细腻的宫体嗓音在呼救。灯影
细微的摆动，足够清扫挫败感仅有的
残渣——天分是迟来的礼物，无补于
修复时局，但可以给六朝以一个理由，
来赎回文学的橘树，在北方的铜镜中
留下摇曳的虚像，孕诞出绵长的甜味。

是的，你深谙日升月恒的规则，屈服于
这永恒之力，直到苍老降临，诗的近视
居然得到了意外的治愈。我们该重提
晚辈们奉上的恭维吗？不朽者厌倦了
时间的反复无常，歌舞能唤回十五岁或
二十五岁颤抖的青春吗？而游园与赏秋
作为传统剧目将被无限期共享和保留。

NEW CHINA

70

YEARS

EXCELLENT LITERARY WORKS LIBRARY

1949–2019

新中国70年优秀文学作品文库

诗歌卷

POEMS

李少君 / 主编

中国言实出版社

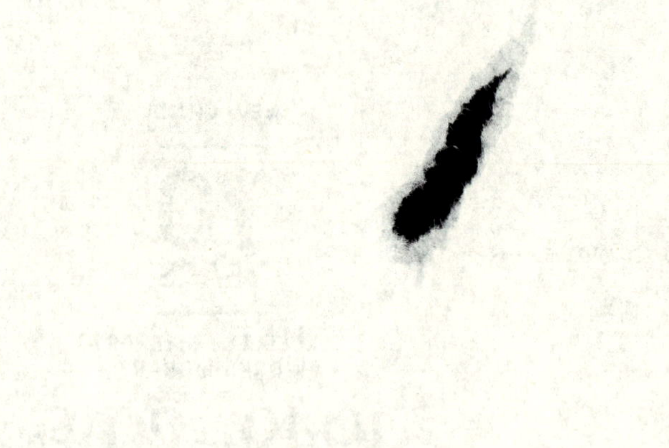

本卷目录

第三卷

秋歌

无边落木
——杜甫

抒怀

树下，我们谈起各自的理想
你说你要为山立传，为水写史

我呢，只想拍一套云的写真集
画一幅窗口的风景画
（间以一两声鸟鸣）
以及一帧家中小女的素描

当然，她一定要站在院子里的木瓜树下

神降临的小站

三五间小木屋
泼溅出一两点灯火
我小如一只蚂蚁
今夜滞留在呼伦贝尔大草原中央
的一个无名小站
独自承受凛冽孤独但内心安宁

背后，站着猛虎般严酷的初冬寒夜
再背后，横着一条清晰而空旷的马路
再背后，是缓缓流淌的额尔古纳河
在黑暗中它亮如一道白光
再背后，是一望无际的简洁的白桦林
和枯寂明净的苍茫荒野

再背后，是低空静静闪烁的星星
和蓝绒绒的温柔的夜幕

再背后，是神居住的广大的北方

傍晚

傍晚，吃饭了
我出去喊仍在林子里散步的老父亲

夜色正一点一点地渗透
黑暗如墨汁在宣纸上蔓延
我每喊一声，夜色就被推开推远一点点
喊声一停，夜色又聚集围拢了过来

我喊父亲的声音
在林子里久久回响
又在风中如波纹般荡漾开来

父亲的应答声
使夜色明亮了一下

现代化和我们自己

——写给和我一样对“四化”无知的人们

一

当然不能说
苦恼是欢乐的孪生兄弟。
可是，就在我们给现代化建设剪彩的
最欢乐的时刻，
苦恼也悄悄地占据了
我心房的一隅。
望着
我们宏伟的目标，
我突然感到
精神的苍白、

肺腑的空虚。
仿佛我是腰佩青铜剑的战士，
瞅着春笋似的导弹发呆；
仿佛我是刚刚脱掉尾巴的
森林古猿，
茫然无知地
翻看着“四化”的图集。
我苦恼
知识库房的贫困，
脑海里
那几毫升文化之水，
已经濡不湿龟裂斑斑的
干涸基底。
“什么是现代化？
你能为她干些什么？
你掌握着哪一种科学武器？……”
难道能这样的响亮回答——
“我无知。”
相信吧
这是一条生硬的淘汰法则，
相信吧
这是一条无情的进化规律：
跟上队伍的
一同前进，
掉队的

终被丢弃。
怎能设想
叫奔驰的时代列车
停下来，
再等你
半个世纪？！
问题是尖锐的，
谁也不能回避！
那么，思考这个问题吧，
现代化和我们自己。

二

党的十一届三中全会公报
响起新颖的汽笛，
她像历史唯物主义的新篇
豁然把我启迪：
过去的
已经刻写在
纪念碑上，
辩证法
很自然地
淘汰着过去。
向前看吧！
重要的永远是现实和未来，
任何东西都会陈旧的——

知识、经验、生命、荣誉……
为了获得永不衰竭的力量，
必须不断地把新的营养汲取。
我读着公报，
看见一扇布满铆钉的大门
吱呀呀打开，
灿然展现出
“四化”远景的壮丽；
看见公报上的铅字
突然向我飞来，
飞来一片陨石雨般的问题：
“你将怎样去实现新时期总任务？
你用什么去推动社会生产力？
思想的银燕有没有从额顶起飞？
臂上小生产的胎迹有没有擦去？
你能看懂四个现代化的蓝图吗？
哪些科学家头像是时代的标记？
你认识电子、核糖核酸和素数吗？
你掌握哪些先进的生产技艺？
你能飞跃吗？
一秒钟几公里？
你懂得几种语言？
能驾驭哪些客观规律？
……
只有革命的热情？

只有发达的肱二头肌?
已经不够了！很不够了呀……”
是的，我知道!
请放心吧，我不畏惧
这些陌生的课题,
现代化建设需要的新知识,
我决心去获取!
为了不成为永久的傻瓜,
为了能担起历史责任,
我——
学习。

三

一间破旧简陋的小屋
冒着沥青的有毒烟气,
这里埋藏着
科学的双星——
居里夫人和居里。
他们在干些什么?
不知疲倦地搅拌着矿渣,
像一对
古罗马的奴隶。
你知道吗?
那把打开原子时代大门的钥匙
就是从那几十吨矿渣

和他们的心血中
提取。
怎能不赞美
那水晶一样透彻的心灵？
那创造性的艰苦劳动？
那锲而不舍的毅力？
同志，当你需要一个科学的灯塔、
当你需要榜样的时候，
我建议
向居里夫妇
学习！
不学无术不过是清醒的白痴，
炫耀愚昧粗野早该受到鄙夷，
浮到现代科学文化的水平线上来吧，
别像沙蚕似的匍匐海底。
祖国的四个现代化刚刚起步，
愿我们都能和她并驾齐驱。
人的现代化容易吗？
这可不能比作
换换帽子或衬衣，
哲学上
这是个痛苦的扬弃过程，
如同一只第四纪的猴子
艰难地攀缘着
一道道进化的阶梯。

但是，

和我一样吧，

满怀信心地跨上

新的征途，

不承认自己

是根朽木，

或是一只

不能摆脱介壳的牡蛎。

投入“四化”的熔炉

任其冶炼，

躺在铁砧上

接受锤击。

我们可以造就！

只要实践那句能动的格言：

学习、学习、再学习。

当然，不是唱一阵高调了事，

不是镀层金镍之类闪光的东西。

要像居里夫妇！像镭！

而不要还是——

精美包装过的——

垃圾！

四

也许，我说得

过分严重了，

你看，我们的日常生活
不是更加平和安谧？！
确实，这个转变
既不像一块大陆的沉没，
也不像一条山系的隆起。
但是，我却感触到
这场静悄悄的革命
是多么深刻、严厉。
我知道，我还必须
用几箱子药皂
把装心思的地方
彻底洗一洗；
铲除阴暗处的苔藓
和洪泛过后
沉淀的污泥。
像消灭霍乱杆菌
和梅毒螺旋体那样，
消灭封建的、资产阶级的
低下心术，
用红色的三中全会公报
把全身的血液
重新过滤。
必须这样。
站在同志们中间
心灵不但充实活跃，

而且洋溢着
共产主义道德的纯正气息。
我知道，私生活
并不是个人的珊瑚礁。
像金属晶格似的
一幢幢宿舍大楼的
每个房间，
都上演着时代的戏剧。
家庭
这个摆着双人床、
小书架和碗橱的地方，
这里
你作为丈夫妻子、
父母和儿女，
不是中国式的山寨主，
不是小恺撒、伊凡雷帝。
尽情地爱吧，
像马克思燕妮那样
真挚而热烈，
为什么不可以倾诉缠绵的心曲？
为什么不可以欣赏盛开的雏菊？
四个现代化
不要求我们变成
冰冷的“机器人”，
相反，

她将使我们的情感
更加丰富而细腻。
努力使自己现代化吧!
难道这不是一个
烧着了眉毛的问题?
在二○○○年的门栏上
挂着这样一块木牌:
“愚昧无知的人勿进!”
是真的!是真的!!
学习吧!!!
现代化的人们哪,
我赞美你。

小平，您好！

今天我看到我的形象
也站在天安门城楼上
同您一起
检阅着祖国年轻壮丽的姿容

假如我能代表人民
（我是说假如，实际上
我只是个普通的中国学生
也是一个憨厚得像一头牛的
老农民的孙子）
假如我能代表人民
我要喊你亲爱的孩子
（原谅我

我已经不再习惯
把所有站在高处的人
都称为父亲）

也的的确确
没有一点逼人的威风
你站在那儿
像个亲爱的孩子
彩色的人群在大街上壮阔地流过
你微笑着看着彩色的人群
亲切得几乎有几分天真

天真的孩子
就那样有力地伸出手臂
改革
像轻轻摘来一朵雏菊
缀插在祖国有些苍老的浓密头发上
顿时青春的血液
又在她的身体里涌流
今天她年轻地娇娆地走过你的面前
你像个孩子看着母亲那样
露出骄傲甚至娇憨的笑容

真想这么对你说
但是我一个人

不能代表人民
而且您是个老人
我年轻得几乎可以做您的孙子
走在人群里我只能恭恭敬敬地
举起我的敬意
小平您好
您好——小平——

小平
中国的老百姓都这么喊你
就像呼唤着自己孩子亲切的乳名

梁　南

我是共产党员，我没有忘记

我是共产党员，我没有忘记，
没有忘记……

我纯洁。纯洁的岂止是我的衣衫躯体？
还有我的目光，我的思索，我的希冀。
没有愚昧的因袭，没有腐腥的痕迹，
我是探索的前驱，我是金玉的启明星。
我的摇篮由人民交织的手臂编就，
我的襁褓由人民期待的眼光织成。
我不准，不准
任何人盗窃人民一根毫毛去做交易，
如果有一只强盗的手向空间高举，
我会砍掉它，即使我的也被砍去。

我是共产党员，我没有忘记，
没有忘记……

也许我有不幸有痛苦有悲剧，那只是
寄生在理想上的虫虱，我会用春水梳洗。
幸而我一切痛苦欢欣都和大家连在一起，
因为，我的血管仍在母亲党的怀里。

我不归属昨天，我不归属旷古的坟茔。
我是不竭的流泉，我是永远萌芽的力，
我是刚点燃的火炬，我是人人吮吸的空气。
我厌恶世俗的享乐，我憎恨掮客的哲理。
共产党人的品质宛如美丽的初雪，
我制止在上面书写一切污秽的字句。

我是共产党员，我没有忘记，
没有忘记……

我应该是一棵树，发出春天的消息；
我应该是一丛花，芬芳中国的环境；
我甚至也是寒微的草，恳切地匍匐着，
为着抚爱我的至亲——人民的大地。

当我成熟为一粒红色的种子，信仰，

就构成我生命的属性，我生我长，
信仰把我滋润，使我终生在赶追求的目的。
我不选择轻便的熟路前进，我不!
如果我觉得我的理想属于真理，
即使踏着刀尖，我也走去。

我是共产党员，我没有忘记，
没有忘记……

我是从古猿人以来最有远见的人群，
我的视线透过蔓芜的世界历史，
看到一代代被笞红的驼背到我才停止，
但还有贫民窟的荒唐，乞丐的泪，苦力的血……

啊！共产党员，这不是桂冠，不是封爵，
这是先烈穿越血火时用灵魂铸造的旗!
当我记得我是一个特殊材料制造的人，
我在绞刑架上笑，我在逼近的刺刀前挺起，
我崇高是由于脚底真理为我奠基，
我无敌是由于我来自战斗的群体……

我没有忘记：我是共产党员，
没有忘记……

向东方

一

望着浩浩荡荡的长江
望着只能让人想起生命的长江
但毕竟我们有的勇士已经死亡
只留下他们同一声呼喊
“向东方！”
“向东方！”发自副副滚烫的胸腔
“向东方！”在重峦幽谷回荡
征服戈壁瀚海的苍凉
前面便是莺飞草长花香
震颤中国大地的每根神经
三个字，喊出开拓者无畏的形象！

二

历史啊，可曾看见
这些勇士锋利的目光
穿透人间全部的
卑怯、懦弱和恐慌
没有舵，没有桅，没有锚
他们乘一只小艇漂流
却比威武的舰队更雄壮
没有舵，心中有不屈的信念
没有桅，头下有坚强的脊梁
在飞泻江流中
巍然屹立的勇士啊
用牙齿紧咬着狂飙雷阵
强劲的大手挽着脱缰的骇浪
他们迎着风暴狂涛
用干裂的嘴唇和旗一起歌唱
看！这就是真正的生命
真正的生命比大江更久长

三

呵，生活！呵，未来！呵，理想
为了认识你，为了追求你
为了献给你执著的爱和向往
他们用头颅支撑着天空
双脚要踏平风雨的大江

六千里灰褐

六千里浑黄

六千里苍凉的星斗

六千里泼血的霞光……

十三亿颗心已几次死去

十三亿双脚仍紧随他们向前方

四

礁滩，潜流，险涌，恶浪

在搏斗中，人们发现

自己的尊严

在尊严里，人们看见

生命的力量

向东方！东方有潋滟万顷的大海

向东方！东方有喷薄的太阳

迎风挥泪的悲愤的屈子啊

转身回望你的子孙吧

这不正是他们——

一个不屈的民族

从远古走到今天

又从今天走向未来的

形象

理想

理想是石，敲出星星之火；
理想是火，点燃熄灭的灯；
理想是灯，照亮夜行的路；
理想是路，引你走到黎明。

饥寒的年代里，理想是温饱；
温饱的年代里，理想是文明。
离乱的年代里，理想是安定；
安定的年代里，理想是繁荣。

理想如珍珠，一颗缀连着一颗，
贯古今，串未来，莹莹光无尽。
美丽的珍珠链，历史的脊梁骨，

古照今，今照来，先辈照子孙。

理想是罗盘，给船舶导引方向；
理想是船舶，载着你出海远行。
但理想有时候又是海天相吻的弧线，
可望不可即，折磨着你那进取的心。

理想使你微笑地观察着生活；
理想使你倔强地反抗着命运。
理想使你忘记鬓发早白；
理想使你头白仍然天真。

理想是闹钟，敲碎你的黄金梦；
理想是肥皂，洗濯你的自私心。
理想既是一种获得，
理想又是一种牺牲。

理想如果给你带来荣誉，
那只不过是它的副产品，
而更多的是带来被误解的寂寥，
寂寥里的欢笑，欢笑里的酸辛。

理想使忠厚者常遭不幸；
理想使不幸者绝处逢生。
平凡的人因有理想而伟大；

有理想者就是一个“大写的人”。

世界上总有人抛弃了理想，
理想却从来不抛弃任何人。
给罪人新生，理想是还魂的仙草；
唤浪子回头，理想是慈爱的母亲。

理想被玷污了，不必怨恨，
那是妖魔在考验你的坚贞；
理想被扒窃了，不必哭泣，
快去找回来，以后要当心！

英雄失去理想，蜕作庸人，
可厌地夸耀着当年的功勋；
庸人失去理想，碌碌终生，
可笑地诅咒着眼前的环境。

理想开花，桃李要结甜果；
理想抽芽，榆杨会有浓荫。
请乘理想之马，挥鞭从此起程，
路上春色正好，天上太阳正晴！

风流歌（三）（节选）

时代与风流

一个时代自有一个时代的风流，
伟大的风流是伟大的改革造就。

我思索一九六六——一九七六，
剿灭风流，造成日历溅血的春和秋；

我唱过一九七六——一九八六，
三写风流，靠怎样的巨笔承前启后？

我渴望把时代大潮的浪花解剖，
我呼唤最先吟唱风流的诗界泰斗。

我姓苏，从来不敢妄称是东坡之后，
可苏东坡的大江在我胸中奔流。

江水闯三峡，过白帝，奔海口，
老前辈呵，你恰似江中砥柱长留！

是你举杯问青天，明月几时有；
是你赋诗表心迹，但愿人长久。

可你吟唱的“风流”事过境迁
词典上的概念也显得太旧。

邀请苏居士，再回故国漫游，
看八十年代的年轻人何等风流；

“……我们是石油工人，铝盔上风急雨骤，
孤东会战，从四面八方汇集到黄河下游。

“中国最年轻的土地，一片沙洲，
只见黄蓿菜的影子向海滩摆手。

“一声令下，我们开始了‘滚动开发’，
五十五部钻机同时怒吼。

“地下的太阳河把我们引诱，

我们血管里半是热血半是原油。

“战井喷，舍生忘死成为活的雕像，
打深井，夜以继日敢把地球钻透！

“黄河哟，高昂起希望的龙头，
听一曲新的大合唱，高唱风流！”

“……我是现在探险者，去长江漂流，
皮筏子陷江底我壮志未酬。

“我的考察笔记还没有写完，
征服天险的梦被旋涡卷走……

“我没有死，我的灵魂化一朵浪花，
霜晨月夕，在波峰上招手。

“于是，后继的勇士们上来了，
脚踏长江源头追溯历史源头。

“意志组装的密封船昂扬下水，
漂流的是理想，漂流的是追求。

“虎跳峡水急，金沙江壁陡，
可我们心中的风流歌直上重霄九！”

“我是一个青年教师，钻进野山，
自费考察野人已八个春秋。

“行囊背在肩上，遗言装在衣兜，
我随时可能把身体喂了野兽。

“神农架的雨淋，葛川江的风抽，
餐风饮露更使我面黄肌瘦。

“睡觉身绑树上，伤病只能自救，
地震和塌方也没有让我后退。

“为了祖国，为了解开野人之谜，
我几次被当成逃犯盘查拘留。

“舍身探索才能体会到真正的风流呵，
为科学吃苦是我最大的享受……”

“……我是自愿到拉萨的北京大学生，
骑自行车去报到，把河山看够。

“B——L 计划，盘古没有，
一路考察民俗民风把社会研究。

“露宿荒山野岭，和狼比过耐久，
我的双目菁菁，狼眼绿光幽幽。

“只能邀月做伴，月又被云劫走，
就着孤独的篝火描画心中的锦绣。

“踏平千辛万苦，终于凯歌高奏，
我把北京的朝霞载到布达拉宫门口……”

愿生如夏花之灿烂，为美奋斗，
愿死如秋叶之静美，尽快腐朽。

化作春泥更护花，美将再生，
何须风吹落花上枝头，过分要求。

请苏轼为现在人修改词句：
大江东去，浪淘不尽，千古风流！

改革的风流

有冷热不均的温度，就有风生；
有高低不平的地表，就有水流。

心对着开放的世界，我正沉思；
面迎着改革的现实，我正探究——

昨天的封闭禁区，今日随意行走，
改革开垦出新观念的犁沟。

过去的“旁门左道”，如今已被普遍接受，
发展的逻辑在这里布新除旧。

可改革远不如想象的那样顺溜，
带血的脚正受阻于荆棘和壕沟。

封建意识和不正之风如螃蟹一篓，
撕扯着，钳加着，纠缠不休……

你创多少成绩就有多少诅咒，
你革多少弊端便惹多少怨仇。

你在阵前拼，有人在墙上瞅，
需要批“右”时你又是天生的“右”。

活靶由你当，枪在他们手，
任你做什么都有人暗中掣肘。

告不倒的好厂长呀，你何错之有，
只因为精干就被庸才当作对手。

有的厂长无路可行，像山堵门口；

有的企业无计可施，如落井之牛。

改革的征途有无数次搏斗，
历史的大路下铺着献身者的血肉！

有人悲叹："他生未卜此生休。"
有人放歌："一息未断仍风流！"

"我是旗杆，总要把旗杆举过顶"，
"我是锥子，纵然先烂也要出头！"

"登山我做挑夫"，"驾船我当舵手"，
"站立我学桥墩"，"载重我是车轴"！

路也漫漫呵，云也厚厚，
中国又走到一个新的路口……

齐唱风流歌

是时候了，现在是最好的时候，
政治改革的时机已经成熟；

是时候了，难得有这样的时候，
国家体制的改革岂能常有！

改革出人才，改革出领袖，

改革出效益，改革出风流。

山唱风流歌，唱绿肥红瘦，
用陇上的“花儿”，陕北的信天游；

水唱风流歌，唱巨轮轻舟，
借黄河船工喊，长江纤夫吼。

朋友呵，请你们续写各自的风流，
以雄浑的交响乐代替我竹笛的独奏。

昆仑吹铜号，蛾眉做鼓手，
五指山的五指往琴弦上揉……

唱珠海的渔女，草原上的骑手，
唱无愧的风流人，为民解愁！

一叶障目不见森林的，算不得风流；
双耳塞豆不闻雷鸣的，实在是浅陋！

只会咬文嚼字背死书的，是假学问；
能文能武能应变的，是真优秀！

只知以权谋私整别人的，是野心家；
能工能商能开拓的，才最风流！

莫抱怨，你碗里的是菜，他盘里的是肉，
饭锅饭碗都将和你的成绩挂钩；

别灰心，你禀赋不佳，他得天独厚，
锲而不舍就能够把金石雕镂！

我赞赏冬梅秋菊夏荷春柳，
他们都在所处的季节里独占鳌头；

我歌唱天高地阔日暖月柔，
他们都替万物的竞争提供了自由。

蓝天风流哟，给每一缕霞光以色彩，
鹰鹤齐飞，同唱“白云千载乐悠悠”；

大地风流哟，地面上春种秋收，
地心火热，钻一口深井就喷油；

大海风流哟，给每一颗水滴以活力，
白航奋进，浪花里飞出无数只海鸥。

人民风流哟，水能载舟能覆舟，
推动历史，民主和科学是左右手。

我就是人民，人民在齐心奋斗，
民心将铸九鼎，证明改革之不朽；

我就是历史，历史之路正在翻修，
未来车轮滚滚，载着一代代风流……

叶延滨

奥运中国：北京西四环路地底的传奇

南水北调中线工程的终端工程是一条四米直径的暗涵，在北京西四环路基之下，随四环路向北行 11 公里到达整个输水工程的终点团城湖。奥运会前夕，在工程北端通水之前我们乘坐中巴行进在这条即将通水的地下暗河。

——题记

在北京的蓝天的五环旗之下
在蓝天之下是北京城年轮一样的环形路
在北京城第四条环形路的车流之下
无数的车轮在四环路上写着现代派的诗
没有红绿灯没有斑马线的四环路上
一个又一个睁大眼睛的监视器在读这些诗
宝马写的、奔驰写的、QQ 写的、写诗的车多

读诗的监视器也不少，嘿呀，读出了味道
给开车的小子，送去一张二百元的黄牌警告单！
今天我要写一首诗，写四环路车轮之下的诗
车轮之下是柏油路面，看到黑乎乎的柏油
就会想到股市上黑乎乎的“中石油”
柏油路面下有天然气管线，陕北来还是新疆来
在四环路底下不能烤羊肉串不能唱信天游
输油管旁边是各种各样的粗线细线
输电线的电从山西来光缆线是网通还是联通
别看光缆细啊，流淌的都是数字化了的钱
通讯公司给每个中国人口袋里的钱包
派去一位出纳员，那出纳员俗名叫手机……
（四环路忙啊，四环路金、木、土、火都有
就缺水，缺水的哪只是四环，是北京！是京城！！）
今天我要写这首诗，写四环路下那奔流的河
在河水到来之前，我在这四米粗的涵管里
体会一滴水的心情，一滴从汉水丹江涌来的水
也许没有那么远，那跨千座山过万条沟的遥远
也许只是从工地一位农民工的额头落下的一滴
也许只是银行家拧紧的水龙头里节约的一滴
也许只是奥运鸟巢花丛中晶莹着的一滴
啊，当我身处地底，在北京地下像一滴水
我感知到一种久远而深沉的脉动
我倾听到一种无言而深情的呼唤
（真的，在这地下长河，四环路的深处

我还听见上帝与一只超级大国卫星的对话
卫星：中国北京正在地下进行新的工程
不像地铁，不像核设施，不像我知道的一切！
上帝：啊哈，中国人真会给上帝开心
给千年的古都插了根巨大的输液管返老还童）
在北京西四环路的地底，一个巨型暗河
正悄悄地为历史准备一场巨大的典礼——
是啊，一根巨大的输液管插进了北京的年轮
北京这棵千年的神树正变得青枝绿叶
神树正举着北京奥运会那神话中才有的“鸟巢”
鸟巢里正苏醒着那只东方神奇的凤凰！

梁　平

中国力量

从汶川流经的岷江哭过，那一天白云黑了，
正在盛开的春天突然窒息在轰然垮塌的山坡上。
整个世界的目光凝聚，凝聚在废墟里折断的呼吸和生还，
凝聚在生命的重新集结，重新燃烧和太阳一样炫目的光芒。
岷江终于停止了哭泣，岷江的水，冲洗了残留的泪痕，
破碎的瓦砾重新站立起来，站成肩膀，站成脊梁。
北川、青川、都江堰的痛，映秀、汉旺、擂鼓镇的伤，
在两个春天大步流星走过之后，漫山遍野的花开了，
那是超越时间和季节的开放。
就在今天，就在此刻，汶川站在鲜花盛开的地方，
告诉玉树，告诉中国，告诉整个世界——
这里的春天不再走失，欣欣向荣已经栽种在心上。

已经过去了，整整两个三百六十五天，
从第一天天崩地裂开始，中南海不灭的灯光点燃满天的星光，
落地成千万里之外十三亿双噙满牵挂的眼睛，
成为黑夜里铺天盖地照亮废墟的希望。
总书记、总理疾驰在第一线上的脚步，带出人民之师、威武之师，
每一个有呼吸、有生命迹象的地方都有迷彩的汪洋，
白衣天使的汪洋，志愿者的汪洋，
那是血脉连接起的长城内外、大江南北，甚至天涯，甚至海角，
每一个肩膀扛起生命的重量。

春天回来了，只有两个三百六十五天，
这里幸存下来的生命，在帐篷、在板房、在废墟的建设工地上，
自力更生，升华了在这里“幸存”下来的全部意义。
在他们身后，世界目睹了一个国家的行动如此浩荡，
东北西北、中南西南，华北华南、沿海沿疆，
中国十八个地方政府办公桌上摆放的灾后重建蓝图，
在废墟上成为现实：新城镇、新交通、新学校、新医院，
那是重放的鲜花，比原来更加鲜艳、美好，
这里每一个人的脸上都是灿烂的阳光。

举世震惊的灾难我们经历了，
举世震惊的奇迹我们创造了，
九百六十万平方公里大地，十三亿臂膀托举起中国力量。
因为这个力量，大西南干涸的土地上聚集甘泉和琼浆，
因为这个力量，刚刚遭遇强级地震的玉树，正在疼痛的高原，

同样有来自中南海的阳光驱散寒冷的日日夜夜，
同样有十三亿人民筑起铁壁铜墙支撑不灭的希望，
国家就是人民的家，生命至高无上。
因为这个力量，在地球的每一个角落，在陆地，在海洋，
我们记忆中的印度洋海啸、记忆中的海地大地震，
中国援助最引人瞩目的就是十三亿人民的慷慨和善良，
把中华民族大写在世界的丰碑上。

汶川告诉玉树，汶川告诉中国，汶川告诉世界，
汶川的春天回来了，有鸟语，有花香，有更新的梦想。
所以世界所有的国家不能不惊叹，不能不因此而仰望东方，
犹如面对高山的仰望！
是的，我们谁也不能阻止灾难的突然降临，
但是中国，也只有中国，能够破解世界性的难题，
面对灾难，面对灾难以后的山河重建，
汶川在最短的时间、在最温暖的阳光里抚慰创伤，
以国家的名义，以国家的力量，
书写出世界上最华美的乐章，无比灿烂辉煌！

藏族姑娘

身后绵延的群山，飘在山尖的白云
背上沉重的麦捆，与
藏服上的五颜六色，让我
想起阳光下的八达岭城墙

那张黑色的脸庞
汗珠凝固成诗行
额头，两道深深的皱纹中
隐喻着平安吉祥

也许你不会想到
你投向汽车的那一束目光
以及瞬间即逝的一丝笑意
已经把我的心擦亮

你一定不想知道车上坐着的
是位高权重的高官还是腰缠万贯的富商
你投来的那一笑，只是表达了
一个民族的文明和善良

可是，我却认为你那一笑
与你的心情一样
展示了：一个民族的自信
一个民族的希望

你微驼的背影
是否能背负起明天的朝阳
你沉重的脚步
是否在丈量着向往

你的祖辈子就是背着沉重的麦捆
在坎坷的山坡上踩出了一条小道
然后，让一代又一代生命
在苦难中成长

我后悔没有及时拍下这幅雕像
献给历史博物馆珍藏
让她在中华民族之林中
永远放射出光芒

岁月

我寻找着
不停地寻找着。
在老树的枯枝间
在磨损的石阶上
在剥落的断壁里
在发黄的象册中
——执着的寻找着。
可我怎么就找不着你呢
我的逝去的岁月？
你为什么一去不复返呢！

我在故乡的泥土中
寻找儿时的指印

我在校园的曲径上
寻找青春的梦想
我在饱经沧桑的容颜里
——寻找少年的万丈豪情。
可我怎么也找不着
我的留恋的岁月
只有在无奈的叹息中
惆怅行着!

我也曾在大漠边关的古战场
寻找金戈铁马的悲壮
我也曾在六朝古都的深宫中
寻找哀怨的低吟
我也曾在浩如烟海的典籍中
寻找打开智慧之门的钥匙。
可我——
还是没有找到
我思念的岁月
只有磨破了的双脚
呆滞了的目光。

我却时时感觉你的存在
我在沙沙的落叶声中
听到你的足音
我问落叶

落叶说：

你在时光的河里

我在潺潺的流水中

望见你的背影

我问流水

流水说：

你在漂逝的风里

我问风儿

风悄悄的对我说：

过去了

已经都过去了

过去了吗？

我老去的时间

严冬尽了

冰雪消了

大地暖了

新枝绿了

可是——

我的岁月

你在那里？

难道就这样匆匆的走了

永远也不会回来！

也许！

有一天

我们还会在梦中相逢
那时——
我要紧紧地拥着你
再也不让你悄悄地溜走
——我的岁月！

龚学敏

今夜，我要向一顶帐篷致敬

今夜，折断的椽子似我写错的笔画
躺在芦山县志那个残缺的家字旁边。
汉时的瓦摔碎了，
秦时的月芽，被一条断开的路
拦在一个词狰狞的乌云中，地震。

今夜，不同水土的方言，用一种声音
一种叫做祖国的声音
给黑体字的芦山，照明。
给一棵生长的茶树照明，
给明天清晨将要发出的电照明，
给叫做中国红的花岗石照明，
给生活在国外的那头大熊猫，还有

她的竹子照明，
给司马相如的汉赋照明，
给姜维的三国照明，
给满头的白发照明，
给一袭婚纱照明，

给4月20日落滴的泪水照明，
给今夜聚汇拢的一条河照明，
给岸照明，
给岸上所有的花朵，土地，
和一本翻开的书照明……

今夜，我要向一顶帐篷致敬，
向长在宽敞的田野上唤我小名的
帐篷致敬。
向帐篷一样，叫做家的那个汉字致敬。
向那些讲着不同方言的绳子，
那些把帐篷和家字拴牢的绳子致敬。
向帐篷里的那束光，那束
给不同的方言照明的光
致敬。

以共产党人的名义

经历过冬天的寒冷才知道春天的温暖
经历过黑夜的漫漫才知道黎明的可贵
还记得那南湖吗？还记得那一艘带来曙光的小船
毛泽东 何叔衡 董必武 李汉俊
就在那飘摇的水上 在飘摇的世界
给中国的大地 一个庄严的承诺——

那些压迫我们呼吸的 要统统推倒
那些禁锢我们精神的 要统统焚烧
那些让我们做牛马的 要统统灭掉
共产党人 要带领苦难的人民 成为世界的主人！

“试看将来的环球 必是赤旗的世界！”

那是怎样伟大的声音！地在动 山在摇 江河在咆哮
共产党人舒展筋骨发出钢铁般轰响的号召

民族觉醒 工运兴起 轰隆隆的队伍北伐
星星之火 燎原之势不可阻挡
万里长征为革命写下悲壮 雄浑的诗稿！

当红色的光芒照耀了全球
无数弱小的人们啊 直起了腰
无数饥饿的肠胃啊 解决了温饱

即便战争的烽火燃遍了寸寸热土
胜利的旗帜 在庄严的广场上最终呼啦啦地飘！
人民起立 中国起立 无产者起立
中国 走向了社会主义的光辉大道

看哪 那些欢呼的启动了热烈的嘴唇
那些耕耘的甩开了健壮的臂膀
那些建设的敞开了宽广的怀抱

路就是这样开创 歌就是这样涌向高潮
强国的序曲在人民大会堂回荡
古华夏的天空飞翔着欢快的鸽哨……

站起来 富起来 继往开来

满怀豪情 我们向着未来……

以共产党人的名义呀 我们开辟未来!
给世界以花朵 给大地以芬芳
给人民以安宁 给国家以富强

血雨腥风里 我们固守被炮火轰击的阵地
和平阳光下 我们坚定最初的追求和梦想
如果有失误 实事求是 我们改正错误
如果有顾盼 认准目标 我们永远向前
"人是最可宝贵的财富" 我们的希望和信念
紧紧地和人民站在一起 为人民服务!

请相信 如果黑夜还是那么朦胧 人的脑袋 脖颈
结实地包裹在已经破烂的衣服里
从衣服里伸出来的手还是那么畏畏缩缩 颤颤抖抖
那带着灰尘的手指指向头顶 又缩了回去
那肯定已是被压迫的过去 那是一去不复返的过去!

以共产党人的名义啊 我们开辟未来
不管过去是多么的曲折和痛苦
不管生活是多么的清贫和朴素

只要血还在流 只要风还在吹 只要大地还在绿
我们就要高举着光明的火把

让所有的青春都焕发异彩 让所有的叹息都化作尘埃

有力量的 请施展出来
有风雨的 请倾泻下来
有雷电的 请轰鸣起来

啊 父亲们 着装何等整齐 举止何等端庄
啊 母亲们 倚在门窗 望着远方
优秀的儿女们志在四方
天地是如此的广阔 到处是驰骋的疆场……

是的 是的呀 以共产党人的名义
“三个代表” 就是我们神圣的大旗
飘在空中的旗 飘在黄土黑土红土上的旗
飘在世界之巅的旗啊……

听一听吧 五十年 六十年 八十年
一百年 一千年 那呼啦啦响动的旗
鸣奏出人世间最美的旋律

“为人民谋福利 没有别的特殊权利”
那在田间地头 在工厂矿区 在天山南北 在长城内外
每一个共产党员 都是在为更多的人不断走向富裕

呵 那回声 波浪 玫瑰的香气 合欢树的狂舞

云朵的飘逸 河岸的岩石都进入我们的呼吸
我们的呼吸间是更多的人更多的幸福更多的欢乐

我们是共产党人啊 面对冉冉升起的太阳
我们带着辉煌的梦想
沿着金光灿灿的大道 奔向鲜花开放的远方!

苏金伞

埋葬了的爱情

那时我们爱得正苦
常常一同到城外沙丘中漫步
她用手拢起了一个小小坟茔
插上几根枯草，说：
这里埋葬了我们的爱情

第二天我独自来到这里
想把那座小沙堆移回家中
但什么也没有了
秋风在夜间已把它削平

第二年我又去凭吊
沙坡上雨水纵横，像她的泪痕

而沙地里已钻出几粒草芽
远远望去微微泛青
这不是枯草又发了芽
这是我们埋在地下的爱情
生了根

诗人与死

一

是谁，是谁
是谁的有力的手指
折断这冬日的水仙
让白色的汁液溢出

翠绿的，葱白的茎条？
是谁，是谁
是谁的有力的拳头
把这典雅的古瓶砸碎

让生命的汁液
喷出他的胸膛

水仙枯萎

新娘幻灭
是那创造生命的手掌
又将没有唱完的歌索回。

二

没有唱出的歌
没有做完的梦
在云端向我俯窥
候鸟样飞向迷茫

这里洪荒正在开始
却没有恐龙的气概
历史在纷忙中走失
春天不会轻易到来

带走吧你没有唱出的音符
带走吧你没有画完的梦境
天的那边，地的那面

已经有长长的队伍
带着早已洗净的真情
把我们的故事续编。

三

严冬在嘲笑我们的悲痛
血腥的风要吞食我们的希望
死者长已矣，生者的脚踵
试探着道路的漫长

伊卡拉斯们 Icarus[①]，乘风而去
母亲们回忆中的苦笑
是固体的泪水在云层中凝聚
从摇篮的无邪到梦中惊叫

没有蜜糖离得开蜂刺
你衰老、孤独、飘摇
正像你那夜半的灯光

你的笔没有写完苦涩的字
伴着你的是沙漠的狂飙
黄沙淹没了早春的门窗。

四

那双疑虑的眼睛
看着云团后面的夕阳
满怀着幻想和天真

---

① 希腊神话中人物。用翅膀飞行逃狱，因太阳把蜡熔化导致坠落海中淹死。

不情愿地被死亡蒙上

那双疑虑的眼睛
总不愿承认黑暗
即使曾穿过死亡的黑影
把怀中难友的尸体陪伴

不知为什么总不肯
从云端走下
承认生活的残酷

不知为什么总不肯
承认幻想的虚假
生活的无法宽恕

五

我宁愿那是一阵暴雨和雷鸣
在世人都惊呼哭泣时
将这片叶子卷走、撕裂、飞扬入冥冥
而不是这冷漠的误会和过失

让一片仍装满生意的绿叶
被无意中顺手摘下丢进
路边的乱草水沟而消灭
无踪，甚至连水鸟也没有颤惊

命运的荒诞作弄
选中了这一片热情
写下它残酷的幽默

冬树的黑网在雨雪中
迷惘、冷漠、沉静
对春天信仰、虔诚而盲目。

六

打开你的幻想吧，朋友
那边如浩瀚的大海迷茫
你脱去褪色的衣服，变皱
的皮肤，浸入深蓝色的死亡

这里不值得你依恋，忙碌嘈杂
伸向你的手只想将你推搡
眼睛中的愤怒无法喷发
紧闭的嘴唇，春天也忘记歌唱

狭窄、狭窄的天地
我们在瞎眼的甬道里
踱来踱去，打不开囚窗

黄昏的鸟儿飞回树林去歇栖

等待着的心灵垂下双翼
催眠从天空洒下死亡的月光

七

右手轻抚左手
异样的感觉，叫做寂寞
有一位诗人挣扎地看守
他心灵的花园在春天的卷末。

时间卷去画幅步步逼近
只剩下右手轻抚左手
一切都突然消失、死寂
生命的退潮不听你的挽留

像风一样旋转为了扫些落叶
却被冬天嘲讽讥笑
那追在身后的咒骂

如今仍在尸体上紧贴
据说不是仇恨，没有吼叫
漂亮的回答：只是工作太忙。

八

冬天是欣赏枯树的季节
它们用墨笔将蔚蓝切成块块

再多的几何图也不能肢解
那伟大的蓝色只为了艺术的欢快

美妙的碎裂，无数的枝梢
你毕生在体会生命的震撼
你的身影曾在尸堆中晃摇
歌手的死亡拧断你的哀叹

最终的沉默又一次的断裂
从你的脆了的黑枝梢
那伟大的蓝色将你压倒

它的浪花是生命纷纷的落叶
在你消失的生命身后只有海潮
你在蓝色的拥抱中向虚无奔跑

九

从我们脚下涌起的不是黄土
是万顷潋滟的碧绿
海水殷勤地洗净珊瑚
它那雪白的骸骨无忧无虑

你的第六十九个冬天已经过去
你在耐心地等待一场电火
来把你毕生思考着的最终诗句

在你的洁白的骸骨上铭刻

不管天边再出现什么翻滚的乌云
它们也无能伤害你
你已经带走所有肉体的脆弱

盛开的火焰将用舞蹈把你吸吮
一切美丽的瓷器
因此留下那不谢的奇异花朵

十

我们都是火烈鸟
终生踩着赤色的火焰
穿过地狱，烧断了天桥
没有发出失去身份的呻吟

然而我们羡慕火烈鸟
在草丛中找到甘甜的清水
在草丛上有无边的天空邈邈
它们会突然起飞，鲜红的细脚后垂

狂想的懒熊也曾在梦中
起飞
翻身

却像一个蹩脚的杂技英雄
殒坠
无声

十一

冬天已经过去，幸福真的不远吗
你的死结束了你的第六十九个冬天
疯狂的雪莱曾妄想西风把
残酷的现实赶走，吹远。

在冬天之后仍然是冬天，仍然
是冬天，无穷尽的冬天
今早你这样使我相信，纠缠
不清的索债人，每天在我的门前

我们焚烧了你的残余
然而那还远远不足
几千年的债务

倾家荡产，也许
还要烧去你的诗束
填满贪婪的焚尸炉

十二

没有奥菲亚斯 Orpheus[①]，拿着他的弦琴
去那里寻找你
他以为应当是你用你的诗情
来这里找他呢

你的白天是这里的黑夜
你的痛苦在那里消失得
无影无踪，树叶
幸福地轻语，夜莺不需要藏躲

你不再睁开眼睛
却看到从来不曾看到
的神奇光景

情人的口袋不装爱情
法官的小槌被盗
因此无限期延迟开庭。

十三

在这奥菲亚斯走过的地道
你拿到这第十三首诗，你
痛苦而愤怒，憎恨这征兆

① 希腊神话中的音乐家兼诗歌神。他拿着竖琴向诸天神诉冤，下阴间寻找被害的妻子。

意味着通行的不祥痕迹

然而这实在是通行证的底片
若将它对准阳光
黑的是你的脸庞
你的头发透明通亮

你茫然考虑是不是这里的一切
和世间颠倒
你的行囊要重新过秤

然而鬼们告诉你不要自欺
现在你正将颠倒的再颠倒
世间从未曾认真给你过秤

十四

你走过那山阴小道
忽然来到一片林地
世界立即成了被黑洞
吸收的一颗沙砾

掌管天秤的女神曾
向你出示新的图表
天文数的计量词
令你惊愕地抛弃狭小

人间原来只是一条鸡肠
绕绕曲曲臭臭烘烘
塞满泥沙和掠来的不消化

只有在你被完全逐出鸡厂
来到洗净污染的遗忘湖
才能走近天体的耀眼光华

十五

那为你哭泣的人们应当
哭泣他们自己，那为你的死
愤怒的人们不能责怪上帝
死亡跟在身后，一个鬼祟的影子

你有许多未了的心愿像蚕丝
如果能织成一片晴空……
但黑云不会放过你的默想
雷暴从天空驰下击中

你的理想只是飘摇的蛛网
几千年没有人织成
几千年的一场美梦

只有走出祭坛的广场

离开雅典和埃及的古城
别忘记带着你的夜行时的马灯。

十六

五月，肌肤告诉我太阳的存在
很温存，还没有开始暴虐
我闭上眼睛，假装不知道谁在主宰
拖延，是所有这儿的大脑的策略

尸骨正在感觉生的潮气
离开火葬场已经两个月
污染的大气甚至不放弃
那从炉中拾回的残缺

也许应当一次又一次地洗涤
用火焰，
用焚烧

这里没有檀木建成的葬堆
也没有洒上玫瑰、月季、兰花的娇艳
只有沉默的送葬者洒上乌云般的困恼。

十七

眼睛是冰冻的荷塘
流水已经枯干，我的第69个冬天
站在死亡的边卡送走死亡
天边有驼队向无人熟悉的国度迁移

欢乐的葡萄不会急着追问下场
香醇的红酒也忘记了根由
一个个音符才联成歌唱
也许是愤怒，也许是温柔

整体不过是碎片的组成
碎片改组，又产生新的整体
短视的匠人以为到了终极

阖上眼睛，任肢体在大地横陈
蚕与蛹，毛虫和蝴蝶的交替
洒在湖山上，像雨的是这个“自己”

十八

他们用时间的极光刀
在我们的身体上切割
白色的脑纹是抹不掉
的录像带，我们的录音盒

被击碎，逃出刺耳的歌
疯狂的诗人捧着淤血的心
去见上帝或者魔鬼
反正他们都是球星

将一颗心踢给中锋
用它来射门

好记上那致命的一分

欢呼像野外的风
穿过血滴飞奔
诗人的心入网，那是坟。

十九

当古老化装成新生
遮盖着头上的天空
依恋着丑恶的老皮层层
畏惧新生的痛苦

今天，抽去空气的气球
老皮紧紧贴在我的身上
它昔日的生命已经偷偷逃走
水生的它是我的痛苦的死亡

将我尚未闭上的眼睛
投射向远方
那里有北极光的瑰丽

诗人，你的最后沉寂
像无声的极光
比我们更自由地嬉戏。

汗血马

跑过一千里戈壁才有河流
跑过一千里荒漠才有草原

无风的七月八月天
戈壁是火的领地
只有飞奔
四脚腾空地飞奔
胸前才感觉有风
才能穿过几百里闷热的浮尘

汗水全被焦渴的尘沙舐光
汗水结晶成马的白色的斑纹

汗水流尽了
胆汁流尽了
向空旷冲刺的目光
宽阔的抽搐的胸肌
沉默地向自己生命的内部求援
从肩胛和臀股
沁出一粒一粒的血珠
世界上
只有汗血马
血管与汗腺相通

肩胛上并没有翅翼
四蹄也不会生风
汗血马不知道人间美妙的神话
它只向前飞奔
浑身蒸腾出彤云似的血气
为了翻越雪封的大坂
和凝冻的云天
生命不停地自燃
流尽了最后一滴血
用筋骨还能飞奔一千里

汗血马
扑倒在生命的顶点
焚化成了一朵
雪白的花

白芙蓉

一株白芙蓉，静静地站在石墙旁：
每次走过，我总要对她凝视。
她始终静静地站着，端庄而矜持，
过后，她送来一丝淡淡的清香。

这一回，我又在她的身边走过，
她的枝丫微微地倾侧向一方，
她神态依旧，只是添了点忧伤。
我久久看着她，直到她面带羞涩。

我仔细审察：为什么她情绪异常？
一只花蜘蛛在结网，蛛丝把芙蓉枝
同傲慢、华贵的紫薇联结在一起。

我立刻动手，扯断了纠缠的蛛丝，
她随即站正了，腼腆中仍带着端庄。
我告别。她送来一阵浓烈的香气。

朱增泉

地球是一只泪眼

地球是漂在水里吗
为什么每一块大陆的周围
全都是汪洋大海？

哦——地球满腹忧烦
她睁圆了望不断天涯的
泪眼
何时能哭干，这么多
苦涩的
海水？

宗　鄂

我的生命从冬天开始

落叶敲窗
冬天站在门外
一脸沧桑一头霜雪
像我。像我一样疲惫
一样淡淡的伤感

我的生命是从冬天开始的
六十个冬天来去
只是恍惚之间
头上的白雪提醒我
已经老了
所幸我的脊梁没有弯曲
步履依然刚健

我是 O 型血
命里注定不是索取
而是奉献
为人作嫁衣是站在台后
不是幕前
为人搭梯子，让别人的脚
踏着我的双肩

我是一条小龙
小龙也是龙，但
没有腾飞的羽翼
岂能祈望云天

冬和春只差一步
开花结果都和我无关
我错把曲线绷成一张弓
该冬眠时不肯冬眠

患恐高症是一件幸运的事
高处不胜寒
像水不向高处攀便往低处流
没有春风得意
也不会宦海沉船

人何必与人相比
他有他的太阳照耀
我有我的灯光陪伴
你握紧你的权柄
我要我的笔杆儿
你披你的虎皮吓人
我穿我的羽绒取暖
从血液里长出的绒毛
有一团白色的火
可以把冰雪点燃

一位诗人说
好心情比金子贵重
一匹汗血马告诉我
即使流尽最后一滴血
用筋骨还要飞奔千里
扑倒在生命的顶点

瀚瀚

我每次回来
总想
把海洋捻一点儿
喂给你

在那么大的
蓝颜色世界
月亮总在找她的鞋
海会斜倚过来
变成一个滑梯
我也总在你的小床
问：不懂事的小海豚
睡了吗。知道大海的大吗？

水平线后面
躲着的另一天
总急着扯开蓝被子
打呵欠、起床

时间循环的
潮汐安静的
没有一个脚印的沙滩
是还没说话的脸
看着静静牵你小小手
走来的我们

多少的皱纹
像爱一样
渐渐涨满了，淤在我眼睛旁
沉默把航行帽戴在睡眠的小脑袋
手掌，正学波浪翻泼你浓黑密发
十岁、十二岁
我睡眠都在成长的孩子哟

风来过，又走了
时间在缠绵交错
但是
所有可记得或不记得的白昼黑夜
在连脚印都踩不醒你的梦域

爸爸带回一些盐
雪白的
不会腐朽、像是
一点点、小小的永恒
捻了
撒在你
一起、一伏
响满回音的小胸脯。

在华山上，与徐霞客对饮

“再走一步，你将到达山顶
但是没有人能够越过自己头顶”
你的影子像刀子一样快
影子里居住着最后一个升仙的道长
我越想靠近你，你就越高
最高处永远是一个人的舞台
你坐在阳光身旁，神情不温不火
我承认：我追不上你的影子
正如华山上的植被，紧贴岩壁
却无法钻进华山的内心

华山以孤高名世，普天下
谁能与它齐名？云越低

越孤独，树却越高越独立
根扎一尺，树高一丈
一动不动的飞翔，才是真正的
飞翔！天地之间的行云流水
游人只观喧闹，喧嚣背后的故事
落在诗人笔下。诗人写春秋
也写风月，古往今来
只有一个名叫徐霞客的人
醉生梦死过一回

我渴望与这位独具风范的行者
在山顶上相遇，我们席地而坐
简明望着徐霞客
徐霞客望着简明
其实人生只有上山与下山
两件事，上山与下山
如同从二十岁走向六十岁
上山，你只管举目
下山，你必须把姿态和心
沉下来

山的身体里藏着另一座山
一双青花瓷碗在夜色中手谈
声音到达之前，我们前仰
或者后合，我们之间隔着一碗酒

和另一碗酒，隔着一个朝代
和另一个朝代
一碗酒一个百年
一碗酒几个乱世好汉

酒是液体的华山，四十五度不低
六十五度不高：酒是山中山
华山是固体的酒，四十五度不高
六十五度不低：山是酒中酒
一碗不醉人，五碗不醉心
我们像一面旗帜为远景所包围
凡人行走在去天堂的路上
仙人在归途

程步涛

雨中弹盔

它是我从战地带回来的
它是过去了的一场战争

霏霏雨湿时
举它于雨地里
让晶亮的雨丝撩拨它
让透明的雨点击打它
于是
在密密的雨帘中
便闪现出芭蕉桐叶
闪现出工事堑壕
闪出那一万次的坚守
和一万次的冲锋

枪声炮声里
烈火硝烟里
一顶钢盔
注释着生与死的距离
注释着杀戮的雷暴
与和平的熏风

在我的书架上
它便是辛弃疾挑灯察看的剑
它便是苏东坡射罢天狼的弓
和老子的《道德经》
和马克思的《资本论》
和小说
诗歌
戏剧
散文
一起铺设人类跋涉的里程

每当细雨纷纷
我便轻轻弹盔
如古人击节
将那些“烽火高台”“关河梦断”
将那些“华发苍颜”“万里江山”
一遍又一遍地吟诵

既然

我们这个世界

还不是十分平静

钢盔便绝不是一件摆设

因此

在铸造犁杖的同时

必须用一部分钢铁铸剑

铸一顶顶钢盔

以备沙场

再度点兵

柠檬黄了

柠檬黄了
请原谅啊，只是娓娓道来的黄

黄得没有气势，没有穿透力
不热烈，只有温馨
请鼓励它，给它光线，给它手
它正怯怯地靠近最小的枝头

它就这样黄了，黄中带绿
恬淡，安静。这种调子适宜居家
柠檬的家结在浓荫之下
用园艺学的话讲：坐果于内堂
它躲在六十毫米居室里饮用月华

饮用干净的雨水
把一切喧嚣挡在门外

衣着简洁，不懂环佩叮当
思想的翼悄悄振动
一层薄薄的油脂溢出毛孔
那是它滚沸的爱在痛苦中煎熬
它终将以从容的节奏燃烧和熄灭
哦，柠檬
这无疑是果林中最具韧性的树种
从来没有挺拔过
从来没有折断过
当天空聚集暴怒的钢铁云团
它的反抗不是掷还闪电，而是
绝不屈服地
把一切遭遇化为果实

现在，柠檬黄了
满身的泪就要涌出来
多么了不起啊
请祝福它，把篮子把采摘的手
给它
它依然不露痕迹地微笑着
内心像大海一样涩，一样苦，一样满

没有比时间更公正的礼物
金秋，全体的金秋，柠檬翻山越岭
到哪里去找一个金字一个甜字
也配叫成果？也配叫收获？人世间
尚有一种酸死人迷死人的滋味
叫寂寞

而柠檬从不诉苦
不自贱，不逢迎，不张灯结彩
不怨天尤人。它满身劫数
一生拒绝转化为糖
一生带着殉道者的骨血和青草的芬芳

就这样柠檬黄了
一枚带蒂的玉
以祈愿的姿态一步步接近天堂
它娓娓道来的黄，绵绵持久的黄
拥有自己的审美和语言

祖国

1

你是
半坡博物馆里出土的那只陶罐
质朴、丰盈还有几分亮丽

你是
秦始皇统一天下的那把长剑
倚天拄地而立

你是
随州擂鼓墩出土的青铜编钟
轰响一个民族的心律

你是
绵延千里伸向远天的丝绸之路
翻过岁月的坎坷走向平坦

你是
飘扬在天安门广场上的五星红旗
猎猎飞舞迎接新世纪的风雨

2

含在口里
你是我儿时放牧的一片叶笛
和吟诵的唐诗宋词

贴在胸口
你是我远离故土相思的红豆
和饿了充饥的红薯

捧在手上
你是我家一只祖传的青瓷大碗
和我描画未来的彩笔

扛在肩头
你是父亲走向荒漠拓荒的犁铧
和我屹立边哨的枪刺

倚在怀里
你是我母亲饱满多汁的乳房
和妻子温情的手臂

3

迎着熹光
你是一只衔着橄榄枝的白鸽
飞在人类祈祷的瞩望里

穿破黑暗
你是一座熠熠闪烁光华的灯塔
屹立时代风云际会的港口

伴着鼓角
你是女足运动员脚下的足球
角逐在世界的绿茵场上

风雨征途
你是一叶历经沧桑才兜满春风的征帆
逆着激流险滩进击

浴着秋阳
你是一棵伤痕累累又勃发生机的大树
挂满甘甜也有点酸涩的果实

韩作荣

火狐

火狐从雪原驰过
将山野划出一道流血的伤口
也许这是潜在的贴近本能的伤害
就像风不能不在草尖上舞蹈

与寂静相邻，是因失血而苍白的忧伤
淡泊了优雅且有节制的情感
眼含古老的液体洗刷昼夜
便浇熄了瞳仁里两堆焦灼之火

火狐依然漂亮着，像灿烂的谎言
诱惑将我带入貌似平静的暴戾
哦，你虚假的火，施展魔术的红布

迷茫中我计数你谜一样的足印

一滴埃利蒂斯的雨淹死了夏季
你虚设的嘴唇再也不会卷起风暴
太阳已经远离，不在我的脉管运行
我的孤寂平静如山谷的积雪

狂风

只有狂风能让我认识自己
沙子给我皮肤的感觉，声音与我对峙
碎石告诉我，人，应该拥有多大的痛楚
而树木，为我示范弯腰、躲闪，以及
将风打倒

只有狂风能叫我热泪盈眶
知道这个世界还没有停止
石头还在挣脱山峰，水在坚持上岸
尖利的枫叶还有能力涌入我的血管，如同
血小板一样狂舞

只有狂风能与我心心相印

让虚伪的世界开始狰狞，露出
本来就有的牙齿
让山的一部分变成地，让地的一部分
变成风，让风的一部分变成野兽
让我知道这个冰凉的世界
还有鲜血

只有狂风才能让我内心宁静，让我能用疼痛
抚摸世界
河流长出枝丫，山脉交换坐姿
许多人不喜欢见血，但我，知道
狂风被打倒之后
有多么的伟大

阿姆斯特丹的河流

十一月入夜的城市
唯有阿姆斯特丹的河流

突然

我家树上的橘子
在秋风中晃动

我关上窗户，也没有用
河流倒流，也没有用
那镶满珍珠的太阳，升起来了

也没有用

鸽群像铁屑散落
没有男孩子的街道突然显得空阔

秋雨过后
那爬满蜗牛的屋顶
——我的祖国

从阿姆斯特丹的河上，缓缓驶过……

高洪波

致奉节

一座挂在悬崖边的城市
一座钉在陡坡上的城市
一座浮在水面上的城市
一座飘在云端里的城市
哦，奉节，我的奉节

一座让末路英雄刘备大悲哀的城市
一座令智慧人物孔明太无奈的城市
一座使诗仙李白欣喜若狂的城市
一座叫诗圣杜甫慷慨高歌的城市
曾一度飘散着清丽竹枝词的城市
曾一度回荡着沉郁川江号子的城市
一度这座城诗与歌交织

一度这座城血与火相迸
哦，奉节，我的奉节

你这古老而又过于年轻的城市
现实又充满憧憬的城市
你这被推土机轰然推倒的城市
又被打桩机猛烈夯实的城市
一座有过二千五百年历史沉入水下的城市
一座五年里突兀崛起的城市
哦，奉节，我的奉节

一座让有形的三峡大坝
从容建立在下游的城市哟
一座让无形的移民工程
坦然建立在心底的城市
一座孕育当代愚公的城市
搬运岁月搬运历史的城市……

周伦佑

在刀锋上完成的句法转换

皮肤在臆想中被利刃割破
血流了一地。很浓的血
使你的呼吸充满腥味
冷冷的玩味伤口的经过
手指在刀锋上拭了又拭
终于没有勇气让自己更深刻一些

现在还不是谈论死的时候
死很简单。活着需要更多的粮食
空气和水，女人的性感部位
肉欲的精神把你搅得更浑
但活得耿直是另一回事
以生命做抵押，使暴力失去耐心

让刀更深一些。从看他人流血
到自己流血。体验转换的过程
施暴的手并不比受难的手轻松
在尖锐的意念中打开你的皮肤
看刀锋契入，一点红色从肉里渗出
激发众多的感想

这是你的第一滴血
遵循句法转换的原则
不再有观众。用主观的肉体
与钢铁对抗，或被钢铁推倒
一片天空压过头顶
广大的伤痛消失
世界在你之后继续冷得干净

刀锋在滴血。从左手到右手
你体会牺牲时尝试了屠杀
臆想的死使你的两眼充满杀机

陈义芝

住在衣服里的女人

我渴望你覆盖，风一般轻轻压着我
以你细致的皮肤如贴身的夜衣
或仿佛就是我自己的皮肤

牛仔裤是流行的白话，写着诗一般腾跃的短句
开叉裙有古典的文法，铭刻了长篇的祈祷词
春天一呼喊，你丝质的衬衫就秀出两朵
粉色的花苞给如梦的人生看

然而我知道，真实的秘密总隐藏在身体的橱窗里
“打开看看吧！”你含笑的眼神时常这样暗示我
为一颗鲜红的果子而羞涩

千百个橱窗中我看到你眩人心神的笑仿佛未笑
宽松衣摆下摇荡一奥秘的天体
蹙眉思考如圣经纸印的字典

多像一只远遁人烟之外却爱恋着人世的狐
你岂是我遗失的那根肋骨
或者我应是黏附你身的一块肉
降谪于床笫，化身成一条天谴的蛇

我渴望穿你，当披肩滑落势如闪电
围裙像黄金的谷仓微妙摆动
空气在摩擦，日光在接吻
我渴望套头的圆领衫埋入你胸脯，陷身桃花源

放弃棉纱纤维的研究自是日
我专攻身体的诱惑，例如纽扣松脱拉链滑雪
分分秒秒念着 521 521……的传讯密码

自是日你深潜我梦中撑开一把抵挡热雨的伞
沿足踝的曲线向北方，你是我望中帘幕半遮的门
我深信你打开的皮包中永远藏有我
——一堆亲昵而俚俗的话

机器的乡愁

一种无可言说的秘密
来自一群机器的乡愁

机器的乡愁
发生在一座庞大的房子里
流离失所的抒情时代
在密集型的命运里
触摸不同的疼痛

产品的花朵吸收了光
吸收了太阳匆匆行走的身影
物质无法返回机器的合唱
故乡高远　高过机器

所有坚硬的头颅

谁还在子夜祈祷健康的青春
谁还在记忆中和桃花保持了美丽
谁失眠的双手
探入油类的深渊
打听去年失踪的兄弟

空中的籍贯
燠热的籍贯
散发中散发的籍贯
谁可能在钢铁的胸膛中
练习早期的写作
谁可能在空心的盖子上
掌握动荡的谣言？

机器的乡愁
发生在现在的房子里
进入房子里的人们
已经遗忘

湖南的亲戚

湖南的亲戚以雪峰山大片的　丘陵状蔓延
在中国九十年代的经济结合部
他们像蜜蜂一样成群结队
也像盖地的茅草一样素面朝天

湖南的亲戚　他们贫穷连结着我的贫穷
他们的文化没能走出资水的上游
他们的习性潮湿而有黏性
像收藏我的童年
在陌生人面前津津有味地咀嚼
把曾经的苦难咀嚼成幸福的前提

湖南的亲戚刻苦的生涯

早早地进入我诗歌的腹地
中国的诗歌不再消炎
而我却常常犯词语的胃病
每次抚摸　便在无人喝彩的季节
香汗淋漓
他们数我在汉阳南昌东莞的星星
然后在低瓦度的白炽灯下
谈论我的脾气和星星带不走的句子

湖南的亲戚知道我的名气比冬天的酒瓮还大
他们随便向我写信如同随便呼唤我的乳名
用顶格的方式询问外面的工作信息
春节过后他们挑了一大摞计划的行李
越过无雪的冬天和斩客的中巴
把一大摞陈年往事
爆在我二房一厅拥挤的乡音里

——春节过后我多了很多湖南的亲戚
——春节过后我多了很多家乡的旧址
——春节过后我在广东更加忙碌
——春节过后我疏离诗歌
直接进入一种典型的劳资纠纷

湖南的亲戚在附近的外资企业里年复一年
感冒发烧办暂住证加班出粮跳槽吃老板的月饼
顺便打听我这首诗是不是发在广东的杂志上

王小妮

月光白得很

月亮在深夜照出了一切的骨头。

我呼进了青白的气息。
人间的琐碎皮毛
变成下坠的萤火虫。
城市是一具死去的骨架。

没有哪个生命
配得上这样纯的夜色。
打开窗帘
天地正在眼前交接白银
月光使我忘记我是一个人。

生命的最后一幕

在一片素色里静静地彩排。

地板上

我的两只脚已经预先白了。

翟永明

母亲

无力到达的地方太多了，脚在疼痛，母亲，你没有
教会我在贪婪的朝霞中染上古老的哀愁。我的心只像你

你是我的母亲，我甚至是你的血液在黎明流出的
血泊中使你惊讶地看到你自己，你使我醒来

听到这世界的声音，你让我生下来，你让我与不幸构成
这世界的可怕的双胞胎。多年来，我已记不得今夜的哭声
那使你受孕的光芒，来得多么遥远，多么可疑，站在生与死
之间，你的眼睛拥有黑暗而进入脚底的阴影何等沉重

在你怀抱之中，我曾露出谜底似的笑容，有谁知道
你让我以童贞方式领悟一切，但我却无动于衷

我把这世界当作处女，难道我对着你发出的
爽朗的笑声没有燃烧起足够的夏季吗？没有？

我被遗弃在世上，只身一人，太阳的光线悲哀地
笼罩着我，当你俯身世界时是否知道你遗落了什么？

岁月把我放在磨子里，让我亲眼看着自己被碾碎
呵，母亲，当我终于变得沉默，你是否为之欣喜

没有人知道我是怎样不着痕迹地爱你，这秘密
来自你的一部分，我的眼睛像两个伤口痛苦地望着你

活着为了活着，我自取灭亡，以对抗亘古已久的爱
一块石头被抛弃，直到像骨髓一样风干，这世界

有了孤儿，使一切祝福暴露无遗，然而谁最清楚
凡在母亲手上站过的人，终会因诞生而死去

无题（组诗选二）

在唯一已经获得自由的地方
火焰成为万象中尖锐的顶端
它为诸神和硫黄所共有
双手交叉指向天空并奏出强音
大地的宝石从四面八方汇集
来自地底却依然在山中深藏
火焰中的火焰。存在中的存在
永无休止地在黑暗里蜕变
它以呕吐的姿势紧贴地面
在大雨滂沱的原野上颤抖
曲折水边秉烛而书的歌者
追寻自身的光亮而一无所得
空虚的焰火向日常生活敞开

暴露出深处的寒冷
隐身于火焰后面的人
选择世间无以庇护的命运
以俯瞰不幸而迷狂的事物
从而使火焰战胜火焰
红色的创口覆盖着雪地
它们在纯洁的灵魂之上
反复而忧郁地倾吐

这个秋天我遭遇到了什么
二十只天鹅在一起饮水
透过它们金黄色的下肢
我看到遍地沸腾的泉眼
美丽公主们的唇步步逼近
使山腰上月亮般的水发出轰响
一个冥想者就这样被唤醒
他从梦幻走入梦幻
远处的芦苇早已死在床上
秋风正再次回到寂静中
拂动天鹅的盛装
向那些冰凉的羽毛倾注激情
它们被谁追逐至此？
弯曲的颈项如同花环
落日的另一边堆积着盐
这超现实的风景血已流尽

它们，是否将终生汲水
永远不从其中跃出
二十只天鹅如此明亮
我辨出最完美的一只
它冷静。优雅。毫无准备

张曙光

尤利西斯

这是个譬喻问题。当一只破旧的木船
拼贴起风景和全部意义，椋鸟大批大批地
从寒冷的桅杆上空掠过，浪涛的声音
像抽水马桶哗哗地响着，使一整个上午

萎缩成一张白纸。有时，它像一个词
从遥远的海岸线显现，并逐渐接近我们
使黄昏的面影模糊而陌生
你无法揣度它们，有时它们被时间榨干

或融入整部历史。而我们的全部问题在于
我们能否重新翻回那一页
或从一片枯萎的玫瑰花瓣，重新

聚拢香气，追回美好的时日

我想象着老年的荷马，或詹姆士·乔伊斯
在词语的岛屿和激流间穿行寻找着巨人的城堡
是否听到塞壬的歌声？午夜我们走过
黑暗而肮脏的街道，从树叶和软体动物的

空隙，一支流行歌曲，燃亮
我们黯淡的生活，像生日蛋糕的蜡烛
我们的恐惧来自我们自己，最终我们将从情人回到妻子
冰冷而贞洁，那带有道德气味的历史

傍晚穿过广场

我不知道一个过去年代的广场
从何而始，从何而终。
有的人用一小时穿过广场，
有的人用一生——
早晨是孩子，傍晚已是垂暮之人。
我不知道还要在夕光中走出多远才能
停住脚步？

还要在夕光中眺望多久
才能闭上眼睛？当高速行驶的汽车
打开刺目的车灯。
那些曾在一个明媚的早晨穿过广场的人
我从汽车的后视镜里看见过他们一闪即逝

的面孔。
傍晚他们乘车离去。
一个无人离去的地方不是广场
一个无人倒下的地方也不是。
离去的重新归来，倒下的却永远倒下了。
一种叫作石头的东西
迅速地堆积，屹立，
不像骨头的生长需要一百年的时间，
也不像骨头那么软弱
每个广场都有一个用石头垒起来的脑袋，
使两手空空的人们感到生存的
分量。以巨大的石头脑袋去思考和仰望，
对任何人都不是一件轻松的事。
石头的重量
减轻了人们肩上的责任、爱情和牺牲。

或许人们会在一个明媚的早晨穿过广场，
张开手臂在四面来风中柔情地拥抱
但当黑夜降临，双手就变得沉重。
唯一的发光体是脑袋里的石头，
唯一刺向脑袋的利剑悄然坠地。

黑暗和寒冷在上升，
广场周围的高层建筑穿上了瓷和玻璃的时装
一切变得矮小了。石头的世界

在玻璃反射出来的世界中轻轻浮起，
像是涂在孩子们作业本上的
一个随时会被撕下来揉成一团的阴沉念头。

汽车疾驶而过，把流水的速度
倾泻到有着钢铁筋骨的庞大的混凝土制度中、
赋予寂静以喇叭的形状。
过去年代的广场从汽车的后视镜消失了
永远消失了——
一个青春期、初恋的、布满粉刺的广场。
一个从未在账单和死亡通知书上出现的广场
一个露出胸膛、挽起衣袖、扎紧腰带
一个双手使劲搓的带补丁的广场。

一个通过年轻的血液流到身体之外
用舌头去舔、用前额去下磕、用旗帜去覆盖的广场。

空想的、消失的、不复存在的广场，
像下了一夜的大雪在早晨停住。
一种纯洁而神秘的融化
在良心和眼里交替闪耀，
一部分成为叫作泪水的东西，
一部分在叫作石头的东西里变得坚硬起来

石头的世界崩溃了，

一个软组织的世界爬到高处。
整个过程就像泉水从吸管离开矿物，
进入蒸馏过的、密封的、有着精美的包装的空间。
我乘坐高速电梯在雨天的伞柄里上升。
回到地面时，我抬头看见雨伞一样撑开的
一座圆形餐厅在城市上空。
这是一顶从魔法变出来的帽子，
它的尺寸并不适合
用石头垒起来的巨人的脑袋。

那些曾经托起广场的手臂放了下来。
如今巨人靠着一柄短剑来支撑。
它会不会刺破什么呢？比如，曾经有过的
一场在纸上掀起的，在墙上张贴的脆弱的革命？

从来没有一种力量
能把两个不同世界长久地粘在一起。
一个反复张贴的脑袋最终将被撕去。
反复粉刷的墙壁，
被露出大腿的混血女郎占据了一半。
另一半是安装假肢、头发再生之类的诱人广告。
一辆婴儿车静静地停在傍晚的广场上，
静静地，和这个快要发疯的世界没有关系。
我猜婴儿车与落日之间的距离
有一百年之遥。

这是近乎无限的尺度，足以测量
穿过广场所经历的一个幽闭时代有多么漫长。

对幽闭的普遍恐惧，
使人们各种的栖居云集广场，
把一生中的孤独时刻变成热烈的节日。
但在栖居深处，在爱与死的默默的注目礼中，
一个空无人迹的影子广场被珍藏着，
像紧闭的忏悔室只属于内心的秘密。

是否穿过广场之前必须穿过内心的黑暗？
现在黑暗中最黑的两个世界合成一体，
坚硬的石头脑袋被劈开，
利剑在黑暗中闪闪发光，
如果我能用劈成两半的神秘黑夜
去解释一个双脚踏在大地上的明媚早晨——
如果我能沿着洒满晨曦的台阶
登上虚无之巅的巨人的肩膀，不是为了升起，而是为了陨落——
如果黄金镌刻的铭文不是为了被传颂，
而是为了被抹去，被遗忘、被践踏——

正如一个被践踏的广场必将落到践踏者头上
那些曾在明媚的早晨穿过广场的人
他们的黑色皮鞋迟早会落到利剑之上，

像必将落下的棺盖落到棺材上的那么沉重。
躺在里面的不是我，也不是
行走在剑刃上的人。
我没想到这么多年的人会在一个明媚的早晨
穿过广场，避开孤独和永生。
他们是幽闭时代的幸存者。
我没想到他们会在傍晚离去或倒下。

一个无人倒下的地方不是广场
一个无人站立的地方也不是。
我曾经是站着的吗？还要站立多久？
毕竟我和那些倒下去的人一样，
从来不是一个永生者。

这就是时光

这就是时光
我似乎只做了三件事情
把书念完、把孩子养大、把自己变老
青春时代，我曾幻想着环游世界
如今，连我居住的省份
我都没有走完

所谓付出，也非常简单
汗水里的盐、泪水中的苦
还有笑容里的花朵
我和岁月彼此消费
账目基本清楚

有三件事情
还是没有太大的改变
对诗歌的热爱，对亲人的牵挂
还有，提起真理两个字
内心深处，那份忍不住的激动

何建明

为什么我还有梦……

早已过了追梦的年龄
即便大喜大悲
依然坦荡面对
人生如此平凡自然
然而今天的我却异常多梦
就像青春时光倒流、理想重现

呵，为什么
为什么现在的我还有梦

在晨起的新闻里与神舟号一起
去探望月亮上的嫦娥
与马路上的小伙姑娘齐驾并驱
去追觅新一天的充实与生活的温馨

甚至想粉饰一下有些沧桑的容颜
换一身时尚而合体的新衣

呵，为什么
为什么现在的我还有梦

是眼前的高铁不够快
是蛛网般的立交桥不够多
是身边的高楼不够高
是商店的物品不够丰富和耀眼
是夜空的霓虹灯不够五彩
是碗里的鱼肉不够鲜美，还是其他什么

呵，为什么
为什么现在的我还有梦

是的，我想重新回到儿时的水塘去游泳
我想生吃口滴着露水的甜瓜和桑果
我想吸一口无毒的空气
我想晒一天明媚的阳光
我、我想安静地在马路边的小树下看书
我——我想死了不用到火葬场拥挤和排队

呵，为什么
为什么现在的我还有梦

当官的就该为民操心卖命

扛枪的就该保家卫国有本领
生产奶粉的就该让天下母亲放心
当院士的就该尊严至上而不是制假说谎
是男人就该忠义仁孝、顶天立地
是女人就该爱心贞洁、柔情似水

呵，为什么
为什么现在的我还有梦

因为我惦记大海里被人偷盗的宝岛
住着的楼房不知哪天将倾倒
劣质的天然气管何时会爆炸
孩子读的书还有没有用
存折上的养老金到底能不能算数
边疆来的恐怖分子是否已悄悄来了

呵，为什么，
为什么现在的我还有梦

是因为我想让丰富的生活里多一份平安
让人与人之间多一份爱和真诚
让自己的国家在强盗和霸权面前硬起来
让中华民族的辉煌史更加浩瀚灿烂
让可爱的家园长满鲜花和绿苔
让、让我的儿孙不骂我们是无用的一代

土城的土

土城的土　泥泞的土
那是远去的渔翁在此栖息
留下了几多汗水
浸透了酒乡的大地

土城的土　古朴的土
那是盐商与船工
在吆喝和叫卖声中
谱写着诚实不欺的音符

土城的土　智慧的土
那是平南王不灭的远虑深谋
三千年巨杉挺立

折射着先人故里盖世的气度

土城的土　英雄的土
那是红军将士在赤水河畔
用生命使红色之船
从最危险的河道平安驶出

土城的土　神奇的土
你丰富而艳丽
你以历史的名义
让中国的命运
永远
向着光明的未来摆渡

蒲草

我喜欢看你。在夜晚的宁静中
在无人打扰的屋子里
我感到了一些事情终会发生
在我们的屋子外面，露水正打湿遍地蒲草

羊群。以及那牧羊的孩子
他们已回到夜的另一边
仅留下白光和影子。当我们探究时
离开我们，远离我们的躯体

那带给我们躁动的
也一定会带给我们宁静
使我们萦萦于心的

也一定使我们加速忘记

就像我们的经历，我们的声音
这儿，我们是孤独的
生活在知识中
远离了露水和蒲草。犹如在夜的外面

郁　葱

那时你老了

我想在一个瞬间，翻过许多页码，
那时的你，如我们见到的许多疲惫的影子，
那时你老了。

那时你老了，
总在不经意中回忆着，
许多覆盖在生命短草上的时日，
一些语言、一个场景、一首诗，
一个你一直忘记，却又突然回忆起来的瞬间。

阳光不同了，绿不同了，夜晚不同了，
而经历依旧，你熟悉的旋律依旧。
步履蹒跚时，你看到那么多曾经属于自己的鞋子，

照片上的容颜，

如同背景中熟透的苹果一样不可采摘。

那时你老了，

再没有了难以消解的夜。

那时没有了充盈，没有了叫喊，

没有了充满热望的火焰，

没有了湿润的唇，

没有了淹没血液的激动和盼望。

那时你老了，

平静的声音传到你细微的脉搏。

远去的是谁？走来的是谁？

那时你总在想：

身边，是谁的呼吸？

那时你老了，

那曾经年轻的都在变老。

你会说：过去的痛、缺憾，甚至背弃，

都多么的好，

那时灼热的手是张开的，

曾经随意丢掉的那些夜晚，

如珠玑一般从指缝间轻而易举地滑落。

那时你老了，

而一个人和另一些人，

也同样老了。

和平

让我们写下一个名字
这是一个人的名字，一片土地的名字
这是雨滴和阳光共有的名字
——和平

这个名字常是萤火的一点光亮
这个名字常是草叶的一丝颤动
是沉默的绿意
是浅浅的虫鸣
是我们哲思和想象的羽毛
是一滴泪，落在梦中的草坪
常常站在广场
想世界其实仅仅是在孩子们的怀抱

他应该很真纯，很童稚
有很小的年龄
他发出的声音，比我们写的诗含蓄
他会告诉你
手中的气球，和面前的博物馆
重量等同

这便是我们所说的那个名字
它们随意晃动，发出沙沙的声响
几片羽翅，不知带走的
是浅薄还是深刻的鸟鸣

有时河流总用语言表述自身
路上没有了车辙
不知是否还会有古朴的纯净
我们有时会忘记一个匆匆的季节
万家灯光只在我们心中亮着一盏
而仅有的这一盏
便足以点亮我们的终生

在我们的感受里
所有声音都是朋友的声音
有时我们面对一道路轨
轻轻呼唤一个乳名
有些语言，是我们相同的语言

比如诗，比如音乐，比如我们相互凝视的眼睛
有些色彩那么相近
有些经历那么雷同
有时你的感受是许多人共同的感受
有时，我们为同一段遥远的故事
怦然心动

这种感受多么好啊
——有时落雪，有时解冻
有时季节悄悄说：早晨了，醒醒
有时我们听到的
是另一个城市传来的鸡鸣

在一个名字的涵盖下
我们享受着水、空气、感情
所有的母亲，都陶醉于孩子们
长大的身影
草真的很绿，有时，草也在黄
时间默默和我们散步
在地球这个村庄里
寻找自己的父兄
我想说，这个日子多好啊
像我们仰望的星辰
像我们的信仰、我们的注视
我们随意哼出的一阵歌声

让我们写下一个名字
——和平
我听到唯一的声音，便是这个名字！
真的，和平是这个世界最小的孩子
孩子们在笑
那个名字，是他们与世界的对话
是我们所能感受的
最为纯正的黎明

百年之后

——致妻

百年之后　当我们退出生活
躲在匣子里　并排着　依偎着
像新婚一样躺在一起
是多么安宁

百年之后　我们的儿子和女儿
也都死了　我们的朋友和仇人
也平息了恩怨
干净的云彩下面走动着新人

一想到这些　我的心

就像春风一样温暖　轻松
一切都有了结果　我们不再担心
生活中的变故和伤害

聚散都已过去　缘分已定
百年之后我们就是灰尘
时间宽恕了我们　让我们安息
又一再地催促万物　重复我们的命运

杨　克

我在一颗石榴里看见了我的祖国

我在一颗石榴里看见我的祖国
硕大而饱满的天地之果
它怀抱着亲密无间的子民
裸露的肌肤护着水晶的心
亿万儿女手牵着手
在枝头上酸酸甜甜微笑
多汁的秋天啊是临盆的孕妇
我想记住十月的每一扇窗户

我抚摸石榴内部微黄色的果膜
就是在抚摸我新鲜的祖国
我看见相邻的一个个省份
向阳的东部靠着背阴的西部

我看见头戴花冠的高原女儿
每一个的脸蛋儿都红扑扑
穿石榴裙的姐妹啊亭亭玉立
石榴花的嘴唇凝红欲滴

我还看见石榴的一道裂口
那些餐风露宿的兄弟
我至亲至爱的好兄弟啊
他们土黄色的坚硬背脊
忍受着龟裂土地的艰辛
每一根青筋都代表他们的苦
我发现他们的手掌非常耐看
我发现手掌的沟壑是无声的叫喊

痛楚喊醒了大片的叶子
它们沿着春风的诱惑疯长
主干以及许多枝干接受了感召
枝干又分蘖纵横交错的枝条
枝条上神采飞扬的花团锦簇
那雨水泼不灭它们的火焰
一朵一朵呀既重又轻
花蕾的风铃摇醒了黎明

太阳这头金毛雄狮还没有老
它已跳上树枝开始了舞蹈

我伫立在辉煌的梦想里
凝视每一棵朝向天空的石榴树
如同一个公民谦卑地弯腰
掏出一颗拳拳的心
丰韵的身子挂着满树的微笑

在东莞遇见一小块稻田

厂房的脚趾缝
矮脚稻
拼命抱住最后一些土

它的根苗
疲惫地张着

愤怒的手想从泥水里
抠出鸟声和虫叫

从一片亮汪汪的阳光里
我看见禾叶
耸起的背脊

一株株稻穗在拔节
谷粒灌浆在夏风中微微笑着
跟我交谈

顿时我从喧嚣浮躁的汪洋大海里
拧干自己
像一件白衬衣

昨天我怎么也没想到
在东莞
我竟然遇见一小块稻田
青黄的稻穗
一直晃在
欣喜和悲痛的瞬间

祖国之秋

今日你徒步走进秋天的广场
深秋了，天已转凉，菊花开放
风把四个湛蓝的湖泊运向空中
空中，缓缓驶过云霞船队
空中，雁翅划动季节的双桨

用歌声迎接大地起伏的歌声
在澄明的秋天你看见所有人民
城市，乡村，太平洋的波浪
甚至看到你远逝的童年，祖母
干草垛，一个孩子摇响铃铛

这原野、河流，这落叶、果实

每天，广场升起一面旗帜
每天，土地长出一轮光芒
一切都是值得的，内心幸福
你笑了，想起曾有的一个梦想

谁能不爱自己的祖国呢
“祖国”，当你轻轻说出这个词
等于说出你的命运，亲人，家乡
而当你用目光说到“秋天”
那就是岁月，人生啊，远方

田园诗

如果你在京郊的乡村路上漫游
你会经常遇见羊群
它们在田野中散开，像不化的雪
像膨胀的绽开的花朵
或是缩成一团穿过公路，被吆喝着
走下杂草丛生的沟渠

我从来没有注意过它们
直到有一次我开车开到一辆卡车的后面
在一个飘雪的下午
这一次我看清了它们的眼睛
（而它们也在上面看着我）
那样温良，那样安静

像是全然不知它们将被带到什么地方
对于我的到来甚至怀有
几分孩子似的好奇

我放慢了车速
我看着它们
消失在愈来愈大的雪花中

秋日郊外散步（三）

京深高速公路的护栏加深了草场，
暮色中我们散步在郊外干涸的河床，
你散开洗过的秀发，谈起孩子病情好转，
夕阳闪烁的金点将我的悒郁镀亮。

秋天深了，柳条转黄是那么匆忙，
凤仙花和草钩子也发出干燥的金光……
雾幔安详缭绕徐徐合上四野，
大自然的筵宴依依惜别地收场。

西西，我们的心苍老的多么快，多么快！
疲倦和岑寂道着珍重近年已频频叩访。
十八年我们习惯了数不清的争辩与和解，

是呵，有一道暗影就伴随一道光芒。

你瞧，在离河岸二百米的棕色缓丘上，
乡村墓群又将一对对辛劳的农人夫妇合葬；
可就记得十年之前的夏日，
那儿曾是我们游泳后晾衣的地方？

携手漫游的青春已隔在岁月的那一旁，
翻开旧相册，我们依旧结伴倚窗。
不容易的人生像河床荒凉又发热的沙土路，
在上帝的疏忽里也有上帝的慈祥……

瓷器

比生命更脆弱的事物
是那些精美的瓷器
我的任何一次失手
都会使它们遭到粉碎

在此之前
瓷器吸收了太多的尖叫
坠地时又将尖叫释放出来
这是一种过程，倏忽即逝
如此，千篇一律的瓷器
谁也拯救不了谁

黄昏的太阳雄心消沉
围绕着那些瓷器

日子鸟一样乱飞
瓷器过分完美，使我残缺
如果将它们埋入地下
那么我漫长的一生
就只能是瓷器的某个瞬间

但在另一种意义里，瓷器
坚硬得一点力气也没有
它们更喜欢呆在高高的古玩架上
与哲人的面孔保持一致
许多时候，我不忍回首
那样它们会走动起来
而瓷器一经走动
举步便是深渊

因此就不难明白
为什么瓷器宁肯粉身碎骨
而拒绝腐烂
是的，瓷器太高贵了
反而不堪一击
在瓷器跌落的地方
遍地都是呻吟和牙齿
瓷器粉碎时
其愤怒是锋利的
它逼迫我的伤口
重新绽开

空镜子

当空镜子变成一只失忆的眼睛
我像荒草飘离　太多的白昼或光阴
僵滞而寂寥

冰冷的镜面封闭了几千个日子
没有言语　没有任何粗略的记载
曾经出没其中的有力形象
生命能量和清澈
像涟漪从边缘轻轻消失
即便偶尔发笑
也是一次遥远的嘘声

白霜一样的一薄片玻璃

隐没了张开嘴呼吸的喘息
交错的虚无人影
脊骨如同碾压之后的粉尘
在看不见的角落里
纷纷扬扬

我失忆的眼睛像块橡皮
擦尽了干燥的脾气和发亮的虚荣
变得纯洁如雪

皇泯

白发

旅途中，我们走入
对方的异乡

你说，有白发了
是那一滴泪水漂白的

拔掉一根，还有一根

我想，是夜就有月光
那一丝一缕的月光
一辈子也拔不完

姚　风

大海真的不需要这些东西

在德里加海滩，大海
不停地翻滚
像在拒绝，像要把什么还给我们

我看见光滑的沙滩上
丢弃的酒瓶子、针筒、卫生纸、避孕套
我们嘿嘿一笑，我们的快乐和悲伤
越来越依赖身体，越来越需要排泄

光滑的沙滩上，有我们丢弃的
酒瓶子、针筒、卫生纸、避孕套
但大海真的不需要这些东西
甚至不需要
如此高级的人类

夜雨

遥远的往事在晨曦中
也在旧时光的小镇上
那时我爱夜雨，你喜旭日
旭日中你追赶早班轮船

“脸一洗到码头，临浦爬起接富阳班
富阳爬起又正好接上桐庐班
一路惊心动魄，只怕轮船误点
只有上了桐庐班，才可安下心来
静听船只前进扑扑奏响凯歌”

江风习习，波浪极致而经典
你在路上，我在等待

等你周一赶回学校
横村中学的幽居者
当夜雨漫漫，夜雨轻盈
夜雨中复尔醒来

清晨时分，广播响起
依旧歌唱我们亲爱的祖国
社会主义的七十年代
分水江清澈，桐君山宁静健康
一个小镇，轻立南方

一个小镇诞生于江堤绿柳之中
诞生于细浪推出的哗哗声中
那时我们双双同来
时年二十余，一只床角的樟木箱
兼作书桌又兼早餐饭桌之用

当远方汽笛拉响，一个庞然大物
驶入小镇忽地一声惊叫
密集的人群被从甲板上轰了下来
那时你喜旭日，我爱夜雨

世界美丽历尽沧桑依然如是
韶华飞翔令人惊讶
而今四十年，人生若寄夜雨几何
夜雨轻柔，夜雨庄重

斜阳下

斜阳下唯有致家乡书
唯有山峦安停，街市井然
小巷尽头，竹笋摊了一地
一个抽烟的人唯有感觉抽烟
一个小镇唯有小镇的感觉
儿女婚嫁在青石板路上
缝纫机声的柔美时光
在隔壁的二层阁楼
不知何时你搬来安家
斜阳下我们也曾朗读《悲惨世界》
斜阳也曾是新来的客人
或是那爬在树上的响亮喇叭
斜阳茫茫不可历数
江河安详，汽笛浪漫
韶华宁静就像种一棵树

统帅

好吧。那我就率领我自己
统帅我自己。把我脚指头缝
末梢神经，头发丝儿
每一滴血液、每一粒泪珠
所拥有的力量和精神，都调动起来
命令他们黎明即起，洒扫庭除
学习《周礼》。诵读《诗经》
精读世界史，细看地图集
跑步，锻炼，进行科学考察
和田野调查。钻研一片树叶
发现小腻虫的秘密，去摘下星星
去捞水中的月亮。最重要的是
彻底废除一切考试。人人按兴趣

选择食品和职业。包括婚姻
也废除一切繁文缛节。非要评奖
就只评一个项目，而且按照
人的年龄：年月日时分组
名称为：人类眼睛明亮奖
对清澈、对透明、对干净
对和蔼、对友善，尤其对发出
爱的光芒的眼睛——进行评奖
把纯洁当作世界上最美好的品质
给予永远不会改变的奖励
当作不朽的精神……

好吧。那我就率领我自己
统帅我自己。把我想做的这件事儿
做起来。从现在就开始……

汤养宗

父亲与草

我父亲说草是除不完的
他在地里锄了一辈子草
他死后，草又在他坟头长了出来。

江格尔奇传说[①]

回到故乡，梦、惊奇、幻想
拱破沙土，又被流沙
细细掩埋的地方
祖母在说唱她五岁的梦
她的老祖母
刚刚饮完马奶子
就头戴柳树枝身披桦树皮
开始哼唱，背对夕阳
三弦潮尔的混杂和声呜呜地响[②]

我们的祖先，英雄江格尔奇

---

① 江格尔奇，蒙古英雄史诗说唱者。

② 潮尔，蒙古族民间乐器。

座下骑着萨彦岭
沿着额尔齐斯河
从一座山到达一片白云
我们的英雄
海青鸟，风雨中鸣叫

我总想，自己也是一名江格尔奇
哪怕我穷的，只剩下
一顶破毡包
也要把它架在勒勒车上
行吟、说唱，顶着风雨
去走遍天下

一个江格尔奇
打小要受过很多苦
才能记住祖母说唱的
沙哑的口音
现在我肯定是做不到了
我定居的城市离草原太远了
远的啊，就像永远难以抵达的
呼伦贝尔天边
我只好做梦
梦里我会是一只自由的海青
回到故乡
落在漫坡下的毡包前
收住软软的翅膀
对着泪眼干枯的老祖母，轻轻鸣叫

马背起源

马背，起源于一双眼睛
蒙古人的眼睛
单皮，内褶，柳叶般细长
而飘逸。适合于朝远处张望
马背的起伏，就在
地平线上

有时候，马背与地平线重叠
最后一缕夕阳，在马背上
跳动
一双蒙古人的眼睛
看见光滑的马背上
一只鸟，在自由歌唱

薄薄的翅膀
遮挡住光亮

马背，一个蒙古人的梦
从那一条曲线的波动开始
站在草地上
他和我的身高等同
一旦跨上马背
我只能追逐他的身影

——马背曾经远去
带着大地的美丽斑斓
马背也曾归来
驮着谁的苦痛和回忆

一个蒙古人
总会有两匹以上的骏马
和好多个梦
他总会对其中的一匹凝视良久
在这匹马的脊背上
一双眼睛
暴风雨扫过般地
柔软而深情

灿烂平息

这一年春天的雷暴
不会将我们轻轻放过
天堂四周万物生长，天堂也在生长
松林茂密
生长密不可分
留下天堂，秋天肃杀，今年让庄稼挥霍在土地
我不收割
留下天堂，身临其境
秋天歌唱，满脸是家乡灯火：
这一年春天的雷暴不会将我们轻轻放过

黑豹

风中，我看到一副爪子，是
黑豹。摁着飞走的泥土，
是树根绕着影子
是黑豹。泥土湿润
是最后一种触觉
是潜在乌木上的黑豹，是
一路平安的弦子
捆绑在暴力身上
是它的眼睛谛视着晶莹的武器
邪恶的反光
将它暴露在中心地带
无数装备的目的在于黑豹

我们无辜的平安，没有根据
是黑豹
是泥土埋在黑豹的火中
是四只利爪留在地上
绕着黑豹的影子，然后影子
绕着影子

天空是一座苦役场
四个方向
里，我撞入雷霆

咽下真空，吞噬着真空
是真空的煤矿
是凛冽，是背上插满寒光
是晒干的阳光，是晒透了太阳
是大地的复仇
像野兽一样动人，是黑豹

是我堆满粮食血泊的豹子内部
是我寂静的
肺腑

胡　弦

窗前

当我们在窗前交谈，我们相信，
有些事，只能在我们的交谈外发生。

我们相信，在我们目力不及的地方，
走动着陌生人。他们因为
过着一种我们无法望见的生活而摆脱了
窗口的限制。

当他们回望，我们是一群相框中的人，
而那空空、无人的窗口，
正是耗尽了眺望的窗口。

我们看到，城市的远端，

苍穹和群山拱起的脊背
像一个个问号：过于巨大的答案，
一直无法落进我们的生活中。

当我们在长长的旅行后归来，
嵌入窗口的风景，
再也无法从玻璃中取出。

古　马

倒淌河小镇

青稞换盐
银子换雪

走马换砖茶
刀子换手

血换亲
兄弟换命

石头换经
风换吼

鹰换马镫

身子换轻

大地返青
羊换的草呀

老木匠

他挥斧削去的树皮
又在他的脸上长出来
尺寸量得精准，式样打得方正
活计都讲真材实料
一辈子榫是榫，卯是卯

他打的花床，让几代人都睡醒一轮春梦
他造的门窗，总含有桃红柳绿
他切出的棺木
却很难让人寿终正寝

每逢村里建新屋
都请他上大梁

爬上山墙瞄眼放线
上梁放正了，日子一久
下梁总有几根歪斜

他是鲁班的化身
没人敢在他面前抡大斧
一根根大树在他手下夭折
但一片片森林在他心中疯长
他用斧子没能削去贫穷，削去破败
却削去了年轻人的痴心妄想

他用墨斗弹出的村庄
因为老旧，而让人珍藏
他用凿子凿出的孔眼
因为方正，让人做事都有了规矩

冯　晏

立春

雀鸣，让每一根树枝都成为一只短笛，
去搜索吧，那些错过时未曾启用之词。
裂缝正朝我蔓延过来的那条冰河，
立春，转动着钥匙。
是时候放出被困在思想里的狮子、海豹了，
以及沙漠、花园和蜥蜴。
在解冻之季通往海市蜃楼的梦境里，
人类都在潜水。
窗外，树杈间落成一个新鸟巢，
翅膀还没有从双肩分裂出来。
我阅读被编织的红柳，
仰望嘴唇筑起的黑色空间。
歌剧院，是一种潜能，

从泥土深处复苏，昆虫交响乐。
远处，我听见沙哑的灵魂骑上一只野兔，
绒毛翻动枯草，
穿过我献给荒原的耳朵。

莱　耳

雪夜

我坐在你们中间
你们坐在壁炉旁
窗外，雪缓缓飘坠
她们在灯光下旋转、侧身
撞在玻璃上消融

烟尘已经散尽
木炭发出橙红的光芒
你们的脸在光明中，生动
柔和。那些古旧的油画、台灯和挂钟
天花板上剥落的石灰
都是我不厌其烦端详的细节
栗色的楼板掩盖了风——

在房子里穿行的回声

现在，我想靠在你们当中谁的肩上
睡去，在红茶的气味中睡去
外面雪下个不停

肖开愚

北站

我感到我是一群人。
在老北站的天桥上，我身体里
有人开始争吵和议论，七嘴八舌。
我抽着烟，打量着火车站的废墟，
我想叫喊，嗓子里火辣辣的。

我感到我是一群人。
走在废弃的铁道上，踢着铁轨的卷锈，
哦，身体里拥挤不堪，好像有人上车，
有人下车，一辆火车迎面开来，
另一辆从我的身体里呼啸而出。

我感到我是一群人。

我走进一个空旷的房间，翻过一排栏杆，
在昔日的检票口，突然，我的身体里
空荡荡的。哦，这个候车厅里没有旅客了，
站着和坐着的都是模糊的影子。

我感到我是一群人。
在附近的弄堂里，在烟摊上，在公用电话旁，
他们像汗珠一样出来。他们蹲着，跳着，
堵在我的面前。他们戴着手表，穿着花格衬衣，
提着沉甸甸的箱子像是拿着气球。

我感到我是一群人。
在面店吃面的时候他们就在我的面前
围桌而坐。他们尖脸和方脸，哈哈大笑，他们有一点儿会计的
假正经。但是我饿极了。他们哼着旧电影的插曲，
跨入我的碗里。

我感到我是一群人。
但是他们聚成了一堆恐惧。我上公交车，
车就摇晃。进一个酒吧，里面停电。我只好步行
去虹口，外滩，广场，绕道回家。
我感到我的脚里有另外一双脚。

海　男

当黑麋鹿的黄昏来临

当黑麋鹿的黄昏来临时
纬度像梨花一样纯白，显示出一个豁口
潮湿的湿度，一只黑麋鹿已经困倦
栖居于零乱的荒野之上，躯体越发变得孤傲

为了在黄昏与黑麋鹿相遇
我在秋季越过了湍急的漩涡区域
带着微雨中那些抑郁的诗歌
眼神羞涩，呼吸急促，只为了与黑麋鹿相遇

我所迷恋的黑麋鹿
像旷野一样拒绝着我，像江水一样制造着距离
它的躯体之上，是喘息中的余音震荡

在它的余音中，我的血管复述出一种乐器的美妙

当黑麋鹿的黄昏已来临
我来到了它身边，跪下来，跪在了整个旷野，等待它的嚎叫

程　维

唐朝

——谨以此诗献给热爱诗歌的人们

我要到唐朝去。以梦为马：今夜就出发
一日就是千里。骑着闪电的马匹
我在它的速度上疾驰
五千年的凤凰。五千年的车
五千年的明月。五千年的诗
唐朝！唐朝！一个麦穗般成熟的女子
像女王一样
体态丰盈 品貌高洁
雪山是她至大至圣的裸体
女王。我从黎明的铜镜中打量着你
城市。诗篇和粮食

光阴浩大
山河壮丽

一首诗。加宽对你的想象
一些词。加大你的园艺
一支笔。加入你的诗歌盛世
唐朝。你站在那里
一群蝴蝶
正追逐我的马蹄。上下五千年
都是香气

我要到唐朝去。唐朝。一滴血向太阳飞奔
一颗大米 向我露出了她曙光般的身段
我的女神呀！唐朝。我要和色彩、大河、人群一起
汇进你的行列

我要接受诗歌的桂冠和祭酒之司
到唐朝去死。天才与美玉
让河流成为痛哭的少女。在太阳下
闪动：哀伤和艳丽
我在她泪水的上游写诗。薰香沐浴
经过她的芳唇和发丝。花朵一样向下游而去
沿岸的好心人
会捞起一个个干净的日子
将背景斜入细雨之月。小麦和布匹

我裸身涉过少女的河流
美酒或土地。我要到唐朝去。把诗还给李白
我是月光的儿子
月亮。
月亮。美男子的形象
你们看见的
是我用锡纸折的飞机。寒冷的火焰和冰雪
上面写着我或者太白的名字

唐朝的人民
热爱佳酿与唐诗
用诗篇建设家乡的庙堂和屋宇
对酒当歌
千年仰望：诗人思念故乡时题在天上的
诗。把心灯祭起

唐朝。我写下的诗歌
我热爱的诗人
只有风才能将你放逐到草原
只有如卷席的斗篷马上飞
才能释放你胸藏的大雪

我要到唐朝去。今晚就出发
哒哒哒哒马蹄疾。疾如莲花的开与落
一排排时间与树木

一排排朝天的大路或谣曲
在我面前倒下。我越过它们
越过历史和书籍
楼台或高车。我要到唐朝去
今晚就出发。先挂个长途给长安
请贺知章安排食宿
提起话筒。竟忘了宰相府的电话号码
拍拍脑门才想起 唐朝没有电话
跟朋友捎个话要骑马走好一阵子路
唐朝没有汽车
唐朝的人。徒步上街；喝酒或
赏花。艳遇到的仕女也都懂诗。唐朝的人
上马构思：的的的
下马写作：达达达
唐朝的人马上厕上或是枕上 都写写诗
不写诗的时候 看看风景也是文化

唐朝诗人体格健壮。生机勃发
当个参军合适。做个县令也成。出任宰相
天下太平
唐朝。唐朝。那真是个诗人的时代
想起来就激动人心。夜不能寐
恨不能用汽车去换马
用电灯去换蜡烛。用名牌西装去换宽衣袍褂
大红灯笼高高挂。饮酒赋诗

当一回唐人也潇洒一把

我要到唐朝去。今晚就出发
扛一麻袋诗稿。投奔某位大师门下
说不定我敲开的
是一代天香国色
她不正姓杨名玉环的那个女孩我梦中的玩伴吗
她的名字像唐朝一样大
她在唐朝一定听到了我
一遍又一遍呼喊她的名字
和平与诗意。把她收入我的帐下
我是诗中的王者
点燃那支红烛。照亮今宵的夜
诗三百。美丽的婚床和香叶
我要到唐朝去。乘灵感的火车
在诗的宫殿出入
我要到唐朝去。唐朝的大名
令我心往神驰

唐朝啊唐朝
没有美人的空间是何等孤独
没有诗人的时代是何等沉寂
唐朝。你拥有中国最伟大的诗人和最美丽的女子
五千年的文化。五千年的月。这水中的瓷器
胭脂。火焰。黏土或诗
五千年的历史才真正风流了这么一次

水泵房

夜举着一盏灯
在村庄最深最静处
明灭

河流痉挛
而田地、庄稼
以及乡亲们的梦境
被温暖着

我是唯一的夜行者
但不是唯一被照亮的人

星空微澜

仰望星空
是人类的遗传
在仰望中
我们试图寻找答案
雨后的天空
洁净
美好
像一个恋爱

无数次
我喜欢上了这样的时刻
我看见
一尾鱼
跃出了星空

杏花

杏花我们的村花

春天你若站在高处
像喊崖娃娃那样
喊一声杏花
鲜艳的女子
就会一下子开遍
家家户户沟沟岔岔

那其中最粉红的
就是我的妹妹
和情人

当翻山越岭的唢呐
大红大绿地吹过
杏花大朵的谢了
小朵的也谢了
丢开花儿叫杏儿了
酸酸甜甜的日子
就是黄土里流出的民歌

杏花你还好吗
站在村口的杏树下
握住一颗杏核
我真怕嗑出一口的苦来

王 寅

想起一部捷克电影想不起片名

鹅卵石街道湿漉漉的
布拉格湿漉漉的
公园拐角上姑娘吻了你
你的眼睛一眨不眨
后来面对枪口也是这样
党卫军雨衣反穿
像光亮的皮大衣
三轮摩托驶过
你和朋友们倒下的时候
雨还在下
我看见一滴雨水和另一滴雨水
在电线上追逐
最后掉到鹅卵石上

我想起你

嘴唇动了动

没有人看见

杨　黎

冷风景

——献给阿兰·罗布－格里耶

这条街远离城市中心
在黑夜降临时
这街上异常宁静

这会儿是冬天
正在飘雪

这条街很长
街两边整整齐齐地栽着
法国梧桐
（夏天的时候

梧桐树叶将整条整条街
全部遮了）

这会儿是冬天
梧桐树叶
早就掉了

街口是一块较大的空地
除了两个垃圾箱外
什么也没有

雪
已经下了好久
街两边的房顶上
结下了薄薄一层

街两边全是平顶矮房
这些房子的门和窗子
在这个时候
全都紧紧关着

这时还不算太晚
黑夜刚好降临

雪继续下着

这些窗户全贴上厚厚的报纸
一丝光线也透不出来

这是一条死街
街的尽头是一家很大的院子
院子里有一幢
灰色的楼房
天亮后会看见
黑色高大的院门
永远关着

站在外面
看得见灰色楼房的墙灰脱落
好像窗户都烂了
都胡乱敞开

院子围墙上已经长了许多草
夜晚月亮照着
没有一点反光

灰色楼房高高的尖顶
超过了这条街所有的
法国梧桐
（紧靠楼房的几间没有人住
平时也没有谁走近这里）

这时候却有一个人
从街口走来

深夜时
街右边有一家门突然打开

一股黄色的光
射了出来
接着“哗”的一声
一盆水泼到了街上

门还未关上的那一刻
看得见地上冒起
丝丝热气

最后门重新关死
雪继续下着
静静的

这是条很长很长的街
没有一盏路灯
异常的黑

记得夏天的晚上

街两边的门窗全都打开
许多黄光白光射出来
树影婆娑
（夏天的晚上
人们都坐在梧桐树下散凉）

夏天的中午
街口树荫下面
站着一位穿白色连衣裙的少女
（风微微一吹
白色连衣裙就飘动起来）

这会儿是冬天
正在飘雪

忽然
“哗啦”一声
不知是谁家发出
接着是粗野的咒骂
接着是女人的哭声
接着是狗叫
（狗的叫声来得挺远）

有几家门悄悄打开
射出黄光、白光

街被划了好些口子
然后，门又同时
悄悄关上

过了好一会儿
狗不叫了
女人也不哭了
骂声也停止了
雪继续下着
静静的

这时候却有一个人
从街口走来

当然
秋天不会有
秋天如果有人在这个时候走来
脚踏在满街的落叶上
声音太响

这会儿是冬天
正在飘雪

雪虽然飘了一个晚上
但还是薄薄一层

这条街是不容易积雪的

天还未亮
就有人开始扫地
那声音很响
沙、沙、沙

接着有一两家打开门
灯光射了出来

天快亮的时候
送牛奶的在外面喊
拿牛奶了

接着是这条街最热闹的时候
所有的门都打开
许多人推着自行车
呵着气
走向街口

这个时候
只有街的尽头
依然没有响动

天全亮后

这条街又恢复了夜晚的样子

天全亮之后
这条街上宁静看到清楚

这时候有一个人
从街口走来
（穿一身红色滑雪衫）

冬天

秋天是满街落叶
春天树刚长叶子
夏天树叶遮完了这整条街

但这会儿是冬天
虽然雪停了
这会儿依旧是冬天

这会儿虽是冬天
但有太阳
街尽头院子里的灰色楼房
被太阳照着

这是一条很长很长的街

两边所有的房子
都死死地关着
这是一条很静很静的街

天全亮后
这条街又恢复了夜晚的样子
天全亮之后
这条街上宁静看到清楚

这时候
有一个人
从街口走来

北　野

一群麻雀翻过高速公路

一群麻雀翻过高速公路
你追我赶，好像有什么喜事叼在嘴上
迫不及待地哄抢着

我羡慕其中领头的那一只
它的嗉子最鼓，翅膀最硬
脑袋里的坏点子肯定也最多

但我最爱飞在末尾的那一只
瞧它多么依恋那个群体啊
拼着命也要跟上自己的族类！

而我更爱，麻雀飞过的那片天空
它看着自己的灰孩子被人类仰望
辽阔的爱心里闪着，悲悯的光

题王希孟青绿山水长卷《千里江山图》

绿色和蓝色汇集成空山。有人行走其间，但依然是空山，就像行走的人没有面孔，但依然是人。谁也别想从这些小人儿身上认出自己，就像世间的真山真水，别想从王希孟那里得到敷衍了事的赞扬。王希孟认识这些画面上的小人儿，但没有一个是他自己。这些不是他自己的小人儿，没有一个他能叫出名字。小人儿们得到山，得到水，就像山得到绿松石和青金石，水得到浩渺和船只，就像宋徽宗得到十八岁的王希孟，只是不知道他将在画完《千里江山图》之后不久便会死去。山水无名。王希孟明白，无名的人物，更只是山水的点缀，就像飞鸟明白，自己在人类的游戏中可有可无。鸟儿在空中相见。与此同时，行走在山间的人各有各的方向，各有各的打算。这些小人儿穿着白衣，行走，闲坐，打鱼，贩运，四周是绿色和蓝色，就像今天的人们穿着黑衣，出现在宴会、音乐会和葬礼之上，四周是金色和金色。这些白衣小人儿从未出生，当然也就从未死去，就像王希孟这免于污染和侵略的山水乌托邦，经得起细细地品读。远离桎梏的人呵谈不上对自由的向往，未遭经验损毁的人呵谈不上遗忘。王希孟让打鱼的人有打不尽的鱼，让山坳里流出流不尽的水。在他看来，幸福，就是财富的多寡恰到好处，让人们得以在山水之间静悄悄地架桥，架水车，修路，盖房屋，然后静悄悄地居住，就像树木恰到好处地生长在山冈、水畔，或环绕着村落，环绕着人。远景中，树木像花儿一样。它们轻轻摇晃，就是清风送爽的时候。清风送爽，就是有人歌唱的时候。有人歌唱，就是空山成其为空山的时候。

李开放

李开放是 1983 年出生的
2013 年，单身的李开放
在 9 平米的平房
一边搭了一个
不到 3 平米的棚子

夜里，李开放长出了两个翅膀

左边一个，堆满的旧电风扇
全部吹起了春风
旧电视机里都是笑声和笑脸

右边一个，煮起面条

比李开放煮方便面还要方便

李开放每次必须低头进去
但在这个巷子
李开放已经抬起头来

第三天，李开放低头看着
一张城管送来的
通知书

中年

青春是被仇恨啃过的，布满牙印的骨头
是向荒唐退去的，一团热烈的蒸汽
现在，我的面容多么和善
走过的城市，也可以在心里统统夷平了

从遥远的海港，到近处的钟山
日子都是一样陈旧
我拥抱的幸福，也陈旧得像一位烈妇
我一直被她揪着走……

更多青春的种子也变得多余了
即便有一条大河在我的身体里
它也一声不响。年轻时喜欢说月亮是一把镰刀
但现在，它是好脾气的宝石
面对任何人的询问，它只闪闪发光……

词汇表

云，有关于这个世界的所有说法
城，囤积着这个世界的所有麻烦
爱情，体现出月亮的所有性情
警察，带走了某个月份的阴沉表情
道德，中年时不堪回首的公理，从它
可以推导出妻子、劳役和笑容
诗歌，诗人一生都在修缮的一座公墓
灰尘，只要不停搅动，没准就会有好运
孤独，所有声音听上去都像一只受伤的鸟鸣
自由，劳役之后你无所适从的空虚
门，打开了还有什么可保险的？
满足，当没有什么属于你，就不会为得失受苦了
刀子，人与人对话的最简洁的方式
发现，不过说出古人心中的难言之隐
方言，从诗人脑海里飘过的一些不生育的云

我想和你虚度时光

我想和你虚度时光，比如低头看鱼
比如把茶杯留在桌子上，离开
浪费它们好看的阴影
我还想连落日一起浪费，比如散步
一直消磨到星光满天
我还要浪费风起的时候
坐在走廊发呆，直到你眼中乌云
全部被吹到窗外
我已经虚度了世界，它经过我
疲倦，又像从未被爱过
但是明天我还要这样，虚度
满目的花草，生活应该像它们一样美好
一样无意义，像被虚度的电影

那些绝望的爱和赴死
为我们带来短暂的沉默
我想和你互相浪费
一起虚度短的沉默，长的无意义
一起消磨精致而苍老的宇宙
比如靠在栏杆上，低头看水的镜子
直到所有被虚度的事物
在我们身后，长出薄薄的翅膀

陌生人

这是我的厨房
这是我的餐桌
陌生人
我请你坐下
坐在这张老榆木桌旁
抽着烟
安心地等
我为你做一顿晚饭

洒些盐
滴两滴醋
煎几个鸡蛋
热油大火

我轻翻锅铲
把它卷成一团鹅黄的云

清炒白菜苔
叶尖还带着露水
脆生生的秆
轻托着一簇绿火焰

啊陌生人
我不问你从哪里来
我不问你心里的恐惧
像河沙藏在深河底
我不问你为何忘了自己姓名
为何会敲了我的门
坐在这里
你不安的手指
像刚逃出箭阵的哀鸟

我也不会说出我心里的怕
我的怕是水里的蝴蝶
石头里的鱼
我的怕是一根穿不过针孔的线头
我看着那些伤口
无法缝补

啊陌生人
你吃
你喝
然后你走
这样的日子
神仙都惶然失措
你也继续你踉跄的脚步吧

然后我关上门
我哭
哭那些被鸟吃掉了名字的人
被月亮割掉了的影子的人
被大雨洗得没有了颜色的人
那些被我们忘记了的人

松：自语

我的名字就是你看到的这棵松，这个陡峭的悬崖，像我的整个祖国。

山里的飞鸟追逐流云而去，我只能在这里长久站立。我以无法行走的方式坚持着我的爱，感谢脚下的万丈深渊，它提醒我昂首，看着远方的希望。

我就是这样深情地望，每一个黑夜也真的都会过去，我总能等来太阳升起。就像此刻，它再高一些，就会挂在我的枝头，如黎明后的灯盏。

我的爱不会颠沛流离，原地厮守是我一生的宿命。山谷是丰富的环境，意味深长的孤独在审视你的耐心。我提着太阳站在这里，每一个新来的人，你忘却远处的喧闹和尘埃，想怎么自由就怎么自由。

我在，陌生的人，可以不迷路。

千言万语一声不响

对于真正在意的人
我很少提及
一些时常挂在嘴边的名字
只是烟幕，就像
一个重要的日子
隐藏在众多寻常日子里
我必须以假乱真
才能瞒天过海掩护你
“千言万语一声不响”
忘掉是一般人能做的事
可我决定不忘记
我拒绝成为一个幸福的人
有了幸福便有了恐惧
你走了真好
不然总担心你要走

李 南

呼唤

在一个繁花闪现的早晨，我听见
不远处一个清脆的童声
他喊——“妈妈！”

几个行路的女人，和我一样
微笑着回过头来
她们都认为这声鲜嫩的呼唤
与自己有关

这是青草呼唤春天的时候
孩子，如果你的呼唤没有回答
就把我眼中的灯盏取走
把我心中的温暖也取走

桥牌名将邓小平

中南海俱乐部，向晚时分
邓小平一手握牌
一手叩击桌子
邓小平一个劲地抽烟
这个巨人
沉吟良久，叫牌
而后微笑
而后摊牌
香港人正好走上飞机
香港人摇头叹曰
一国两制……1997
邓小平不露声色
一手握牌

一手叩击桌子
这个巨人
叫牌，而后微笑
而后摊牌

我喜爱兰波的几个理由

他的名字里有蓝色的波浪，
奇异的爱恨交加，
但不伤人。浪漫起伏着，
噢，犹如一种光学现象。
至少，我喜欢这样的特例——
喜欢他们这样把他介绍过来。
他命定要出生在法国南部，
然后去巴黎，去布鲁塞尔，
去伦敦，去荒凉的非洲
寻找足够的沙子。
他们用水洗东西，而他
用成吨的沙子洗东西。
我理解这些，并喜爱

其中闪光的部分。
我不能确定，如果早生
一百年，我是否会认他作
诗歌上的兄弟。但我知道
我喜欢他，因为他说
每个人都是艺术家。
他使用的逻辑非常简单：
由于他是天才，他也在每个人身上
看到了天才。要么是潜在的，
要么是无名的。他的呼吁简洁
但听起来复杂："什么？永恒。"
有趣的是，晚上睡觉时，
我偶尔会觉得他是在胡扯。
而早上醒来，沐浴在
晨光的清新中，我又意识到
他的确有先见之明。

北京是一片甲骨文

有些城市很容易走近
只要住上一段时间，甚至几天
就能轻松走进她的内心
北京，不行

北京的许多城墙很厚
胡同很深
许多大门，总是关得很紧
深宅大院
是靠不近的龙门阵
北京下场雪，或者扬次尘
都是新闻
北京，北京是一片甲骨文

无论我多么一往情深
仍有许多字迹无法辨认

我在北京生活了二十四年
依然走不出她的边缘
北京的边缘很宽
多少次，在茫茫人海里
我会突然听到久违而熟悉的声音
那么近，那么真
回头找寻，却总也找不到
喊我的那个人

但是这一切
并不妨碍我在这里扎根
而且会扎得很深
至今我仍操着浓重的乡音
与她对话
不知不觉已满头华发

在水果街碰见一群苹果

它们肯定不是一棵树上的
但它们都是苹果
这足够使它们团结
身子挨着身子相互取暖相互芬芳
它们不像榴莲自己臭不可闻
还长出一身恶刺防着别人
我老远就看见它们在微笑
等我走近它们的脸都红了
是乡下少女那种低头的红
不像水蜜桃红得轻佻
不像草莓红得有一股子腥气
它们是最干净最健康的水果
它们是善良的水果

它们当中最优秀的总是站在最显眼的地方
接受城市的挑选
它们是苹果中的幸运者骄傲者
有多少苹果一生不曾进城
快过年了我从它们中挑几个最想家的
带回老家让它们去看看
大雪纷飞中白发苍苍的爹娘

高原上的野花

我愿意为任何人生养如此众多的小美女
我愿意将我的祖国搬迁到
这里，在这里，我愿意
做一个永不愤世嫉俗的人
像那条来历不明的小溪
我愿意终日涕泪横流，以此表达
我真的愿意
做一个披头散发的老父亲

和田玉

——献给母亲与新娘

当我穿越帕米尔高原
看见一只普通的和田玉
是那么地像母亲的眼睛
她的纯粹、内蕴和温润
令我怀想起遥远的故乡
想起故乡的天空下
那一丝母亲的牵挂

今生，我无法变成一棵树
在故乡永远站立在母亲身旁
当我走出南疆的戈壁与沙漠

为母亲献上这一只玉镯
朴素的玉石，如无言的诗句
就绽开在母亲的手心

如今，母亲将玉镯
戴在一个女孩的手腕
温润的玉镯辉映着母亲的笑颜
一圈圈地开放在我的眼前
戴玉镯的女孩
成了我的新娘

为什么叫作新娘?
新娘啊，是母亲将全部的爱
变做妻子的模样
从此陪伴在我的身旁

比如，干涸的诺日朗

肯定有第一滴，第一滴水的干涸
然后前赴后继，大面积地
消亡——战争结束了！
诺日朗，2004 年 4 月 10 日
我站在了你的饥渴面前
固守是种气势，没有内容也要充分展开
坦荡啊，坦荡得空洞，我看见了游动的
咸鱼，漂移的僵尸，就比如
拔掉羽毛的双翅
比如关闭的大厂，安闲的设备，等待运转

站在水们跃下悬崖的地方，自杀的地方
我的血，在一瞬间，全部涌了下去

空气的记忆

——给妻李仕华

玉米苞像一卷书信
只有草和树枝上的风生长记忆

夜晚的谜底是开门纳吉
村庄只在早晨生出梦境
树，一个一个大漩涡
我们对称绚烂和旺盛的时光

这需要五十年的时间
才能把无找出开端，并分析出琴弦
思念不再刍狗咬尾，古度内卷丝蕊

就能望见春天的心跳
像一只子规鸟落在树枝的锦绣上

左心室和右心室交换着回忆
命运在增生，拒绝多么值得往返
还有多少方式，还有多少轮回
真担心突然破解，无喜无悲

月亮追一样明亮
等待你的到来
像用琴声在水面上织出锦绣
我们给月添了意思
添了第一万零一根线
夜空如锦，那丝丝斜纹
纯天然的原因多美

月亮

天空也知道计划生育，它只养一个月亮
那时，它是野物，还不是家养
我们也在百兽之中
尚没有孤立

什么时候月亮变成诗词的月亮、乡愁的月亮
和卿卿我我的月亮
什么时候我抓骨头的前爪，变成
握毫笔的双手
当写啊写，可我的脊柱
不再与大地平行

月亮一定还在那里，但我们看不见它了

我深深的孤独来源于此

昨天看《狮子王》，那个衰迈的兽首奄奄一息

躺在月亮下流泪

我知道，死去的不是它

而是我们无法回到的原形

老虎，老虎

就像一个人的灵魂在努力怀念
前世，老虎的身体，遗传了一座
江山的秘密，那里发生过的
所有事件，天地都在一遍
又一遍地重播，所有的老虎
其实是一只老虎，所有的王
也都是一个，曾经的反抗与
猎杀，都已经渗进了它们的骨髓
因此它的皮毛一直在复仇的
火焰中燃烧。在它的眼中
时间不存在，所有人的背影
都是那一个人的背影。而现在
刚刚出现的这个人，却是一个

无辜的人，它却将她恶狠狠地
咬住，她悲惨的结局，要承担
兽中之王，对整个人类的仇恨

雅歌

六点钟，天空把我蓝透
凭什么？它的辽阔和虚静
我为什么这么早早地醒来？
我的嘴唇上为什么有甜味？
噢，伟大的美梦，爱——
我醒来是因为梦见了你
我梦见你是因为我会做梦
就在我以为一切落空时
你却笑着出现在我眼前
这就是太阳的隐喻吧
但你美妙的名字叫月亮
爱你，就是我后半生的事业
对你的挂念，操心和祈祷

充实着我每天的每一件事
此刻，我望着天空的一无所有
想着我此生的一无所有
是的，我仍然两手空空
但上帝把月亮都指给我了
是的，我仍然心存念想
菩萨说你就念这一个人吧
世界上有万物，你是——
人心中有万念，你是——
在我飞满梦想的心空中
只有你叫月亮
其他都是星星
我，一粒微尘，一缕风
就让我在你周围飞吧
因为你是发光体，你是！

街景

讨价还价的人触动了时代的某种特色
镍币叮当“货物上的标签被不断撕碎
而我熟悉一把刀或一打裤袜共有的光泽……”
“说到塑料饰品 天气渐渐变了
这些美好的事物 似乎总在预示着不测的天气。”
“镍币在把玩中露出镍币原有的底色 看
这是信仰的花纹 还有梦与遐想的种种印迹……”
“在镍币的另一面 或许有一些刮痕
与某类偶然事件有关……”
“谁说得出一枚镍币所经历的全部历史?
市场由此及彼 从灵魂到灵魂 ——
欺骗。奸佞。繁华。虚饰之美 掂出
一个昼夜及其他光阴的价格……”

"一个出入市场的人在尘埃上镂刻出效益与行情。"
裤袜在晨光中 飘动——像某种旗帜
而鲜艳的女人穿梭于欲望间
像你曾抚摸并失落的某种什么……
"黄昏前后的交易被灯盏照亮 但它本身是黑色的
一如多年前你库存于箱底的票据。"而市场亮着
光芒四处散开——"一个讨价还价的人
正绕过市街的脊梁 谨慎地离去……"

许·宝安区

前进一路
绿袖招兮，绿袖飘兮
画上走下来的女子
农历上，没有溅起一小点灰尘
立春多么干净。

当街，一支姓许的藕
莲步轻移。比春风稍胖
修长的小腿
被清水养育得多么白净
恰似一段春光，乍泄。

时间：二〇一一年

地点：宝安区
事件：姓郭的人，混在玉兰街
跨前一步
搂住一支藕：一位水中长大的
莲花

藕断了，我吃了一惊
站立不稳
河水乘机倒流了十七年
锦书摇了摇
山盟摇了摇
宝安区也摇了摇。

我虚构过的莲花
荷叶
藕
她们，都姓许。

山花烂漫的春天

在幕阜山
爱桃花的人不一定爱梨花
爱野百合的人不一定爱杜鹃
爱洋槐的人
也不一定爱紫桐、红继
只有蝴蝶和蜜蜂爱它们全部
只有养蜂人
如春天的独夫
靠在蜂箱旁掉下巴、合不拢嘴

马启代

蚯蚓，是地下诗人

——蚯蚓，是地下诗人。最懂黑，所以不说话
唱歌，但像元曲或宋词

它让土地穿越身体，如诗人让黑暗穿越灵魂

……所谓精耕细作就是从泥土里打磨词语
它不以柔克刚，只以小搏大

为了躲开人类的挖掘，那些血腥十足的铁爪
它必须把自己向深邃里写

描碑

她活着时，
我们就给她立了碑。
刻她的名字在父亲的右边，
一个黑色，一个红色。
每次给父亲上坟，她都要
盯着墓碑说，还是黑色好，红色
扎眼。父亲离开后，她的火焰
就已熄灭了。满头的灰烬。
红与黑，是天堂
幕帷的两面，是她与父亲的
界限。生死轮回，正好与我们所见相反。
她要越过。
这色变的过程，耗尽了她

一生的坚韧

清明那一天，
我用柔软的黑色覆盖她。
青石回潮，暗现条纹，仿佛
母亲曲折的来路与指引。
她的姓名，笔画平正，撇捺柔和
没有生硬的横折，像她
七十七年的态度。
每一笔都是源头，都是注视，都是
一把刀子。
将三个简单的汉字，由红
描黑，用尽了
我吃奶的力气

我怨过她的软弱。一辈子
将自己压低于别人，低于麦子，低于
水稻，低于一畦一畦的农业。而她
本不该这样。她有骄傲的山水
有出息了的儿女。
前些年，还在怨她，
将最后一升腊月的麦面，给了
拮据的邻居，让年幼的我们，观望
白雪，面粉般饥饿的白雪

她曾一次次阻扰下馆子聚餐。
围着锅台，烧一桌
我们小时候就爱吃的饭菜，在水池旁
洗涮狼藉的杯盘，笑看
我们打牌、看电视。而当
我们生气，坚持去饭馆
她屈从地坐在桌旁，小口吃着
埋怨着味道和价格，吃完
我们强加给她饭菜与意愿

母亲姓刘。
我一直将左边的文弱，当成
她的全部，而忽视她的右边——
坚韧与刚强。
她曾在呼啸的广场，冲出
人海，陪同示众的父亲。她曾在
滔滔的长江边，力排众议，倾家荡产，
救治我濒死的青春……

我不能饶恕自己
对母亲误解、高声大气说过的每句话。
而现在，唯有一哭
她已不能听见。
膝下，荒草返青，如我的后悔。
她的墓碑，

这刻有她名字的垂直的青石，
是救赎之帆，灵魂的
孤峰，高过
我的头顶

春风正擦拭着墓碑的上空，
我看到白云托起湖水
她与父亲的笑脸与昭示。
这慈祥的天象
宽慰了我

地震罹难者纪念墙

比我们所居住的城市拥挤多了
三百九十六米长、九米高，这弹丸之地
居然安置了二十四万多人

没名字，姑且叫张三之子，李四之女
王五之外孙……也许早想不起来了
也许还没来得及起

但比我们有秩序
仿佛二十四万多根被砍了头颅的火柴
密麻、整齐、安静地排列在一起

他们依旧年轻、鲜活

而我日渐老去、衰亡

这冰冷、神秘的玄色世界多纯净
除了三十四年来挥之不去的尘埃

很多人来此寻找他们的亲人
但时空迢遥，人海茫茫
而我多年来一次次故地重历
仿佛是为了寻找我自己

张常氏，你的保姆

我在一所外语学院任教
这你是知道的
我在我工作的地方
从不向教授们低头
这你也是知道的
我曾向一位老保姆致敬
闻名全校的张常氏
在我眼里
是一名真正的教授
系陕西省蓝田县下归乡农民
我一位同事的母亲
她的成就是
把一名美国专家的孩子

带了四年
并命名为狗蛋
那个金发碧眼
一把鼻涕的崽子
随其母离开中国时
满口地道秦腔
满脸中国农民式的
朴实与狡黠
真是可爱极了

大觉寺观玉兰

玉兰开时
我闻听怦然一声心动
打破了山川空寂

水绕灵山，微风荡漾
万条光线垂临大觉寺
这福地成池之地
一千朵玉兰
如千手观音手捧的净瓶
飘溢出三百年微香的光阴

你结跗而坐时
花开一念，花谢一念

世外沧桑披阅如幻
今生再见，亦如梦中之人
再入更深一层尘梦

此时，一两杯春茶
漾开梦里乾坤
有人鼎香膜拜
有人绝尘而逸
纵然身外车马喧腾
唯有你玉颜故态
每次花开
都是如梦方醒

青春之城

1

青春之城！欲望之城！
一夜之城！不夜之城！
成千上万座打桩机敲击着大地的心脏
铿铿锵锵，响彻夜空，让你不能入睡
让你不能躺在惰性的温床上得到片时的安宁
成千上万台推土机、挖掘机仍在向荒野进军
向地层深处掘进，轰轰隆隆的喧响
把你的精神和身体带到持久而高亢的振奋之中
成千上万个少男少女在成千上万所迪厅酒吧
疯狂痛饮疯狂吼叫疯狂扭摆啊疯狂摇滚
携带着隆隆滚轧在天空和大地上的春天的雷霆

2

从北方到南方
仿佛进入梦幻剧场
纷繁而新奇的事物目不暇接
你终于到达几代人不曾梦见过的地方
你的思绪和灵感在沉睡一冬的脑中闪耀
犹如雷电激活二月天空上的积雨云
你不由分说地被卷入了
春天的躁动、晕旋和疯狂

3

一切都在这里碰撞、爆炸、化合
分娩出雷霆和思想

4

欣喜　困惑　痛苦　焦灼
谁能使你狂躁不安的心灵和身体得到平静
从来没有过　如此强烈地
渴望灵魂的交流　渴望新生活的拥抱
渴望变革和创造席卷一空的风暴

5

新的工作，新的构想，新的偶像
带来新的挑战，新的激情，新的梦想

6

我看到人才大市场的春潮涌动
闪亮着无数渴求与挑战命运的眼神
我看到深南大道鲜花簇拥交通堵塞的早晨
满街上都是西装革履的俊男
和打扮时髦的靓女
步履匆匆，追逐着信息与时尚
奔赴谈判桌或写字台，商务约会或私人约会
一个个踌躇满志，气宇轩昂，满面春风

我看到各个培训中心灯火通明的晚上
为了考取“英语、电脑——深圳人 21 世纪的通行证”
以及各种资格证、
上岗证、合格证、执业证
为了“温工”“跳槽”，炒掉一个又一个老板的“鱿鱼”
为了最终自己当自己的老板
那些忙碌了一天的“蓝领”“白领”们
都聚精会神地坐在那里静静地“充电”
我看到酒会、招商会、展示会、洽谈会、新闻发布会日夜在举行
市长们、局长们、经理们、专家们以及老港和老外们等各色人等
频频举杯，唾沫横飞，用普通话和广东话、闽南话等各地方言土话及各种
外国话

发出投资邀请，或者大肆吹嘘推销他们最新的产品

7

她是 20 岁的少女吗
正值豆蔻年华，鲜嫩水灵
洋溢着青春芬芳的美与活力
魅力四射，光彩照人
她还有着这个年龄特有的骄娇二气
爱打扮，轻浮、虚荣而又迷人
她公开宣称：非大款加靓仔不嫁
让高大的北方汉子在她跟前都矮了三寸
她心高气傲，你一掷千金
却难以赢得她的粲然一笑
她冷酷无情，你机关算尽
还是掉进她无边欲望的陷阱
为伊消得人憔悴
你碰得头破血流
也换不来一丝怜悯
你拼命追赶着她，她乘着奔驰绝尘而去
把你抛弃在滚滚红尘
甚至卷进了她碾压倾轧的车轮

8

阴郁和冷漠不属于这里
萎靡与衰退不属于这里

没有时间忧愁，没有时间苦闷
没有时间叹息，没有时间呻吟
没有一张安定的椅子让你稳坐不动
没有一杯清茶可以悠悠闲闲地啜饮

只有奋发向上，蓬勃昂扬地向上
只有拼搏竞争，果敢勇猛地竞争

这就是我的青春之城
充满喧哗与躁动的气氛
从白昼到夜晚，从夜晚到凌晨
四周轰响的光和华彩的声音
仍然包围着我，裹挟着我，激荡着我
我感到像坐在沸腾喷发的火山口
像被卷入龙卷风急剧飙升的大气漩流中
像被高高托举在汹涌澎湃的春潮之上
像在超音速列车里朝着远方的黎明风驰电掣
像乘着火箭和宇航船飞向太阳与火星

向开拓者致敬

你，开拓者，一个民族的开路先锋，
肩着时代的巨斧和雷电，
和闪着早春寒光的犁铧，
劈开冻云，向板结的土地挑战，
向僵滞的季节挑战，
向藤蔓纠结的藩篱和荆棘封锁的禁区挑战。

你曾喊叫着，行动着，沉默着，
高高竖立起一个开放的雕塑和路牌——

把门打开！
把门开得大些，再大些！
把门框推向两边一直推得开裂！

把陈旧而开裂的门框拆下来！

今天，当你老了，本该卸鞍歇息，
你又从头开始，从零开始，从负数开始——
卸掉历史的包袱，
轻装前进，上路！

为突破瓶颈，穿过夹缝，
冲出长长的幽暗的隧道，
指挥着，调度着，大声疾呼着，
让一切走上新的轨道，
走上电缆和光纤铺设的信息高速公路，
让一切高速并且高效地运转起来！

让一道思想的光芒照亮春天的泥泞，
让波澜壮阔的春潮通过你继续汹涌澎湃地奔流，
你筋肉凸突的臂膊仍然迸泻着汗瀑，
你久久压抑的力量也从中喷发出来——
你以抛弃一切和不怕被一切所抛弃的果敢——
仍然站在了时代的最前列！

李木马

一只鹰盘旋在钢梁桥的上空

在工地上连续几天
我都注意到了天空中的这只鹰
像滑动的磁针偶尔
凝固不动
任凭天空的唱盘兀自旋转

水面之上的建设工地
不会有一片土丘一根草
自然也不会有一只田鼠和野兔
于是在高处盘旋的一只鹰
成为了纯粹审美意义上的一只鹰
成为让人浮想联翩的一只鹰

一座跨越长江的铁路钢梁桥
一只蔚蓝色的大鹏鸟
包括它铺在水面上
柔软但又不肯随波逐流的倒影
在一只鹰的心目中
定然有着另外的意思

应该是这样的
每一片波浪
都看见了自己在天上的影子
每一片羽毛
都看见了自己在水中的样子

这只鹰张开的翅膀一动不动
像一小块飞起来的钢板
轻盈但又严肃庄重
仿佛替大地上所有的钢铁
在天空中张开了翅膀

何　春

尊重

大伯二伯还在的时候
犁和锄头每天光鲜得像新郎似的
牛，就是伯父们的兄弟
总要在大人小孩上桌前
享受着长辈一样先吃的权利

而狗或者鸡们
也像长住在家的亲戚
大多时候都会领到意外的奖金
一块饱蘸浓汁的骨头
也许是一大盆新鲜的蚯蚓

当然，计划生育之外的野草

野花也必须让路
最肥沃的地方必须让给粮食
大伯说
粮食就是我们的祖宗和命呵

是的
当他伤感地扶起一棵折断的麦秆
望着我步履蹒跚的奶奶
一动不动，那一刻
在他们心里 盛满了对故乡的
尊重

祖坟

谁说中国人没有宗教
在许多日子，清明或春节
人们用香烛和坟前焚烧的纸钱
作了回答

人们常说别人家坟墓
埋的是鬼
自己家祖坟里，住的是仙
坟上野花，是祖先要看看儿孙了
墓旁大树，是怕祖先淋着的伞

做老师的父亲常在奶奶的墓前
放上几个馒头，白酒和苹果

有时也会拿出工资表，好像
要奶奶明白
我们家也有国家单位的人啦
晒晒
也许奶奶在那边特别有脸面

这些祖先们
好像特别不怕饿，也不太爱用钱
一年只用干粮水果或
零星烧点纸钱，最多
再烧点汽车别墅上百亿的冥币和佣人
他们什么都不要了
除了
保平安，保富贵，保升学，
保升官

其实只有当我双鬓染雪之后才恍然明白
这些无限神力的祖先才是最
可怜的留守儿童
当后代们陆续进城写诗，挣
钱，买房后
只是偶尔才会想起他们
在月辉鸟鸣中
特别孤单

我看见的文明

一轮月亮
在东方的江河里
多少次
因为戕害
而破碎、痛苦

破碎的月亮
又有多少次
用难以置信的自愈力
在我注视的古老水中
缓缓
皎洁如初

江　耶

渡口

有了淮河，为了词义的完整
两边的田地和人家，就成了河的两岸
到了傍晚，红彤彤的火光落在水面上
淮河仿像是穿上了色彩强烈的时光
生活里越来越多的重量，沉甸甸地堆过来
成为焦点，被渡船一趟一趟摆渡

在渡口，世界很快就分化出两极
河面上的船似乎停滞了
船上的人神情木讷，仿佛也陷入停顿
河水不言，它带着时间，加快了速度
拉拽着无数的物事，越来越快

光线里有降落气象，意义轻盈
有的人把梦揣在身上，有的人把梦放在家里
返回的人们和倒映的天空一起
在河面上漂浮、晃动
恍恍惚惚的风灌入人的内心
他们都在奔向梦的途中
像一个固定的程序，以巨大的盲目
把整条大河紧紧地压住

有两个旅行的人走过来
他们穿行在众多的梦里
使生活突然变得复杂起来
生活本来就没有起点，也没有终点
河道多少年不变，仿佛有永恒的事物
摆渡船上的人，像是看透了世间的哲学
板起脸孔冷冷地看着前方
——越来越暗的天下
缩小到一叶浮萍之上

地心的蛙鸣

煤层中，像是发出了几声蛙鸣
放下镐，仔细听
却不见任何动静
我捡起一块矸石、扔过去
一如扔向童年的柳塘
但却在乌黑的煤壁上弹了回来
并没有溅起一地的月光

继续采煤，一镐下去
似乎远处又有一声蛙鸣回荡……
（谁知道，这辽阔的地心
绵亘的煤层
到底湮没了多少亿万年前的生灵

没有阳光、碧波、翠柳
它们居然还能叫出声来）

不去理它，接着刨煤
只不过下镐时分外小心
怕刨着什么东西
（谁敢说那一块煤中
不含有几声旷古的蛙鸣）

漆黑的地心我一直在挖煤
远处有时会出几声
深绿的鸣叫。几小时过后
我手中的硬镐
变成了柔软的柳条

海眼

人们相信，这里曾经是大海
海鸥的飞翔，扑打远古的传说
一个熟睡的少妇，月光的舌头游弋闪着幽光的肌肤，性感战栗
地平线，微喘的唇线，飘忽风的迷茫

焦土苍凉，激情过后的虚无，一块
无人问津的腊肉扔在山间
洁白的羊群，模拟浪花，血肉之躯，丢失水的性灵
牧民手中的皮鞭，枯萎的渔网，吆喝里，巨尘碎石掠过砂纸

只是小小的水塘，天空雨水的弃儿
这是海的眼睛，大海留在高原的思念，这里通向遥远的大海
我们生活在大海的故乡

海眼，人们把悲凄放牧成想象

穿过青稞地，爬上山坡
土城墙步履蹒跚，一汪水潭
是它的情欲，明亮的头颅
一只蓝色的兽，困在高原的群山之中，岁月的囚徒

路过冶力关的一片油菜花地

与这片油菜花地相遇
我很意外
高原面露欣慰
从现在起，山泉也有小桥流水的雅致

我是油菜花的陌生人
这是我家乡的油菜花，很熟悉
打个招呼，声音绕了一圈
回到我的唇边

我的声音，让我惊喜
油菜花依然和蜜蜂闲聊
我看看四周，确信

这里是高原，是冶力关

高原上总有许多奇迹
油菜花不是，我的发现也不是
有朋友说，高原一直有油菜花
我认为这油菜花是家乡的，算一种奇迹

梅　尔

中秋·自画像

我被自己的鱼雷击中
这嬉笑的月亮
从来不说自己纯洁
却远比你们想象的高尚

我是我自己的兄弟
城市的豁口
不要成为影子的负担
中秋，在很远的湖上
入侵一段美丽的爱情

当然，今年在飞机上
我离月亮更近，万米高空

寒得心慌，弗里达
还有莎乐美，用你们的故事
温暖一下大鸟的外壳

我是我自己的剪刀
从胡须的根部
学会犁田

学学那头波西米亚的狮子
今天开始，做一个诗人
做一些你认为荒唐的事
无需解释

然后，提着苍茫的鞋
一路喝到罗马

杜　涯

我记得那槐花飘落

我记得那槐花飘落
那些槐花从早到晚都在空中纷飞
整整几天了
每当我打开窗户，我便看见了
它们迅速消失的身影

那些低垂的槐树就在房前或者屋后
每次，当我从它们下面走过
槐花静悄悄地落着
我看到白色的花瓣落在地上
这时我感到这世界有多么寂寞
——特别是在无风的时候

我抬头望着繁花的树冠
那些低垂的花束正一个个
消失不见
这时我想，即使无风
槐花也会没日没夜地飘落
我想一定有一个人
要把它们带走

在后山，在倾斜的坡上
槐花已经落了三天
当我在暮春那温和的风中
跑到槐树下，并抬头仰望：
槐花，它们已在我到来之前
悄无声息地落尽了

像杜拉斯一样生活

可以满脸再皱纹些
牙齿再掉落些
步履再蹒跚些没关系我的杜拉斯
我的亲爱的
亲爱的杜拉斯！

我要像你一样生活

像你一样满脸再皱纹些
牙齿再掉落些
步履再蹒跚些
脑再快些手再快些爱再快些性也再
快些

快些快些再快些快些我的杜拉斯亲爱的杜
拉斯亲爱的亲爱的亲爱的亲爱的亲爱的亲

爱的。呼——哧——我累了亲爱的杜拉斯我不能
像你一样生活。

木梳

我带上一把木梳去看你
在年少轻狂的南风里
去那个有你的省，那座东经 118 度北纬 32 度的城。
我没有百宝箱，只有这把桃花心木梳子
梳理闲愁和微微的偏头疼。
在那里，我要你给我起个小名
依照那些遍种的植物来称呼我：
梅花、桂子、茉莉、枫杨或者菱角都行
她们是我的姐妹，前世的乡愁。
我们临水而居
身边的那条江叫扬子，那条河叫运河
还有一个叫瓜洲的渡口
我们在雕花木窗下

吃莼菜和鲈鱼，喝碧螺春与糯米酒
写出使洛阳纸贵的诗
在棋盘上谈论人生
用一把轻摇的丝绸扇子送走恩怨情仇。
我常常想就这样回到古代，进入水墨山水
过一种名叫沁园春或如梦令的幸福生活
我是你云鬓轻挽的娘子，你是我那断了仕途的官人。

马　行

勘探奇遇记

在荒原之上，我遇到了城市的前生
乡村的来世，那儿的骏马比星星还多，那儿的女人比桃花还美
要想找到那儿，须由星星引路

在雪山的另一边，我还遇到一个王国
那儿的春天像现代童话，那儿的河流比玻璃还要明亮，由于那天我没带指北针
现在我只记得大体的方向，太阳升起的地方

在沙漠腹地，我还遇到了绿洲
绿洲上有参天的古树，有开满鲜花的田野，还有人家
当时，勘探队的老队长记住了那个地方，可惜他已经去世了

在大海边上，我还遇到一些神仙，他们正在聚会

那是石油神、白银神、煤炭神、铜神……他们比勘探队更清楚宝藏的位置

可一转身，他们就不见了

把山河走遍，我还遇到了另外一支勘探队

领头的人似乎在哪儿见过，极像是明代的徐霞客，我不知他们在找寻什么

等他们走远，天地空空的，只有浅云在飘荡

离家最近的火车站

带着自己改制的发令枪，老朱和妻子
连夜开始了逃亡的人生——
不能坐车，不能走大路，不能近家乡。
留在身后的是，被一枪击穿的
信用社主任，他的上司。
警车包围的案发现场。
版本不一但持续发酵的市井新闻。
以及年迈的父母，托付给亲戚的幼小孩子。
逃亡，是一种看上去很美的旅程
老朱弃了发令枪，只带着
妻子——这个被他的上司
侮辱过的女人，支撑着他走了很久
走了很远，他乡渐成故乡。

在被夸大的绝望中，老朱越来越
讨厌天空；在绝处逢生的
希冀中，老朱不写信，不上网
不用电话，他跟妻子约定
如果走失了，离家最近的那个火车站
将是他们寻找对方的唯一地点。
不幸的是，15 年后
他们真的走失了：修鞋匠老朱
通缉犯老朱，在警察面前撒腿就跑
而且，跑得无影无踪。
他的妻子，后来就到
离家最近的火车站——几年前刚通铁路的
地方，摆了一个披星戴月的小摊
生活的传奇在于，她等到了
老朱出现，当然——警察们也等到了。

闪电照耀火车

奔向北京的火车，发自呼和浩特。
在阴山进入了暴风雨区，这个炎炎七月的深夜。

我的噩梦被闪电刷醒，车顶如油桶般滚过雷霆。
暴雨挥动《地狱篇》里亡灵的手，猛烈地拍打着车身。

在闪电擦亮的刹那，我看见河水急流，看见河对面的悬崖下
一辆孤单的卡车，正迎着风暴行走，吃力如马。

在那瞬间，在这同一条道上，古代的骑兵映入我的眼帘：
也是在这样的暴风雨夜，闪电照亮了匈奴的脸，蒙古人的剑。

闪电劈开了时间的化石，照见匈奴、蒙古人和我擦肩而过。
闪电释放了空间深处的气味：逝者就在我们的身边活着。

李　强

萤火虫

会飞的露珠，闪着微光
会呼吸的琥珀，记录沧桑
会舞蹈的精灵，激动整个村庄
点亮黑夜的火把，唤醒少年幻想
比一瞬间更短
比一辈子更长

陨落的繁星，来自于天堂
孤单的孩子，在风中流浪
仲夏夜之梦，梦见了什么
飞呀，闪光呀，迎风歌唱
在山下，在河边，在荒无人烟的远方
越过无穷岁月，忽然热泪盈眶

一灯如豆，一叶知秋，一苇渡江
这些深奥的道理
萤火虫知道吗
她闪着微光，自由翱翔
在山下，在河边，在荒无人烟的远方
在书里，在画里，在背井离乡人的心里
激起涟漪，引发回响
比一瞬间更短
比一辈子更长

为父亲烧纸

黄泉路上
前后总是一种燃烧

小时候
父亲在前　我在后
细嫩的小手习惯了
父亲生硬的老茧
跟着走就是必然的方向
年少的迷惘像四月的柳
绿了就将春天淡淡的遗忘了

划个圆圈
天就黑了下来

黄黄的纸钱
父亲在笑　以火焰的方式

父亲一生节俭
我烧的纸钱没有留下一丝残片

这是通往冥间的邮路
这是炎热带来的凄凉
这是阴阳相隔的挂念
这是或明或暗的人生

女儿打来电话
好奇地问：
烧纸？是做游戏吗？

面对我的讲解　孩子呢喃
“那不行，您要是不在了谁给我买娃娃啊”

在女儿眼里爸爸是为她买娃娃的
在我眼里女儿是为我烧纸的

用最通俗的语言阐述
女儿释然
峤峤说：知道了
等我看不到您的时候

就烧烧纸　和您说说话

黄泉路上
总有一种希望
前后燃烧

我未醒来，你依然隐匿

你正盛开，一树繁花
蜜蜂和风把你萦绕
它们轻点花瓣，来了又去
它们没有心，怎能希望它们停留

你正盛开，而我还未醒来
我未醒来，你依然隐匿
你的疼痛我未曾知晓
你的美，盛开——而后凋谢

满天的星光：灿烂、神秘
与我们隔着千万亿光年
在无限地黑暗中。当我们觉悟
睁开眼，却一闪而过

大了

孩儿要上学，两三人。
大的马脸挂一丝
上翘的，光灿灿的笑。

小的是座梦，里面藏
艳阳斜角的边料。

皱纹如爬山的蜈蚣。
它们吞光的宫殿，
又一天，别人看我们。

年岁的池满了，
年终排起长队，起的风。

我看见我的表停那儿，
万物留存的叶片，
老弄堂长出的芽。

周瑟瑟

林中鸟

父亲在山林里沉睡，我摸黑起床
听见林中鸟在鸟巢里细细诉说："天就要亮了，
那个儿子要来找他父亲。"
我踩着落叶，像一个人世的小偷
我躲过伤心的母亲，天正麻麻亮
鸟巢里的父母与孩子挤在一起，它们在开早会
它们讨论的是我与我父亲："那个人没了父亲
谁给他觅食？谁给他翅膀？"
我听见它们在活动翅膀，晨曦照亮了尖嘴与粉嫩的脚趾
"来了来了，那个人来了——
他的脸上没有泪，他一夜没睡像条可怜的黑狗。"
我继续前行，它们跟踪我，在头上飞过来飞过去
它们叽叽喳喳议论我——"他跪下了，跪下了，
脸上一行泪闪闪发亮……"

九年

我爱尽了天下锦绣
针的暴力，线的棉柔
这进进出出的重叠多么和谐
如果丝绸说不出口
那刺下去的疼，一定是女人的

多少浓云翻卷都放下了，而我
胸有化不开的墨团，只能
描摹山水，不会小娇娘
绣箍上尘土太深，九年前
绣上的一朵海棠，还张着小嘴
有着河北口音和体香

我被卡在其中，断成两截
爱过的身体何其辽阔
里面的部分，九年，
外面的部分，九年
又九年

林中露宿

地图摊开：圆圈密密麻麻
居住点成千上万，我只能选择一个
作为今日旅行宿处，而别的
在我心中只存下命名，以待来日拜访
但来日来临，我却难以归返
我忧虑：我该宿在何地，今夜？
我将地图叠起，在树林
与光阴纠缠。雪花飘落，在旷野上
我睡至黎明，而黎明中树林不见

乡野间

有一天，我在乡野间乱走。
不知向东还是向北。只是乱走，在潦草的乡野之间。
但一株草、一株树，却让我停下来。
这株草，这株树，不是什么奇迹，也没给我什么欢喜。
但我停下来，在乱走之中缓缓停了下来。

雪的教育

“在东北这么多年，
没见过干净的雪。”
城市居民总这么沮丧。
在乡下，空地，或者森林的
树杈上，雪比矿泉水
更清洁，更有营养。
它甚至不是白的，而是
湛蓝，仿佛墨水瓶打翻
在熔炉里锻炼过一样
结实像石头，柔美像模特。
在空中的 T 形台上
招摇，而在山阴，它们
又比午睡的猫更安静。

风的爪子调皮地在它的脸上
留下细的纹路，它连一个身
也不会翻。而是静静地
搂着怀里的草芽。
或者我们童年时代的
记忆和几近失传的游戏。
在国防公路上，它被挤压
仿佛轮胎的模块儿。
把它的嘎吱声理解成呻吟
是荒谬的。它实际上
更像一种对强制的反抗。
而我，嘟嘟囔囔，也
正有这个意思。如果
这还算一种功绩，那是因为
我始终在它仁慈的教育下。

港口

他回来了，带着他的百桨巨轮
那曾使希腊海岸大为惊异的
和爱情的虏获物，美丽的海伦
而她将使特洛伊的神祇惊叹
港口像星期天一样忙碌，船员们
彼此招唤着，把他们从墨涅拉俄斯
宫中运回的财宝，搬上亚洲的海岸

卡桑得拉，只有你一个人看见
那新人赤裸双脚，身披烈火
她黑色的裙子忍受海风的吹打
像盲目的蝙蝠。她走下舷梯
巨大的落日在她的肩上轰响着
沉入海水。紧接着，黑夜迅速
降临，那悲哀、恐惧、寒冷的夜

秋歌

无边落木

——杜甫

一夜落木，太阳的巡演接近尾声，
在行星中间盛传着来自太空的秘闻，
神的头发稀了，神的头脑空了，天使在人间挨饿，
被两只经过的燕子抬入天空深处的摇椅，
陷入昏沉的、持续的梦境。
梦见圣诞老人，就着月光，补袜子的窟窿；
梦见其他的神的不倦的游戏，那也是我和你的游戏。

大树也在做梦，他站着，梦见早年走失的表亲，
梦见她又穿上少女时代的白裙子，

在冰水的池子里参加婚礼，客人都是肥胖的企鹅。
梦见蝉退出最后的身体，结束诗人生涯，
把歌声藏进木质的深处。

午夜过后，人也在做梦，梦见垂头垂脑的天使，
宣告，神和万物一同老去。
时光的脱臼的关节，
发出失群的孤雁的哀唳。
再往前，记忆是唯一的财富。
我们的爱也要经受考验，
能否帮我们坚持到另一个春天。

做梦吧，哭吧，点上蜡烛哀悼吧，
成长已经废止，田野已经腾空，
新来的神被钉上十字架，流遍天空的血，神的遗言。
眼看海水没顶，花园的门纷纷关闭。

西 娃

画面

中山公园里，一张旧晨报
被缓缓展开，阳光下
独裁者，和平日，皮条客，监狱，
乞丐，公务员，破折号，情侣
星空，灾区，和尚，播音员
安宁的栖息在同一平面上

年轻的母亲，把熟睡的
婴儿，放在报纸的中央

杨绣丽

白盐

盐是会走路的，不穿鞋，戴草帽
走在古代煮盐人的皱纹里
走在父亲劳作的额头上
走在微凉的爱情和近视的双眼中

大海退远时，土质变淡
时间从盐里诞生
盐从血脉里往外点灯
我一路驱车回家，靠近大海的土地
盐从古代往现代点灯
煮海作盐的人，也煮着日月星辰

古盐场的桃花开了，红色的盐开了

咸涩的记忆变成甜蜜的开放
唱卖盐茶的人，挑花篮、八角篮和荷花篮
像挑着幸福的摇篮

大海退远时，大地长高
盐是会劳动的，像润物细无声的春雨
从故乡的群雕上走出来
这是英雄的盐，这是智慧的盐
大海的根系，飞翔的方言
青春般沸腾的热血
在人们心中点起明亮的塔灯

植物的哀歌

我为红枫哭。为崖柏，檀树，花梨木
我为鱼腥草哭，为乡村的伤口
已得不到痊愈。为荠菜、马莲丹、野芹
和所有猪草哭，这些都是饥饿年代的救济
矮小的茎叶，亲切地看着一代代村姑
躬下腰，幼小的乳房，在汗渍的棉布衫内

我为水竹兰哭。为紫荆、喇叭花、金银花
和野蔷薇哭，这些乡村的精神
无从命名的美，含羞草在靠近的手指下
颤抖。你见过竹子开花吗
整个村庄笼罩在忧郁中?
我最近见了，在胄福家的后墙下

全家人，包括孩子，都在打工地，说忧郁
已太奢侈。胄福站在十字路口
面对川流的人群，挣扎于是否
给小笼包子用“更便宜”的原料

我为村口的古槐被大铲车掘走后
留下的水凼哭。混浊的独眼
对着无神的天空，旁边犹有一小香炉
我记得她，枝丫间挂满
祈福的红布条，为乡人朴实的世代
而婆娑，顶着大风、雷电
现在她在城里哪一小区，戴着犄角
斫断后圆蓬蓬的新发，而叫卖？

我为河床的芦苇哭。她曾经那么平坦
枯水期像足球场，草窠藏有鸟蛋
忽然间，那些无用的沙子也值钱了
一车一车地挖走，狼藉不堪像战壕
让我认出我们的可怜

我为旧居的葡萄藤和南瓜花哭
新居建成了，却无人居住、驳嘴
新路铺好了，却无人行走、赶牛
没有牛了，甚至也没有
黑暗，没有鬼故事，早早失学的孩子

在一间屋里上网，而农具
在墙角腐烂，一代人在本土
失去故乡，成为“原住民”，触目惊心

而有：不需要耕作的农田，不害怕
害虫、鸟雀的谷子，樟树、桂树、红叶李
意大利杨，以及一切值钱的树
成片成片，占据了山坡，构成新景观
甚至还有玫瑰园，郁金香园，草莓园
带着确定的意义和价值

有谁还记得梧桐雨，竹簟的凉，荷花的香
幽篁白白地在原地清唱：
“未出土时先有节，高到凌云亦虚心”
而桃花却不白白地妩媚，桃枝厌胜
厌不住村里姑娘到远方可疑的生涯
而菊花仍在，蜡梅仍在，寒香依旧
而松冠依旧顶着雪盖，松枝迎客
他迎的不叫顾客，而是安贫乐道的乡贤

徐南鹏

初夏

初夏的美，仅存于坡度
以及小小的转弯

一阵风，除了轻松翻动她的裙摆
并没有多做什么

但似乎这种多余已经满足
少年的想象和期待

一双带碎花的小白袜
一辆墨绿自行车

她轻轻扣着刹车把
阳光也变得缓慢许多

片刻

我坐在木椅上，风吹
日晒，陈旧使木椅得到美

旁边有一盆花，开着
静静望着我

美好的事物近在咫尺
一如现在，一如从前

她在嗅我，汗水的香
饱满生命散发的浓烈气息

我也曾如此，挨近一朵花

轻轻闻她，为她命名

现在，她还猜度我
此刻的喜悦，以及前世

星河缓缓流淌
这一次相遇，我们准备多年

近处树上有一群鸟，叽叽喳喳
把花的心事翻译给我听

收藏家

我干的最得意的
一件事是
藏起了一个大海
直到海洋局的人
在门外疯狂地敲门
我还吹着口哨
吹着海风
在壁橱旁
用剪刀剪掉
多余的浪花

姥爷的礼物

姥爷在百货大楼上班
八月十五前夕
他回家就给我捎一袋月饼渣
那是卖完月饼后
他从柜台上的白铁皮匣子里倒出的
这成了我的美食
我把脸埋进塑料袋里吃
完了还舔舔
我对月饼都不感兴趣了
只喜欢吃月饼渣
对仰望月亮都不感兴趣了
只喜欢把脸埋进
碎了的月光里

徐俊国

散步者

野鸭对一条河的了解
不仅仅浮于水面
还经常沉潜，试试深度
小时候，我也喜欢扎猛子
练习憋气，沉溺于危险的游戏

这些年，生活把我教育成一个散步者
岸边，酢浆草空出一条小径
我被尽头鼓励着走向尽头
把未知的弯曲，走成已知的风景

这个过程带有惊喜——
春风轻拍枝条的关节

拍到哪儿，哪儿弹出花朵

正如你们所知，花开是有声音的
除此之外
晨光，唤醒视力……
爱，调整琴键的呼吸……
每一种修辞
都有妙不可言的拐弯……
所有这些，我都深深迷恋

菠菜地

如果有一小片地
我最想种的就是几畦子菠菜
那样就可以，在每个周末
煮上一大锅菠菜汤
把全北京的诗人们都叫过来
就菠菜汤喝二锅头
喝醉了就发发牢骚吹吹牛
没人捏你的小辫子，也没人记你的仇
把手机关掉，把时钟调慢
让心灵找到陶潜牵牛耕田的节奏
这个念头一旦出现，就让我有点急不可耐
从天安门到天通苑，从朝阳区
到西三环。我首先要找到一块

还没来得及被水泥吃掉的泥土
一个夜晚，我穿过无数条街道
又绕过几个高架桥
突然就找到一片废弃的工地，有几个晚上
我要去松土，就找来了铁锨和锄头
我像一个经验丰富的老农
还弄出了整齐的垄沟
春不误种，秋不误收。我很快就收到了
老父亲寄来的一包菠菜种
可接下来的无数个日子
我却再也找不到那块地了
还是穿过那些街道，还是绕过
那几个高架桥
我整好的那块土地，它神秘地消失了
实在是没有别的办法了呀伙计
我只好把这包绿油油的菠菜种
全都埋进了自己的身体

九月九日忆山东兄弟

之于山东，游子的身份
都是一样的。为稻粱谋为理想谋
我最好的两个山东兄弟
一个去了遥远的澄迈
一个落户大上海的松江
而我在京城辗转，流浪
这不免让我想起了
那些历史上的大才子们
陆机、陆云和苏东坡……
想起了当年
被拒之郑国城门外的孔子
他那一脸的凄惶和沮丧

之于文人，孤独的命运
都是一样的。在古代
他们频频被贬
被流放，在今天
他们背着一口尘世的井离乡
夜夜听故乡的涛声
一直听到耳鸣眩晕
梦里一次次被月光掐醒
泪凝成霜
而在他们最新的诗句里
一次次地写到雷州半岛的清晨
和松江的黄昏
写到多尔峡谷的走向
和华亭老街的沧桑

我真想由衷地
赞美一下澄迈和松江
这真是两个好地方
不仅给诗人安下了一张书桌
还给了诗人一个灵魂的远方
兄弟们，你们现在
终于是有职称的人了
接下来还要做一个，称职的丈夫
慈爱的父亲和合格的南方市民
就在南方安家吧

天下炊烟飘到哪里都温暖
有空我真想去看看你们
我会每人送一把
清水泥的紫砂壶
那壶里，装着一个省的孤独

己丑年九月九日
我忙于加班，无法登高
只好趁傍晚，爬到鲁谷小区住宅楼的顶上
向兄弟们所在的南方，望了又望

陈　仓

工地小憩

四个人席地而睡
像几根脚手架随意扔在地上
两个人横着，两个人侧着
险些压到了天边的云彩
中午的阳光是一层新染的布
盖着他们
他们头枕一堆沙子
这堆沙子已和水泥搅拌
等着浇灌旁边的房子
这堆沙子很像一个坟头
被隆起的坟头
他们几个人没有呼吸
感觉不到胸脯的起伏

我不能判断他们是不是尸体
但还是不敢打扰这短暂的小憩
有一只麻雀跳下
啄乌云投下的影子
无意间啄到一个人的头颅
他醒了
睁开眼睛开始张望
朦胧得像初生的婴儿

张 况

照见：天空之镜

天空之镜，照见天堂的颜色，照见茶卡盐湖的裸体
历史的五官清晰无比，那雍容的呈现，是首页的考题
透着史诗的暖；是天空赐予大地的宽广诗意
氤氲着难以磨灭的朦胧与真实
它们以颗粒，维护时间的结晶地位
让所有高居于味蕾之上的认知
激活了亿万斯年的记忆

神的镜子，是大地灵动的眼眸
她能照见鹰的雄姿、《楚辞》的断句
照见格萨尔王的太息，消失于一首长诗
她能照见唐宗宋祖的风采、照见成吉思汗的铁蹄
在梦一般的镜面上疾驰

将一个横扫欧亚大陆的伟大世纪
轻轻卷起
是的，她能照见一个民族伟大复兴的缘起
照见既往的一带一路，风一样拉动世界的视力
给人类栖居的水乳大地
留存最庄严的膜拜仪式

盐是时间的立方
她不是甜言，也没有蜜语
她雪白的圆满，上接天、下接地
以神谕的滋味，呈现一种辽阔之美
吐纳世间的风刀霜剑，抹平轨道留下的心迹
她避开俗世咸淡的执念，与云朵
成为天地间最洁白的孪生姐妹
她们的血缘，来自于不离不弃的坚持
她们眼眸里的春风，拽着天堂的歌声飞舞、加持
祁连山从不剃度的白发，透着雪意
像她们甩出去的绵延水袖，永难收回
她们洁净的气质，缠绕着生命的情义，感天动地
她们携手走进农谚，走进茶卡盐湖散落一地的履历
坚持或放弃，都非一时冲动的深思熟虑
那些流星般闪现的红男绿女
是她们前世就开始邀约的知己

我要是爱她们，就热爱她们的全部

我绝不会只爱她们的一半悲喜
我会截留天堂的颜色，抓住时间的笔
为这无边的苍茫大地，画一个巨大的谜
我会在这近似于无的空白境界里
为众生的平等，删却所有的杂质

端午，在一座古城怀屈子

粽叶是中国诗歌最沉重的外衣
它裹在三闾大夫拒绝合照的身上
一次次从浑浊的水面
泛起崇高的巨浪

粽子们其实都很无奈
此刻，它们本该沿着一条江
将断肠的春秋逐一望穿
可今天，它们不得不搁浅愿望
沿着古城墙，一路奔忙

它们所碰见的每一位诗人
都可能是蛰伏于江南水墨里的一条鱼

他们或飞机或动车，以粽子的名义聚会于此
比端午，提早一天抵达怀念
比清明，迟滞一天后撤了一场祭奠

是的，端午本该属于启蒙的泪
属于无声的祭奠，属于怀念，属于爱
端午之泪，源于积雪两千年不化的洁白覆盖
端午之祭，源于天空明媚之蓝的深情擦拭
端午之爱，源于鸟鸣未被季风过滤的半阕留白
端午之念，源于惊雷炸响之前的两千年修炼
但是，我刚刚走进传说的前言
就发现自己扉页上的想法，是完全错误的

闪电是天空最神秘的潜伏者，其资历
足以从岁月深处，拽出无数条未名的江
强行剔除其中的泪痕、痛迹和暗伤
以诗，以龙舟，以五花八门的唱腔
为一堆粽子的相聚，提供压轴的馅、朝觐的芳香

时间的涟漪，乃是政客们来不及逃亡的心跳
三天假期，敌不过一线城市房价单日涨幅的叫嚣
血性的端午，在波纹与波纹之间冒险、游走、促销
没有性别的粽子们，围坐在古城楼上
它们端着南腔北调，拒绝与限购的假牙合唱

关于这位爱国诗人的传说。所有的不朽
都不过是一个没有呼吸的虚词、一次无厘头的作秀
诗坛从古而今，而永远
《离骚》只有一首
谁读，都是国殇和深愁

刘笑伟

拆弹手

这情感的炮弹
外表泛着金属的冷光
让我不得不
小心翼翼地捧在手里
唯一能做的
就是拆除它的引信

即使燃着孤灯
也难以推开四周的暗夜
我听得到炮弹内部
嘀嗒嘀嗒的倒计时
这时常令我毛骨悚然
它随时可能引爆

把我内心的城墙炸掉一角
引起坍塌

或许是一个动词
也可能是一个名词
我必须小心打磨
保持它们微妙的平衡
让它们发出形容词般的微光
我怀抱着这个炮弹
尽量让里面的火药温柔下来
变成黑色的土
孕育一畦繁花

军旅诗就是这样诞生的
你必须把这金属的炮弹
拆分 组合 打磨 刨光
让它变得浑圆
不再有棱角
让它在你的手中沉甸甸的
有了上膛的渴望

“炮弹出膛
天摇地动”
不知为什么
我始终是一个拆弹手的角色

或许这炮弹火力过于强大
我不想让它出膛时
让周围一切文字的山河大川
黯然失色

1990 年的铁钉

都说“好男不当兵
好铁不打钉”
那年春天
我来到部队时
就是一小块生铁吧

新兵连是火炉
我们顶着烈焰
在刺骨的寒风中大汗淋漓
火越烧越旺
炼出军姿 炼出正步
炼出标准的军礼
我们已浑身通红

热度已穿透火炉
偏偏被排长又加一把火
紧急集合的光芒
刺伤漆黑的夜色

没有感受到锤击
却分明听到铁锤的声音
日夜在耳畔回响
条令的煤 纪律的炭
让这火苗越来越旺
我快熔化了吗

终于那一天
有军徽的帽子
带列兵军衔的军装
如一道绿色水流
从头到脚贯穿我全身
或许这就叫淬火
一道青烟升腾
体内那个地方青年
彻底离我而去

新兵下连
我的身躯冷下来
渐渐有了金属的光泽

是的

我已经是一枚钉子

可以穿透任何坚硬的事物

让对手感到永久的疼痛

老连队

岁月多像一个巨大的魔盒
记忆也是如此

打开第一层 是风
攥着飞扬的沙子
第二层是雨
握紧一些雷霆
第三层是北京
隐隐可见故宫的剪影
第四层是昌平
有着不少温泉和大片的密林

我用我的手指

一层层打开记忆的盒子
伴着心跳和泪光
第五层 开始出现
一座小镇的模样
至今依旧叫“南口”
第六层是一座营盘
让我想起法门寺里
那一层层精美的盒子
最后出现的舍利

第七层是一口老井台
第八层是一片操场
第九层 你出现了
——一座苏式建筑的老平房
打开这最后一层时
我流泪了
这就是我的老连队
里边住着我的青春

我的骨头在这里
经过那段岁月后
也晶莹剔透
闪闪发光
并且时常铮铮作响

70

林　莉

慢

这就是一切我热爱着的缘由
朝阳跃出水面，推出崭新的一天
夕阳西沉于淀山，一切复归于寂静

在这期间，葵花向阳，游鱼戏水
婴儿吮乳，少年远游，老父巷口下棋
是的，这就是一切我饱含热泪的根源
万物各从其类，它们在固有的秩序中慢了下来

“时光有着安静的面容和谜底……”
我终于获得如此这般的娓娓道来
我说慢，很慢，越来越慢，一点一点地慢
一个人和另一个，一颗心和另一颗
被允许在贴近，聚拢，互为依靠和支撑

秋天的画布

让我指给你一行白鹭
正从蒙霜的大地上空徐徐飞过

这亮光闪闪的尤物，不为你独有
秋天的画布上，是宽阔的田野

劳动者和沉甸甸的谷粒，万物静美
作为它们之间的协调者和秘密砝码

一行白鹭起飞，代替低处的生命在一张画布上苏醒
一次飞行来自内心所需，两次飞行就是自然法则

它们振翅、滑翔，留下一串模糊的嗡嗡之音
偶尔它们会在半空遽然静止……那突兀的
悬浮着的戛然而止，好似报答好似诀别

赵晓梦

博鳌的好声音

这是声音汇聚的殿堂
海的声音鸟的声音花的声音
阳光的声音，不同皮肤的声音
都在万泉河水清又清的迎宾曲里

一年一届的世界声音大会
让每一个声音都有平等表达的权利
让他们代表的每一条江每一条河
沿着玉带滩敞开的胸膛漫游扩散

每一个声音都能让世界变得安静
无论深情还是激昂，分歧还是共鸣
所有的声音都直抵人心，都在

喷泉广场留下持久回响的大合唱

顺着声音的目光，“人类命运共同体”
正在放大东屿岛的朋友圈
在南海之滨的博鳌独立潮头
让每一个走进的人都能找到母语

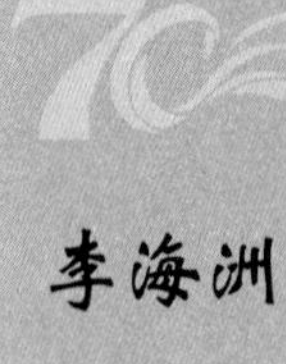

李海洲

下浩街的最后时光

一切都是这样，还没有开始告别
就准备着离开。左邻的狗给右舍的猫梳妆
豆花鲫鱼和玫瑰糕泪眼相望。
这旧地球即将成为标本，推土机的齿轮
就要让时代入土为安，或者化蝶成茧。
什么是茧？是自缚的经济
还是伪文艺的扮相？或者是清凉的记忆里
街檐两边小雨敲窗的咳嗽。

全世界都在怀旧，包括长江的涛声、
枕着涛声入睡的山川。下浩街寂寥漫长
那树荫可以装下一生
乔木挺拨扶疏，苦楝花拂落青砖上

他们会有明天吗？或者迁移到另外的星球？
庭院里，临窗剪纸的小爱人旗袍绚烂
她的目光穿过狭窄起伏的巷陌
她有太多迷惘的心事，有秋收冬藏的远方。

是啊，记忆是最痛的
往事会和夜深人静的狗吠一起痛。
是啊，只有在流逝得太快的时候
才能一日看尽长安花，才能让内心的吊脚楼
成为殉道者的墓碑。已经开始了，
这坍塌，这古老，这溘然长逝的车站。
落叶覆盖的门扉前，两个老人想起旧时光
苍黄翻覆，只有他们终于白头到老。

母女俩

太阳很大，但近来她的脸上总是阴天。
它曾经很光滑，先是岁月的旱冰场，后改作
化妆品的小公园。她冷静地看她女儿的
一招一式，比旁边的母亲们更加老练，
心里却盘算着回去买菜和做饭的时间。

“滑吧，别怕，慢点”，为什么微笑
就像系紧在冰鞋里，又如何优雅地将你的小脚
不可控制地推向终结？远远地，向松弛的双臂
张开双臂。火车呼啸，带走阴影，
下午还长，你健康的肤色以后会使你忧愁。

妈妈

十三岁时我问
活着为什么你。看你上大学
我上了大学，妈妈
你活着为什么又。你的双眼还睁着
我们很久没说过话。一个女人
怎么会是另一个女人
的妈妈。带着相似的身体
我该做你没做的事么，妈妈
你曾那么的美丽，直到生下了我
自从我认识你，你不再水性杨花
为了另一个女人
你这样做值得么
你成了空虚的老太太

一把废弃的扇。什么能证明
是你生出了我，妈妈。
当我在回家的路上瞥见
一个老年妇女提着菜篮的背影
妈妈，还有谁比你更陌生

情书

心爱的姑娘
因为收到了你的信
“不幸”中了你的箭
这个周末便来得好慢好慢

你看 整个星期差点为回信失眠
星期一想好了如何称呼
星期二欣喜地发现一段名言
星期三拟定了开头的声声问候
星期四将看过无数遍的来信再次钻研
星期五决定不再引经据典出卖肤浅
只等这周末的日子
将几天的成果付诸笔端

别急　我写信水平独步全连
不在乎语言　只要求新鲜
即使有些离奇　或许带点荒诞
也只缘于
爱　贵在制造悬念

虽然我的情书没有许诺呢喃信誓旦旦
更没有城市浪漫　月下花前
但远隔千山万水
会给你捎来军号嘹亮　阳刚一片
让你无限醉心胜过短暂缠绵

相信　再过几天
红色的三角戳
会轻轻轻轻轻轻
飞到你日夜等待的胸前

江 非

灯光

有一天我们会将灯熄灭，然后
起身离去
现在我们亮着，证明
有人在这里，但也
仅限于此。有人
在这里，但并不是在这里生活
有一天我们所用过的东西
都将被收拾，被收起
一部分被扔掉或遗弃
还有一部分
将被收走，或出售
灯还会亮起，但
早已不属于我们

已不是我们在用灯光来证明什么
有一天我们还会路过，或是
回来，会站在
灯光的远处，看着
这里的灯再次亮起
在熄灭之后，我们
取走我们匿藏的东西
有一天我们看到的灯光依旧
灯亮了，但灯光下的人
并没有他们想要的生活
但灯亮着
我们会放心地离去

月光

很多年了，我再次看到如此干净的月光
在周末的郊区，黑夜亮出了名片
将我照成一尊雕塑
舍不得回房

几个老人在月色中闲聊
关于今年的收成和明春的打算
一个说：杂粮涨价了，明年改种红薯
一个说：橘子价贱，烂在了树上

月光敞亮，年轻人退回大树的阴影
他们低声呢喃，相互依偎
大地在变暖，隐秘的愿望

草一般在心底生长

而屋内，孩子已经熟睡
脸蛋纯洁而稚气
他的父母坐在床沿
其中一个说：过几年，他就该去广东了。

老盐民

祖父的肋骨，在炉火里熊熊燃烧
发出烈日底下盐粒炸裂的声响
整整一个上午，加上延后的午餐时间
子孙们在守候一个大海的盐水被慢慢烤干
直至骨灰如白花花的盐晶
厚实、凝重、沉甸甸地装进盒子

“你们的老爷子，实在太经烧了”
殡仪馆的炉工抱怨着，接过信封里的小费
然后递来温热的汉白玉骨灰盒
祖父，这个行将百岁的老盐民
终于安静了下来
他身上的太阳和汗珠化在了青烟里

自身的盐化在了尘埃里

如若，把祖父的骨头拆下来熬汤
毫不夸张地说，可以熬出整个东海的盐
祖父身上的鞭痕，血痂和愤怒的毛孔
都会决堤……
一想到这些，我的眼里就涌出大把大把的盐
是的，作为一个盐民的后代
我有理由这么咸

谢湘南

不添麻烦

电话中
父亲告诉我一件怪事
他的户口被注销了
这真不可思议
82 岁的父亲虽然身体有各种病痛
托天公的福，活得还健康
他独自待在乡下
只是春节时来到深圳
与我住上一段时间
他恋着乡下的安宁
不适城市的嚣闹
他从未想过移民
也未想过要迁户口

他自得其苦自得其乐地活着
活在我偶尔的电话问候的
另一端

可在前不久，他在祖国的花名册上消失了
他被死亡了
虽然连个死亡证明都没有
更没有亲属的确认

他悄无声息，对这个国家
已是个没有的人

我尽量往好的方面想
安慰父亲，可能是换二代身份证时
管理户籍的人没见你去办理
以为你不在了
你去查问一下
如果不补办登记，我去找他们
父亲回答，当时换身份证
他去照过相

好吧，我心里也暗自承认父亲说的
被灭门了。
过两天，再电话询问
父亲说户籍管理员答应补办

留了电话，叫他等消息
又过了两周，电话中
我问父亲户口的事如何了
他反而安慰我
“这事你不用操心了，他们会给我电话的。”
再过两周，我又问起
父亲还是这样回答

好吧，我明白父亲的意思
他是不愿让我费事
不想给我添麻烦
他不想给任何人添麻烦，包括
这个国家

葬在深圳的姑娘

仙桃 重庆 长沙 新兴 宁波 安徽 河南……
你们有着不一样的籍贯
你们在别处出生，不约而同
来到此地，来到榕树 木棉 荔枝
簕杜鹃 旅人蕉 美女樱 柠檬桉
生长之地，来到另一个
生命的起点

没有人知道你们怎样生活过
用怎样的感情投入这片土地
此刻你们用微笑
静立在墓碑上
那是一个凝固的光影

是太阳也躲着的一团磷火

你们身体，活泼的流动
曾在这个城市的街巷里穿梭
是制衣厂 玩具厂 电子车间 柜台前 写字楼内
让人心颤的气息
你们或许曾成天加班
或许在城中村的一个楼梯间，热烈地
吻过自己的恋人
在夜班过后的食街中用一个甜点 一串麻辣烫
来安慰曲折的肠胃
此时你们的耳边响起的仍是工地的桩声
是车轮滚滚的流逝

珠链滚入不同的白天与黑夜
青春戛然而止
生命的刻度在城市的表盘上取得一个终点
火热成为与你们无关的事
你可能的理想随同身影一起模糊
你是否还有未了的心事

城市灯火凝视可能的亲人
此刻你们真正成为亚热带的一株植物
在城市的外围
与夜露为伴

或许你们在夜晚还会来到城市上空散步
而这城市已认不出你
那条米花色裙子，用水冲洗三次之后
不再有汗味的发夹

陈忠村

穿行在上海的外乡人

月色很凉像农村屋檐下的秋雨
今夜。相信自己活着
整个身体的血都在工作
上海我是穿行你体内的外乡人

金茂大厦第 1876 块玻璃是我安装
卢浦大桥第 3216 根钢筋是我绑扎
苏州河边风吹倒的 16 棵树是我扶起
希望是高楼倒影在水中窗户发出的光

兄弟的磨牙声常在夜里惊醒我
上海，能给我们的太少
挤在一张床上休息

翻个身。继续睡觉

我能做到的就是爱你
如果有一天你想赶我走
就厌倦地斜看我一眼
露水消失的时候会离开你的体温

素颜歌

我终于可以坦然地
写下这首诗送给一位女性
不是为了爱情，或取悦

我相信每一位女性
都是贝亚特丽采
而每一个男人
都可以成为迷途知返的奥德修斯

——穿越澄明的文字、秋天
穿越内心的迷雾
在故乡的村庄中慢踩着单车

“这时我看见你在广场上微笑
宛若阳光下的一粒白石子”

然后，我们在集体的米酒中说话
在你的羞涩与夜色中安然醉去
虽然我们的内心如此遥远
一如英雄隔着茫茫大海，返回家乡

春夏之交的民工

在春夏之交的时候
迎春花开遍了山冈
在通往北京的铁路线旁
有一群民工正走在去北京的路上
他们的穿着显得有些不合时宜
有的穿着短袄，有的穿着汗衫
在他们中间还有一些女人和孩子
女人们都默默地低着头跟在男人的后边
只有那些孩子们是快乐的
他们高兴地追赶着火车
他们幸福地敲打着铁轨
仿佛这列火车是他们的
仿佛他们要坐着火车去北京

黄礼孩

窗下

这里刚下过一场雪
仿佛人间的爱都落到低处

你坐在窗下
窗子被阳光突然撞响
多么干脆的阳光呀
仿佛你一生不可多得的喜悦

光线在你思想中
越来越稀薄　越来越
安静　你像一个孩子
一无所知地被人深深爱着

朋友

我们第一次听说他们的名字，
是夹杂在别人的名字中间，
我们第一次看见他们的样子，
在电梯里、餐桌边，那样偶然。

我们有了对他们的第一印象，
那印象离他们有千里万里，
我们一点点靠近他们身旁，
需要多少时间，越过多少距离。

他们从平淡的背景中慢慢凸显，
仿佛我们从浑然一块的石头中
凿出塑像。只有他们与我们相关，

虽然广大的世界上人潮涌动。
这是我们在园中开辟的一角，
生长着我们亲手栽种的花草。

姐姐，我又在想你了

但愿还有多余的纸张
可以用来涂鸦
或者折一只精致的纸飞机
飞进黄昏幻想的夜幕
我曾在台风不知疲惫的嘶喊中
想起台州，我海边的故乡
稻草人立在田头
倾听被露水打湿的虫鸣

姐姐，我又在想你了
当你还是一个小姑娘
你就开始向我示范忧伤的神情
等待燕子从书中的南方回来

在电线上站成一排省略号
那湛蓝的让人想哭的天空
有柔软的云朵
替我们准备好完整的白日梦

姐姐，现在天凉了
我又开始不可救药的回忆
十里长街，一条内心隐秘的河流
你和我一前一后
在雨季的廊檐下轻轻走过
一遍又一遍，所有的故事重叠在一起
只剩下光滑的青石板
这岁月的底片透露我们最初的足迹

姐姐，我又在想你了
在他乡歌声低沉的水边
喝酒，只需要一点点
我就醉了，耳边响起你的小提琴独奏
洞穿深秋月光弥漫的心脏
我看见你黑色的睫毛闪动
预感洁白的雪花就要飘下来了
姐姐，我想现在就回家

孔令剑

世界情感

我爱这路旁不知名的野草，我爱
它枯而又生的新绿，我爱它同时
拥有一个冬季的允诺，一个春天的默许
我爱它叶枝间的即将，一颗晨露
——人间之水，大地的球形。我爱
它所护送的道路，这道路所不能到达的
无人之境，我注定在那里消失于无我
在群草的迎接，散石的明证，在空谷
之风，弱溪之流——我们都是时间之身
在太阳之光的澄明。我更爱这人世
——道路连接的每一个城市和村庄，我爱
它们的喧嚣，烟火之声，建筑之语
这路上走过的每一个人，我爱

我们在我们所在——境遇之所，行动之梦
每一条道路都怀有世界的一种模型
我爱这无畏之爱，她赐我一片天空：
白昼，赋我如流云；夜晚，嘱我似星辰。

芳香中学

最后一次见他，是他从黄岛渡海来，请我吃中山路上的
一家地下烧烤店。然后我们去旁边的教堂走了走。远处的海很蓝，
那些散透着白光的海轮，像被卡住了一般，永远不动。
直到今天，我在公园席地而坐，还以为湖面的落叶即将拉响汽笛。

郑小琼

火车

我的体内收藏一个辽阔的原野，一列火车
正从它上面经过，而秋天正在深处
辛凉的暮色里，我跟随火车
辗转迁徙，在空旷的郊野种下一千棵山楂树
它们白头的树冠，火红的果，透出的仁爱
与安宁，我知道命运，像不尽的山陵，河流，平原
或者一条弯曲的河流，它们跟在火车后面低低地蠕动
远近的山头站着衣衫褴褛的树木，散淡的不真实的影子
跟着火车行走，一棵，两棵……它站在灰茫茫的原野
我对那些树木说着，那是我的朋友或者亲人

杨庆祥

立春

父亲在超市的一角找到了
一把上好的白菜
他已不事农耕多年，但依然
对虫口情有独钟
他摸摸白菜的叶脉，又放在鼻子下
闻闻，似乎农药
也有固定的芳香

他痛恨农村，所以贱卖祖屋，匹马进城
他嘲笑那些还固守乡土的老友：
短视。蠢。
尤其听说隔壁老杨突发疾病，救护车
居然无法通过狭窄的村道，一命呜呼！

他抿了一口绿茶，说，这小区不坏
就是回迁户素质有待提高
又回头喊他的小儿子：
你改天开车下乡买点土鸡土鱼

他嘀咕着：
没有老家河塘里的野藕野虾
那还能过春节么

母亲坐在阳台上

她坐在阳台上，那么小
那么慈祥。一张沧桑的脸
有着夕阳落山的静谧

磨损了一辈子，她的腿已经瘸了
背已经佝偻了，头上开满深秋的芦花
生命的暮晚挂满霜冻的黄叶

当她出神地望着窗外，院子里那些娇美的少女
一定有一个，是她年轻时的姐妹
一定有一阵暖风，葱郁过她的青春

好几次，我都是连喊了几声

她才迟缓地回过神——
这一条大河的末段啊，是不是需要
更多的泥沙和泪水，才能溅起苍老的回声
是不是要在狭窄的入海口，都要放缓它的奔腾

我是多么爱她！我年近古稀的母亲
我已与她在人间共处了三十多年
而我愧疚于我漫长的失忆
愧疚于我总是记不起她年轻时的容颜
每一次想她，每一次我都只是想起
她坐在阳台上，那么小
那么慈祥。一张沧桑的脸
有着夕阳落山的静谧

最优秀的诗篇

再斗大的字，她也不识一箩筐
再经典的诗篇，她也不曾翻阅一卷
这一生，她从不懂得意象和节奏
更不懂得语感和结构
她只知道要在春分后播种，在秋分前抢收
要在繁杂时除草，在荒芜时施肥
几十年里，她种植的一垄垄白菜、辣椒和黄瓜
比所有诗句的分行都要整齐有序
她收获的一粒粒玉米、大豆和谷子
比所有诗句的文字都要饱满圆润

三亩薄地，是她用尽一生也写不透的宣纸
在她的心中，偶尔也有小文人燕舞莺歌的柔腔

有大鸿儒指点江山的激扬
可胸中太多的话，她从不擅于表达
只有一把锄头最能知晓她的诗心
只有一柄镰刀最能通达她的诗情
她以掌心的茧、肩膀上的力
把土地上的每一缕春天的绿，每一抹秋天的黄
写成了粒粒生动的象形会意，和起承转合的语法修辞
全都在字里行间奔涌出波澜壮阔的诗意
那些种子破土的声音、麦苗拔节的声音
稻子灌浆的声音、豆荚熟透时爆裂的声音
与满坡的风声、蛙鼓、虫吟，以及牛哞马嘶
一起押最动听的韵

这就是我的母亲，我们乡下的母亲
我们的穷苦的农民的母亲
她不是诗人，却写下了一个时代最优秀的诗篇

卖毛豆的女人

她解开第一层衣服的纽扣
她解开第二层衣服的纽扣
她解开第三层衣服的纽扣
她解开第四层衣服的纽扣
在最里层贴近腹部的地方
掏出一个塑料袋，慢慢打开
几张零钞，脏污但匀整
这个卖毛豆的乡下女人
在找零钱给我的时候
一层一层地剥开自己
就像是做一次剖腹产
抠出体内的命根子

刘 义

谢灵运墓前

再次感受到汉语的流向
在这位早期同行魔幻般的
修辞术中获得了一次转机
当河流革命式地改道时
落日编织成一片余晖击穿密林

同伴走了一段路回过头：这是语言的魅力
是的，一千多年消失了，他的声音如此清晰
旁侧的稻田与溪流，一直保持原貌
油桐的白花泼在山道上，带有晚春的体香
竹林抖了抖肩，开始唱歌

很快，一块属于谢灵运的旧碑款待了我们

——他的名字被轻轻地
凿在石头上面，没有任何的修饰
只留下一个光辉的称谓：诗人
这也是我们以及少数人来这里的原因

李　浩

岩层之歌

指针在我心脏里跳动：
她说她愿意在圆中，
通过高窗，眺望阿斯哈图
垂直的曙光，和独立的
冰石林。她说她愿意，
因为在心脏里，她可以回到
雪光 指引的黎明，并在白桦林，
花岗岩，和冰臼群，
看守的天空中，给地上
吃草的羊群，沉睡在岩石中的
火山写信。岩浆：上升，冷凝，剥蚀。
她说她愿意拥吻我，
以弯曲的胸针。她愿意。

我说：诗歌

他们说：美貌与纯洁
我说：诗歌
他们说：束起腰身的词语像受罚
我说：节制

他们意会我性别的雄伟
他们定睛看着一张过时的美女挂历
他们说：啜饮混乱酿制的琼浆
他们说：用野火烧毁荒原里的蛆

我揉着眼睛，严冬还在继续
高尚披着一件嫁衣
与伪善商谈正义

拯救挂在嘴边，像风一般飘来荡去

一粒沙子的瞳仁变化万千
黑暗像疯长的灌木
在光芒里奔跑
他们说：对决与胜负
我说：诗歌

回声

好像除了写诗，不再有别的什么
陌生的语词浸入酒中
微醺了白堤秋月与苏堤春晓
体内的一些植物苏醒过来

小蓟、黄花地丁、飞蓬、益母草
都经由纯粹的洗礼醒过来
我的自然敞开了心扉
你却引来绝望，像招惹来一群黄蜂
眼睁睁看着你躲过香味的枪林弹雨
焕发另一株牡丹的无奈激情
这谈不上好坏
错落旋律盘旋着上升

没有容器可以更好地安置未来的过去
诗的成分里，陌生的镶嵌未必是创造
也许是缓解阵痛，或者隐忍落叶纷纷的空虚
你听出了我的弦外之音：怀疑的姿态
削弱优越，恢复原始可能
独立的声音甚至不求结出果实

诗就是我们的生活
你强调日常事物介入时间的能力
我赞同地面温度，认识凝结下沉的沙石
而这些，诗有它自己的说法
已经没有什么能够遮蔽你了
偶尔的示弱，恰恰灌溉了强悍
至于我，强与弱没有什么分别
我侧重解构，以及那些默默对立着的未尽之言
任何荣誉似乎都配不上自然
我也配不上既得的赞美——那是过去，那是未来
的过去

过龙女湖心洲

一

迷雾正鲜，鲜不过山水皱起的两端。
是你，从不可见的深处，拆开旅途之谜？

一缕疑似的鹭鸣悬在空中，半白；
为凝固的暑热，斜插一副轻巧的发簪。

不容泄露的秘景，如造物手中的迭扇
推开湖底潜藏的导游图？一晃间

月亮晏醒，理云鬓，同将隐的落日
隔着湖对望，取一座山峰做妆台与戏台。

二

先是彼处错身的青峰，借平行的电缆
互通有无，商量一个合适的焦点：

视线从船腹散开，抽取眼力的丝线，
平铺或打褶，织就一段更新的景深。

木橹被取代，轰鸣的电机虚晃了古猿声，
方知万重山轻如纸，已渡过游船。

湖底的龙女为裁剪而勤奋，半片衣衫
捏成一颗颗水珠，在掌间留下咸的蜀川。

三

无猿有鹭，抽丝般乳白的一跃
弹开近山远水，空气中紧张的勾股线

被右下角稳固的水牛拉扯。动静间
湖心洲在左舷画弧，制造一场离心的同心圆。

你从船腹挪向船首，相拥无隙的童男女
摆弄取景框，切割并组装眼前的美景。

那是山水的裸色，薄雾吹弹可破如皮肤，
无足浅淡：卷云皴，鬼皮皴，大斧劈皴。

四

半开半合的湖之眼，为游船划开的拉链
添一枚暗扣，减速。右舷上刚卸货的采沙船

吹哨，示意殊途同归的必然。吊臂鲜红
自信抵得过自然的引力：湖的切面

被它轻巧地磨平，而山峦间对峙的锯齿
拒绝了它锉刀上残存的柔中刚。

纸山水清淡，替换着光影叠加的幻灯片。
且看岸边翘起的绿拇指，铆紧了鬼工之弦。

归宿

那已过去十年左右了

我打伤了的小狗，又跑回家，安静地

卧到我的脚边

它亲昵地用鼻子蹭着我的手心，又用舌头舔舐

然后，滚翻在地，露出嫩红的肚皮

血丝，汗水，麦秸，苍耳的味道，温热又顺滑

这是纯净灵魂的气息，它裹住了我幼小的双手，予以宽恕

桐花

一场雨后，巷口
拾花的孩童，两三个，穿着彩纹衣裳
好似，青石板上，长出了一丛小花

巷子尽头，护城河静静流淌
这不在江南，仅是小城一隅，我寄身之处
小院里，梧桐粗壮
清凉的树荫，伸到巷子尽头
初春，花香浸润着……

小时候，老屋后面也有棵大梧桐
“娃娃娶亲，彩凤落梧”
我跟你唱着这歌，玩过家家

那时，你家门前有条小溪
又清又浅……

ISBN 978-7-5171-3114-4

定价：698.00元
（全三卷）